스릴 있고 성취감 넘치는
중보기도

당신이 하나님을 더 깊이 알아가고 더 널리 알리는 사람이 되는 것, 이 책에 담겨진 예수전도단의 마음입니다. 말씀을 통해 저자가 깨닫고, 원고를 통해 저희가 누릴 수 있었던 그 감동이 책을 통해 당신에게도 전해지기 원합니다. 그리고 당신을 통해 그 기쁨과 은혜가 더 많은 이들에게 계속해서 흘러가기를 기도하겠습니다. 이 책을 통해 당신이 받은 은혜를 다른 분들에게도 나눠 주십시오. 사랑하고 축복합니다.

Copyright ⓒ 1997 by Joy Dawson
Originally published in English under the title
Intercession, Thrilling and Fulfilling
published by YWAM Publishing
P. O. Box 55787, Seattle, WA 98155, USA
All Rights Reserved.

Korean Copyright ⓒ 2009 by YWAM Publishing Korea

본 저작물의 한국어판 저작권은 도서출판 예수전도단에 있습니다.
저작권법에 의해 보호받는 저작물이므로 무단 전재와 복제를 금합니다.

스릴 있고 성취감 넘치는 중보기도

INTERCESSION, THRILLING AND FULFILLING

조이 도우슨 지음
김세라 옮김

예수전도단

나의 소중하고 위탁된 중보기도자들이
감당해 준 크나큰 역할에 깊이 감사한다.
아마 그들이 없었더라면,
내 사역은 결코 오늘날과 같이 효과적이지 못했을 것이다.
그들은 하나님이 내게 주신,
가장 소중한 선물의 하나다.
기쁜 마음으로 이 책을 그들에게 바친다.
그들의 기도는 이 책이 세상에 나오는 데
지대한 공헌을 했다.

감 · 사 · 의 · 말

언제나 그랬지만, 특별히 이 책을 집필하는 동안 성령님의 감동과 인도하심, 능력이 나에게 얼마나 절실히 필요한지 더욱 실감할 수 있었다. 또 이번만큼 다른 이들의 기도를 많이 의지한 적도 없었다.

 소중한 남편 짐에게 큰 빚을 졌다. 남편이 여러 방면으로 기꺼이, 훌륭하게 도와주지 않았다면, 이 일을 끝마치지 못했을 것이다.

 원고를 입력하는 데 값으로 따질 수 없는 도움을 준 나의 탁월한 전임 비서 케이 마타에게도 진심으로 감사한다. 지금은 하늘나라로 돌아간 나의 친구 렌 레솔드가 해준 편집상의 조언도 감사드린다. 그리고 매우 잘 협조해 준 YWAM 출판사 직원들, 그리고 정말 즐겁게 같이 일한 편집장 짐 드레이크에게 특별한 감사를 전한다.

차 · 례

감사의 말 · 추천의 말 · 저자의 말

1장	모험, 그리고 하나님과의 사귐	17
2장	중보기도 중에 임하는 계시	25
3장	친구를 위한 기도	33
4장	주변의 불신자들을 위한 기도	49
5장	얼마나 깊이 들어갈 것인가?	69
6장	이 세대의 고통 받는 청소년과 어린이를 위한 기도	83
7장	중보기도는 어떻게 이루어지는가?	97
8장	얼마나 큰 비전을 지녔는가?	109
9장	열방을 바꾸는 기도의 전략	123
10장	영적 지도자를 위한 기도	139

스릴 있고 성취감 넘치는 중보기도

11장	권위와 영향력을 발휘하는 지도자의 회심을 위한 기도	159
12장	미전도 종족을 위해 기도하기	167
13장	그리스도의 몸에 대한 사탄의 도전	185
14장	영적 전쟁	195
15장	중보기도를 방해하는 것들	207
16장	중보기도의 다양한 방법	217
17장	준비되었는가?	229
18장	부흥을 위한 기도의 특징	239
19장	어디서 시작하고 어떻게 지속할 것인가?	251
20장	최고의 중보기도자	265

부록 / 세계의 나라 이름 목록

추 · 천 · 의 · 말

나의 발로 암사슴 발 같게 하시며 나를 나의 높은 곳에 세우시며
내 손을 가르쳐 싸우게 하시니 내 팔이 놋 활을 당기도다.

시편 18장 33-34절

나는 어제 뜨거운 공기로 가득 채워진 기구(에어 벌룬)가 이륙하는 것을 보았는데, 그 순간 내 안에서 무언가가 또다시 솟아오르는 것을 느꼈다.

찬란한 새벽녘에 무척 화려하게 채색된 그 중세풍의 물체가 한껏 부풀어 올라 푸릇푸릇한 언덕 중턱에 나무 장식처럼 걸려 있는 초현실적인 광경을 볼 때면, 나는 시간을 초월한 듯한 느낌에 사로잡혀 그 자리에 멈춰 선다.

내가 이 책에 담긴 부요함과 아름다움 속으로 당신을 초청하면서 그 장면을 떠올리는 이유는, 이 책을 읽을 때 받는 느낌과 그때 받은 감정이 놀랄 만큼 비슷하기 때문이다.

첫째, 당신은 지금 막 엄숙하고도 강력한, 비상(飛上)의 경험을 앞두고 있다. 마치 밀려드는 열 때문에 기구가 떠오를 수 있는 것처럼, 당

신을 기다리는 '부력'(浮力)이 여기에 있다. 정말이지 그것은 적당히 데워진 공기가 아니다. 이 책의 각 지면은 성령님의 임재로 활활 타오르는, 뜨거운 열기로 가득 차 있다! 나는 당신이 이 책을 읽는 동안, 마치 기구를 타고 여행할 때처럼, 더 넓은 시야와 새로운 비전을 품게 되리라고 확신한다.

둘째, 당신은 지금 새로운 가능성의 경계선에 발을 내디디려는 참이다. 기구가 떠오르면서 얻을 수 있는 것은 상승만이 아니다. 기구는 주위를 둘러싼 바람의 힘으로 이동하게 된다. 수평으로 움직이면서, 새롭게 펼쳐지는 지평선을 계속해서 보게 되는 것이다. 그것은 내가 최근 몇 년 동안 '중보기도'라는 귀하고 능력 있는 사역에서 목격한 바와 매우 흡사하다.

영적인 회복의 바람이 계속 퍼져 감에 따라, 우리 주 예수님이 이 세대에 탄생시키신 교회는 그야말로 소용돌이치는 기도의 영을 타고 상승하며 전진한다. 말하자면, 이 기구(중보기도)는 성령님의 강력한 임재(불)로 점화되어 그분의 부드러운 능력(바람)으로 전진하는 것이다. 자, 이제 두 가지 모두 경험할 준비를 하라!

지금 당신은 온갖 풍성한 보화로 가득 찬 기도의 창고 문을 막 두드리려 한다. 이것은 당신을 더 높이 고양해, 고대부터 하나님의 사람들에게 능력의 근원이 되어 왔던 기도의 비밀을 더 깊이 이해하게 해줄 것이다. 여기에 언제나 똑같은, 그러나 오늘날의 도전과 기회에 걸맞은 새로운 능력과 광채로 살아서 다가오는 진리가 있다.

마지막으로, 눈부신 빛깔과 창조적인 모양새 덕에 기구가 아름다운 것처럼, 이 책도 그러하다! 저자의 생애와 사역을 통해 볼 수 있는, 하나님의 한결같고 흠모할 만한 은혜를 생각할 때, 이는 지극히 당연한 일이다.

조이 도우슨은 하나님 말씀의 아름다움과 진실성이 우리 안에서 독특한 색채와 창조성을 띠고 살아 숨 쉬도록 돕는 탁월한 성경 교사다. 이 사랑스러운 자매의 생각만큼이나 그의 글 또한 사람의 지성으로만 이루어졌다고 할 수 없을 만큼 재기 발랄하다. 당신은 지금 오랜 체험과 긴 산고를 통해 태어난 책에 발을 내디디려는 것이다.

지금까지 나는 여러 해 동안 조이와 짐 도우슨 부부에게 '목사님'이라 불리는 특권을 누렸다. 최근에 조이가 육체적인 시련을 견디는 과정에서 이 두 부부가 보여 준 은혜와 인내, 믿음 때문에 그들의 친구 모두 (그리고 분명히 우리 교회의 많은 성도가) 감동을 받았다. 사랑으로 기도할 때마다 즉각적으로 응답받을 수 있다면, 조이의 육체적 고통은 일찌감치 사라졌어야 했다. 그러나 이 일은 그렇게 금방 끝나는 싸움이 아니었다.

어떤 이들은 '믿는 자에게는 능치 못한 일이 없다'라는 약속과 기도의 능력을 이야기하는 이 책의 저자가 아직 완전히 응답되지 않은 기도로 씨름하며 고통 받는 사람이라는 사실 때문에, 매우 역설이라고 느낄지도 모른다. 그러나 사실, 그것은 오히려 이 주제에 대한 저자의 깊은 이해를 더욱 신뢰할 수 있게 해준다. 조이와 짐 부부는 이 경험을 통해, 우리가 기도할 때 실제로 매달릴 수 있는 유일한 것은 하나님의 절대적 신실성에 대한 성숙하고 성경적인 믿음임을 생생히 보여 준다.

그래서 나는 이제 기쁜 마음으로, 영적인 통찰력과 능력을 새로운 차원으로 고양할 지렛대인 성경 공부 교재인 동시에 모든 그리스도인의 유용한 연장이 되기 충분한 이 한 권의 책을 당신에게 소개한다. 부탁하건대, 부디 이 책을 손에 들고 힘찬 비상을 준비하기 바란다. 나는 당신이 새로운 '고지'에 다다르리라 확신한다. 이 여행에서 가장 좋은 점은 '하강'을 위한 두 번째 여행이 결코 필요하지 않다는 것이다.

중보기도의 가능성이라는 새로운 지평선이 당신 앞에 펼쳐질 때, 당신은 먼저 그 영광에 사로잡히게 될 것이다. 그러나 여행을 계속해 나갈 때, 다음과 같은 엄숙한 진리가 당신의 마음속에 새겨지리라 확신한다. 하나님과 함께 '높은 곳에 오르는' 이들이야말로, 그분과 협력하여 저 아래 골짜기와 평지에 사는 사람들의 일을 결정하는 자들이다!

1997년 5월, 캘리포니아 밴 누이스에서
처치 온 더 웨이(The Church On The Way) 담임목사,
잭 헤이포드(Jack W. Hayford)

저 · 자 · 의 · 말

내가 이 책을 쓴 목적은 각 지면에 담긴 성경 원리를 독자들이 실천에 옮길 수 있도록 영감을 주고 격려하고 동기를 부여하기 위해서다. 될 수 있는 한, 영감을 줄 수 있는 내용과 간단한 성경적 가르침의 균형을 맞추고자 노력했다. 많은 내용이 방법적인 면에 초점이 맞춰져 있다. 각 장을 독립적으로 볼 수 있도록, 힘차고 생동감 넘치는 중보기도를 위한 지침으로 이용하도록 구성했다. 그래서 불가피하게 내용이 중복되는 장들이 있다.

당신이 중보기도를 통해 '하나님과 협력하여 역사를 창조하는 비밀을 발견하거나 또는 재발견하게 된다면' 평범한 삶에 영원히 종지부를 찍게 될 것이다. 나에게 그러한 일이 일어났으니, 당신의 삶에서도 일어날 수 있다.

신구약 선지자들과 사도 바울의 기도, 그리고 예수님이 하셨던 기도가 기록으로 남아 있다는 게 얼마나 감사한지 모른다. 다윗의 회개기도와 영적 갈망을 이루기 위한 하나의 간구를 접할 수 있음이 기쁘지 않은가? 하나님을 향한 그들의 애타는 부르짖음을 들을 수 없었더라면, 우리는 엄청난 배움의 보고(寶庫)를 놓쳤을 것이다. 마태복음 6장 6절에서 예수님은 골방에 들어가 은밀히 하나님께 기도하면 그 상이 크리라고 권고하셨다. 지혜가 충만하신 하나님은 우리의 동기를 시험하는 수단으로 중보기도를 사용하신다. 우리는 모두 하나님 말씀에 어떻게 반응하는지, 다양한 시기에 시험을 치를 것이다. 우리는 예수님이나 다른 성경 인물의 삶을 통해, '골방기도'가 절대적인 것은 아님을 발견한다. 그렇지 않다면, 우리는 이들이 언제, 어디서, 무슨 내용으로 기도했는지 결코 알 수 없었을 것이다.

성경에 "잠잠할 때가 있고 말할 때가 있으며"(전 3:7)라는 말씀이 있다. 여러 해 동안 나는 성령이 분명하게 지시하시지 않는 한, 중보기도 중에 하나님이 계시하신 일을 다른 사람에게 나누지 않는 편이 지혜롭다고 말해 왔으며, 지금도 그렇게 믿는다. 그러나 하나님이 가장 감동하시는 일은 바로 '순종'이다. 그분이 다른 사람의 유익을 위해 나누라고 말씀하시면, 우리는 그 분명한 지시에 순종하여 그분에 대한 우리의 사랑을 표현해야 한다. 이 책에 나의 개인적인 중보기도 경험이 많이 수록된 것은 바로 그러한 이유에서다. 나는 하나님이 내 안에, 그리고 나를 통하여 하신 모든 일이 다 그분의 놀라운 은혜와 끝없는 자비에서 비롯되었다는 사실을 분명히 인식한다.

여기에 내가 가장 좋아하는 말씀이 있다. "이는 만물이 주에게서 나오고 주로 말미암고 주에게로 돌아감이라 그에게 영광이 세세에 있을지어다 아멘"(롬 11:36).

INTERCESSION, THRILLING AND FULFILLING

CESSION, THRILLING AND FULFILLING

INTERCESSION, THRILLING AND FULF

INTERCESSION, THRILLING AND FULFILLING

1

모험, 그리고 하나님과의 사귐

오렌지 껍질을 벗기자마자 속이 얼어 버릴 만큼 추운 날씨였다. 다양한 나라에서 모인, YWAM(국제 예수전도단) 선교 팀 젊은이들은 걱정과 설렘이 뒤섞인 기분을 안고 그곳의 대학 교정으로 발걸음을 옮겼다. 이들은 정부가 기독교 활동을 엄격히 금지한 나라에서, 그야말로 '미지의 임무'(Mission Unknown)를 앞두고 있었다.

과연 이들에게 주 예수를 전할 기회가 생길까? 어쩌면 체포당해 투옥될지도 모른다. 만일 그렇게 된다면, 그 사실을 누가 알고 해결해 줄 수 있단 말인가? 이제 크리스마스를 며칠 앞둔 터였다. 젊은 선교사들은 그곳과는 매우 대조되는, 고향의 성탄절을 떠올리고 있을 것이 뻔했다. 이들의 예감 저편에는 곧 시작될 미지의 모험에 대한, 깊고도 말로는 표현할 수 없는 느낌이 가득했다. 이들이 지금 여기 있는 이유는 오직 하나님 때문이었다. 이들은 인류에게 알려진 가장 위대한 모험, 바로 '하나님을 따르는 일'을 하고 있었던 것이다.

다국적 도시의 커다란 선교 훈련 센터에서 훈련을 받던 이 팀의 구성원들이 처음으로 한데 모인 것은 불과 일주일 전이었다. 같은 기도팀으로 배정된 이들의 맨 처음 과제는 먼저 그날 어느 나라(혹 나라들)를 위해 기도할지 알려 달라고 하나님께 간구하는 일이었다. 그들은 성령이 인도하시는 대로 기도했다. 처음에는 한 나라가, 다음에는 그 나라의 한 도시가 마음속에 분명히 떠올랐다. 이들은 중보기도라는 흥분되는 사역에서 '물 위를 걷는' 듯한 스릴을 경험했다.

이들은 주의 나라 확장을 위해 강력하게 역사해 달라고 계속해서 뜨겁게 기도했다. 그 도시를 향한 하나님의 부담감이 이들에게 점점 더 부어져서, 모임을 마칠 때쯤 각 사람이 가능한 한 빨리 그 도시에 가고 싶다는 간절한 소원을 품게 되었다. 기도 모임의 결과를 보고받은 리더들은 매우 놀랐다. 무척 놀라기는 이 팀도 마찬가지였다.

오랜 기도 후에 마침내, 하나님이 기도 응답의 일부로 이 젊은이들을 보내실 것임을 확신하게 되었다. 비자와 필요한 재정을 급하게 준비하는 동안, 하나님이 친히 개입하여 일하셨다. 그 과정을 지켜보면서, 그들은 용기백배하여 출발했다. 하나님이 기도하라고 친히 인도하신 곳이 바로 그들이 체류하게 될 나라였다. 얼마 후, 하나님은 훈련 센터 리더 중 한 명에게 그 팀에 합류하여 격려하라고 지시하셨다.

처음 사흘 동안 주님이 내리신 지시는 단 하나였다. 그 도시를 위해 중보기도 하라는 것이었다. 그들은 말씀대로 순종했다. 가끔은 시내

여기저기를 걸으며 땅밟기 기도를 했다. 하루는 팀의 일원인 자매 한 명이 그렇게 걸어 다니다가 그 지역의 교사훈련대학에서 일하는 영어 교사와 만나게 되었다. 그 여교사는 영어가 모국어인 사람을 만나 매우 흥분했다. 그러고는 자신이 가르치는 두 학급에 와 달라고 팀을 초청했는데, 그 학급의 학생들은 어학 실력 향상을 위해 전국에서 모인 교사들이었다.

그 여교사는 19세에서 55세까지의 교사들 30명으로 구성된 학급에서 크리스마스의 의미를 설명해 줄 수 있는지 물었다. 이 믿기 어려운 기회를 얻은 선교 팀은 물론 기쁘게 수락했다.

그들은 복음을 거의, 아니면 전혀 모르는 교사들에게 성탄절 이야기를 각색한 드라마를 보여 주었다. 팀의 리더인 제프(Jeff)가 통역사를 통해 청중에게 내용을 설명해 주었고, 같은 방식으로 크리스마스 캐럴도 몇 곡 가르쳐 주었다. 크리스마스는 하나님이 그분의 아들인 예수 그리스도를 세상에 선물로 주신 것을 축하하는 날이라는 설명은 청중의 마음을 사로잡았다. 우리의 죄 때문에 예수님이 십자가에서 고난 받으셨다는 이야기를 들었을 때도 모두 감동했다. 어떤 이는 응답하듯이 그 말을 되뇌었고, 어떤 이는 소리 내어 울었다. 앞서 이루어진 중보기도의 결과로, 성령이 이미 그들의 마음을 열어 놓고 계셨던 것이다. 그리하여 많은 사람이 하나님이 주시는 구원의 선물을 갈망하게 되었다.

수년 동안 이 나라의 많은 그리스도인은 심한 박해를 받고 있었다. 제프는 그 사실을 잘 알았지만, 각 학급을 책임진 관리에게 가서 학생들이 하나님의 선물을 받도록 돕고 싶다고 말했고, 허락을 받았다.

제프는 교실 한가운데 무릎을 꿇고, 사람들이 주 예수 그리스도께 자신의 삶을 온전히 맡기는 영접 기도를 할 수 있도록 도왔다. 곧 모든 사람이 주의 임재에 압도되었으며, 기쁨이 충만해졌다. 현명하게도 제프는 때를 놓치지 않고, 곧이어 하나님의 음성을 듣는 법과 하나님의 인도에 순종하는 일의 중요성을 가르쳤다.

다음 날, 선교 팀은 현지어로 번역된 성경을 여러 권 들고 학교에 다시 찾아갔다. 팀원들은 교사들에게 성경을 배부했다. 그리고 허가를 받아 두 시간 동안 성경을 가르쳤다. 선교 팀은 여러 날 동안 계속해서 그들과 만났다.

얼마 후, 나는 이 선교 팀이 처음에 중요한 기도 모임을 열었던 도시에 강사로 가게 되었다. 제프는 내게 이 놀라운 이야기를 들려주었다. 하나님이 그분의 나라에 참여할 특권을 주신 기이한 일들(한 번도 복음을 들어 보지 못한, 그리고 문화도 전혀 다른 사람들에게 어떻게 복음을 전해야 할지 그 자리에서 계시해 주신 것을 포함하여) 때문에 제프는 여전히 흥분하며 놀라워하고 있었다.

한 팀원이 후에 더 자세한 이야기를 들려주었다. 한번은 그들이 "호산나 노래하라"(Sing Hosanna)는 음악에 맞춰 주님께 율동 찬양을 올려 드렸는데, 교사들이 매우 감동해서 율동을 가르쳐 달라고 간청했다. 그래서 세 명에게 동작을 가르쳐 주었다. 며칠 후 선교 팀은 크리스마스 파티에 초청을 받아 그들을 찾아갔는데, 놀랍게도 학급 전체가 그 율동을 실수 하나 없이 해내는 것을 보았다. 기독교를 공공연히 적대하는 나라에서 이런 일이 일어나다니, 정말 놀라지 않을 수 없다!

역시 그 도시에 머무는 동안에 팀원 중 다른 한 명은 십대 소녀 한 명을 알게 되었다. 성경책 한 권을 얻으려고 2년 동안 기도하던 소녀였다. 소녀는 자신의 기도가 응답된 것을 보면서, 복음을 선뜻 받아들여 순전한 마음으로 주님께 자신의 삶을 드렸다. 선교 팀이 그곳을 떠난 후에도 다른 외국인 그리스도인에게 계속 양육받았다. 그리고 마침내 주님이 고향 부근의 한 미전도 종족에게 복음을 전하라고 말씀하셨다. 소녀는 부르심을 위해 대학에 들어가 그 종족의 언어를 공부하기 시작했다.

열방을 위한 중보기도를 최우선으로 삼았던 몇몇 젊은이의 순종으로, 하나님의 섭리 가운데 많은 일이 일어났다. 여기 기록한 것 외에도 얼마나 더 많은 '파문'이 퍼지고 있을지 누가 알겠는가!

당신은 아마 '와아, 놀라운 이야기인걸! 나도 하나님의 음성을 듣고 그렇게 기도할 수만 있다면!' 하고 생각할지도 모른다. 그런데 당신도 그렇게 할 수 있다. 이 젊은이들은 단지 '효과적인 중보기도를 위한 원칙들'에 따라 기도했을 뿐이다(제7장에 간단히 설명했음). 이 원칙을 성실하게 적용하면, 누구나 신나고 의미 있으며 깊이 있는 기도 시간을 보낼 수 있다. 결코 따분하거나 낭비되는 순간이 있을 수 없다. '머리로만 하는 기도'를 할 때보다는 준비 시간이 좀 더 오래 걸리겠지만, 지불해야 하는 대가와 비교하면 보상이 엄청나게 크다고 장담할 수 있다.

만일 당신이 따분한 기도회에 참석한 적이 있다면, 그 기도회는 필시 모임을 인도할 기회를 하나님께 드리지 않았을 것이다. 하나님이 어떤 분이신지를 생각한다면, 그분의 음성을 듣고자 하나님의 조건을 이행하는 일은 전혀 따분하지 않다! 그분은 우주에서 가장 놀라우신 분이다. 나는 그러한 하나님이 우리와 대화하기를 갈망하며, 우리와의 관계에서 그런 의사소통 맺는 것을 당연하게 여기신다는 사실에 경이를 느낀다. 하나님은 그분이 말씀하실 것을 믿고 기대하는 자녀에게 친히 말씀하신다. 얼마나 기쁜 일인가! 얼마나 기쁘고 보람 있는 일인가! 하나님은 참으로 멋진 분이다!

경험하는 데 중보기도가 그토록 놀라운 방법이 되는 이유는 무엇인가? 중보기도란, 성령의 인도를 받고 그분의 능력을 힘입어 다른 사람들을 위해 기도하는 것이기 때문이다. 이렇게 기도할 때 우리는 사람들을 향한 하나님의 마음과 생각을 조금이나마 공유하게 된다. 하나님은 모든 사람을 향하여 가장 인자하고 오래 참고 긍휼과 영적인 야망이 가득한 계획을 가지고 계시는데, 이는 곧 그분이 자기 형상의 일부를 우리와 공유하신다는 것을 의미한다. 그분을 닮는 것보다 더 빨리 우리를 변화시킬 수 있는 것은 없다. 그분을 더 많이 닮아갈 수만 있다면, 그보다 우리에게 더 좋은 일은 없을 것이다.

내 생애에 가장 힘 있는 영적 활동과 계시를 경험한 때는, 또 하나님의 임재와 능력을 가장 놀랍게 체험한 때는, 예배하고 기도했던 순간이었다. 그때에 이러한 하나님의 역사가 일어났다.

그때는 바로
성령이 가장 깊이 있게 내 속사람을 만져 주셨고,
내 마음이 가장 밝히 드러났고,

하나님의 마음에 대한 가장 깊은 계시를 받았고,

영적으로 다른 사람들과 가장 큰 일체감을 이루었으며,

성령이 나를 통해 다른 이들에게 가장 깊이 있게 역사하셨고,

가장 큰 영적 권위를 부여받았고,

어둠의 권세에 대항해 가장 큰 승리를 거두었고,

믿음이 가장 커졌으며,

하나님과의 사귐에서 가장 큰 친밀감을 맛보았던 때다.

예배와 기도가 따분하다고? 천만의 말씀이다! 그것이야말로 하나님과 함께하는 모험과 사귐으로 가는 지름길이다.

INTERCESSION, THRILLING AND FULFILLING

2

중보기도 중에 임하는 계시

예레미야 33장 3절의 "너는 내게 부르짖으라 내가 네게 응답하겠고 네가 알지 못하는 크고 은밀한 일을 네게 보이리라"는 말씀을 보라. 하나님은 간절한 기도와 하나님의 계시를 연관 지으신다. 다음 이야기는 이와 같은 진리를 생생하게 증명한다.

   1973년 5월, 나는 캘리포니아에 있는 어느 교회의 선교 집회 기간에 말씀을 전하게 되었다. 거기 머무는 동안에 나는 하나님의 선별된 제자 중 한 사람인 아르니에 아브라함슨(Arnie Abrahamson)과 만나는 영예를 누렸다. 아르니에는 브라질의 밀림 지대에서 사역하는 위클리프 선교사로서, 미국에서 휴가를 보내고 있었다. 나는 세 개의 미전도 종족에 관한 그의 부담감과 홀로 그들에게 복음을 전하려던 여러 차례의 시도에 대한, 손에 땀을 쥐는 이야기를 들었다. 아르니에는 식량 부족과 질병, 원주민들의 살해 음모 등으로 죽음과 수없이 대면해야 했던 이야기를 나누었다. 그 이야기를 듣는 동안 나는 두 가지를 마음속에 분명하게 새길 수 있었다.

첫째, 나는 이 사람과 비전을 위한 중보기도자가 되어야 한다.

둘째, 다른 사람들에게도 그를 위한 중보기도자가 되라고 권유한다.

다음 주간에 나는 스위스 YWAM 전도학교(SOE)에서 가르치게 되었다. 그곳의 리더 중 한 사람인 폴 호킨스(Paul Hawkins)에게 아르니에의 이야기를 담은 테이프를 가져왔다고 말하며 그의 이야기를 조금 나누었더니, 이번에는 폴이 놀라움과 흥분을 감추지 못하며 일주일 전에 '열방을 위한 중보기도 그룹'에서 일어났던 일을 자세히 들려주었다. 그 그룹의 젊은이들이 효과적인 중보기도를 위한 10가지 원칙을 성실하게 적용했을 때, 하나님이 늘 그러셨듯 놀랄 만한 계시를 주신 것이다.

한 사람은 브라질이란 나라를 떠올렸고, 다른 한 사람은 브라질 밀림에서 홀로 일하는 선교사를 위해 중보기도 해야 한다는 느낌을 받았다. 또 한 사람은 "제가 믿기로, 그 사람이 위클리프 성경 번역가와 함께 일하는 모습을 하나님이 보여 주셨습니다"라고 말했다. 얼마 동안 성령은 이 그룹의 젊은이들에게 전에는 있는지 없는지 알지도 못했던 한 사람의 필요를 보여 주셨다. 또한 그 선교사가 복음을 들고 나아가려 애쓰는 족속의 영혼에 대한 부담감을 주셨다.

다음 날 아침, 전날 기도 모임에 참석하지 않았던 자매 간사가 어제 그들이 기도한 내용이 무엇인지 전혀 듣지 못한 채 그 그룹에 들어가 기도를 인도했다. 하나님은 또다시 말씀하셨다. 아르니에가 누구인지 아무것도 모르는 그 간사에게 하나님은 아르니에와 그의 필요를 상세히 계시하셨다. 이것은 그들이 정말로 하나님의 음성을 듣고 있다는, 부인할 수 없는 증거였다. 그들이 기도한 내용이 하나하나 모두 사실임을 증명해 주는 아르니에의 이야기와 함께 테이프를 건네받았을 때, 그들이 얼마나 놀라워했을지 상상해 보라!

가장 큰 격려는 아르니에를 위해 준비돼 있었다. 캘리포니아로 돌아온 나는, 열방을 위해 기도하려고 시간을 내었던 한 무리의 젊은이들을 통해 하나님이 어떤 방법으로 그를 지목하셨는지 들려주었다. 세계 반대편에서 그가 중보기도의 초점이 되었음을 자세히 이야기해 주었다.

어쩌면 당신은, 그러한 그룹이 당신보다는 상대적으로 하나님의 음성을 듣기가 더 쉬울 수 있을 거라고 생각할는지도 모른다. 물론 그들 곁에는 영감을 일깨워 주는 교사가 있다. 또 그룹 활동은 믿음을 확고히 하도록 돕는 이점이 있다. 그런 생각을 나도 이해한다. 당신의 반응은 매우 정당한 것이다. 그러나 중보기도할 때이든 다른 때이든, 하나님의 음성을 듣는 것은 하나님의 모든 자녀를 위한 것이라는 사실을 기억하라고 당신을 격려하고 싶다(요 10:27).

모든 믿는 자는 효과적인 중보기도 사역으로 하나님께 쓰임 받을 특권이 있다. 이 특권은 특별한 몇몇 사람만, 다른 일은 하기가 어려운 몇몇 나이 많은 자매에게만, 또 내가 흔히 듣는 말처럼 '중보기도 사역에 특별히 부름 받은' 사람들에게만 주어지는 게 아니다. 주님을 예배하는 일과 복음을 증거하는 일이 그렇듯, 중보기도는 모든 사람의 사역이며, 이에 수반되는 하나님의 계시도 우리 모두 기대할 수 있다.

사탄의 간교하고도 주효한 한 가지 책략은, 이런 기도 사역이 특정인에게만 해당되는 일이라는 확신을 우리에게 심어 주는 것이다. 그러나 성경을 보면, 중보기도자가 되는 데 반드시 특별한 은사를 받아야만 한다는 말이 그 어디에도 없다.

예수 그리스도는 우리 삶의 본이 되고자 인자로 우리에게 오셨다. 홀로 우리의 본이 되시는 예수님은, 모든 사람이 날마다 지킬 우선순위로써 기도의 본을 보여 주셨다.

또한 예수님의 삶은 중보기도 사역과 연관되어 사람들의 필요를 깊이 있게 이해하도록 돕는 계시의 관계를 분명히 보여 준다. 의심할 바 없이, 예수님은 우리를 위한 가장 효율적이고 신실한 (동시에 가장 감사받지 못하는) 중보기도자이시다. 성경은 "그가 항상 살아 계셔서 그들을 위하여 간구하심이라"(히 7:25)고 말한다. 그러므로 그분은 우리를 완전히 이해하신다. "보라, 하나님은 전능하시나 아무도 멸시치 아니하시며, 그 (이해하시는) 지능이 무궁하시며"(욥 36:5, RSV). 그러므로 한 나라, 한 인종, 한 종족, 한 교파, 한 단체, 또는 한 개인을 향한 하나님의 사랑을 가장 빨리 이해하는 길은, 그들을 위한 중보기도자가 되는 것이다.

하나님이 주신 계시와 중보기도가 얼마나 깊은 연관성이 있는지, 이를 삶으로 실천하였던 성경 인물들을 통해 알아보자.

모세, 구약의 가장 위대한 중보기도자 - 하나님의 영광에 대해 가장 많은 계시를 받았다.

다니엘, 하루 세 차례씩 기도했던 사람 - 현재와 미래의 일에 대해 주목할 만한 계시를 받았다.

안나, "성전을 떠나지 아니하고 주야로 금식하며 기도함으로" 섬긴 여선지자(눅 2:37) – 마리아의 품속에 있는 아기가 바로 약속하신 메시아라는 계시를 받았다.

고넬료, 사도행전 10장은 고넬료를 항상 하나님께 기도드리는 자로 묘사한다. 어느 날 오후 3시에 기도하는데 한 천사가 나타나서, 베드로를 찾아 집으로 데리고 오라고 지시했다.

베드로, 정오에 점심이 준비되기를 기다리는 동안에도 늘 기도했다. 이처럼 베드로는 분명히 기도를 삶의 방식으로 삼았던 사람이었다. (고넬료와 베드로, 이 사람들은 복음이 유대인뿐 아니라 이방인을 위한 것이기도 하다는 획기적인 계시를 받았다.)

바울, (예수님을 제외하고) 신약의 가장 위대한 중보기도자 – '말하도록 허락되지 않은' 계시 외에도(고후 12:4) 보편적(불가시적) 교회에 대한 엄청난 계시를 받았다.

하나님의 성품과 그분의 길은 변하지 않았다. 오늘도 하나님은 마음과 동기가 순전하며 다른 사람을 위해 자주 중보기도 하는 사람에게 그분의 비밀을 나누신다. 한 가지 예로, 짐바브웨 헤라레의 YWAM 책임자에게서 받은 편지를 간추려 소개하겠다.

지난 2월, 우리 베이스의 전도학교에서 한 중보기도 그룹에 속한 몇몇 사람은 자매님이 가르쳐 주신 효과적인 중보기도의 원칙을 주의 깊게 적용하고 나서, 구체적인 계시를 받게 되었습니다.

한 사람은 엠마누엘 드 코스타(Emmanuel de Costa)라는 사람을 위해 중보기도해야 한다는 생각을 떠올리게 되었고, 다른 사람은 그 사람이 마약 때문에 경찰과 약간의 마찰이 있다는 생각을 했습니다. 또 한 사람은 어느 항구 도시의 부둣가에서 서류 가방을 들고 서 있는 남자의 환상을 보았습니다.

중보기도자들은 그것이 마약을 밀수하려던 엠마누엘이 경찰에 체포되는 장면임을 깨달았습니다. 그래서 그 사람이 죄를 회개하고 돌이켜 주님께 삶을 맡기도록 간절히 기도하고는, 주 예수 그리스도의 이름으로 그를 대적하는 어둠의 권세를 묶었습니다. 마지막으로 주의 사랑으로 그를 인도할 사람을 보내 달라고 구체적으로 구하고, 그가 반드시 회심할 거라고 하나님을 신뢰하며 기도를 마쳤습니다.

우리는 짐바브웨, 말라위, 모잠비크, 스와질란드, 남아프리카 공화국, 보츠와나로 남부 아프리카 전도여행을 갔습니다. 3주 동안은 모잠비크에 머물렀는데(6월), 열흘 정도는 그 지역의 마약 갱생 센터와 손을 잡고 '로렌코 마르크스'(Lourenco Marques)에서 일하며 보냈습니다. 그곳에서 일하는 그리스도인 중에 마이크라는 사람이 우리를 위해 통역을 해주었는데, 하루는 소그룹으로 중보기도 하는 시간에 성령이 마이크에게 그의 본래 이름을 우리에게 말해 주라는 생각을 넣어 주셨습니다. 마이크의 본래 이름은 다름 아닌 엠마누엘 드 코스타였습니다. 지난번 중보기도 시간에 하나님이 이미 알려 주신 모든 것이, 그 당시 이 사나이의 삶과 맞아떨어지는 것을 발견한 우리는 놀라고 흥분하지 않을 수 없었습니다.

이 일이 우리의 믿음에 어떤 영향을 주었을지 상상하실 수 있겠습니까?

그리고 2주 전, 엠마누엘과 다른 세 명의 그리스도인은 프렐리모(Frelimo) 정부에 의해 체포되었습니다. 이번에는 마약 때문이 아니었습니다. 그리스도를 믿는 믿음을 나누었기 때문입니다. 복음을 전하는 일은 새 정부의 정책에 정면으로 충돌하는 일이었기 때문입니다.

네 사람은 얼마 후에 석방되었고, 그 후로도 계속해서 구원의 능력이 있는 하나님의 사랑에 대한 복된 소식을 퍼뜨리고 있다. 하나님은 특별히 전 세계 YWAM의 소규모 중보기도 모임에 이러한 방식으로 많이 계시하시는데, 이는 강력한 선교의 전략이 된다.

또 다른 예가 하나 있다. 인도네시아와 브라질의 YWAM에서 기도하려고 모인 사람들에게, 성령은 복음의 메시지를 한 번도 접해 보지 못한 종족들을 구체적으로 말씀해 주셨다. 그 결과 사탄의 견고한 진으로 묶여 있던 이 나라에서 소규모 '오솔길 개척' 팀이 구성되어, 이 팀들을 여러 외딴 지역에 보낼 수 있었다.

처음 개척하는 팀이 들어가고, 때가 이르면 교회를 세우는 팀이 들어간다. 모든 세대에 걸쳐 가장 파격적이었던 개척 선교사는 "내가 이 반석 위에 내 교회를 세우리니 음부의 권세가 이기지 못하리라"(마 16:18)고 말씀하셨다. 예수님은 전기가 통하는 듯한 이 말씀의 진리를 오늘날에도 쉬지 않고 증명하신다.

세상의 지혜에 매우 감탄한 나머지, 오히려 하나님을 기다리고 그분의 음성을 듣고 그분의 생각대로 기도하고 가장 뛰어난 전략가의 말씀대로 순종하는 이 단순한 방법을 사용하지 못하고 있지는 않은가?

포로로 잡혀간 어느 젊은 히브리인이 이렇게 말한 적이 있다. "오직 은밀한 것을 나타내실 이는 하늘에 계신 하나님이시라"(단 2:28). 그는 이 사실을 믿고 하나님의 얼굴을 부지런히 구했다. 그래서 하나님은 그분의 비밀을 보이심으로, 그에게 보상해 주셨다.

모·범·기·도

† 사랑하는 하나님,

주님을 더 알기 원하고, 주님의 음성을 더 명확히 듣기 원합니다. 그래서 저도 놀라운 기도의 사역으로 다른 사람의 필요를 채워 주는 일에 주님과 동역할 수 있기를 소원합니다. 주님이 저에게 이러한 소원을 주셨으므로 이제 제가 순종하며 이 진리의 길로 나아갈 때, 주님이 친히 이 소원대로 모두 이루실 것을 신뢰하며 감사드립니다. 제가 다른 이들을 위해 기도할 때, 성령이 새로운 차원으로 계시해 주시기를 간절히 소원합니다.

예수님의 이름으로 기도합니다. 아멘.

3

친구를 위한 기도

"그날 4시에서 4시 15분 사이에 도대체 어디에 있었죠? 그때 당신에게 무슨 일이 일어났던 거예요?" 나는 일본에서 열린 지도자 회의에서 친구인 로렌 커닝햄에게 물었다. 로렌은 재빨리 시간을 계산하더니, 그 시간에 필리핀 근처를 비행하고 있었는데 타고 있던 비행기가 갑자기 고도를 잃고 급강하하기 시작했다고 그때의 상황을 설명해 주었다. 비행기는 동력을 완전히 잃은 듯 심하게 휘청거려서, 조종사가 비행기를 제어하는 데 큰 어려움을 겪고 있음을 승객 모두 알아챌 정도였다.

승객 대부분이 불안감에 휩싸여 공포에 질렸으나 로렌의 마음은 평안했다. 그와 같은 긴장 상태가 몇 분간 계속되고 나서야 동력이 다시 가동되었고, 비행기는 본래의 상태로 되돌아왔다.

나는 사고가 일어난 바로 그 시각에 로렌에 대한 생각이 내 마음에

섬광처럼 스쳤다고 설명했다. 나는 오래전부터 그처럼 강력한, 친구들에 관한 인상을 가볍게 넘기지 않는 법을 배웠다. 하나님이 그들을 위해 기도하라고 주시는 신호일 수도 있기 때문이다.

그때 나는 하나님께 로렌의 영과 혼, 육, 그리고 정서의 필요를 채워 달라고 간절히 기도했다. 기도를 계속할수록, 로렌이 힘들고 위험한 상황에 부닥쳐 있다는 것을 분명히 알 수 있었다. 하나님이 천사를 보내어 보호해 주시기를 구하는 동안 점점 간절히 기도하게 되었고, 어둠의 권세와의 영적 전쟁에 돌입했다. 어떠한 상황이 벌어지든, 하나님이 로렌에게 초자연적인 평화와 지혜를 주시도록, 또 로렌이 조금도 상하지 않고 이 상황을 넘어갈 수 있게 해 달라고 기도했다. 나는 더 기도할 필요를 느끼지 않을 때까지 기도했다.

때로 내가 이와 같은 기도를 받는 쪽이 된 적도 있다. 한번은 가까운 친구인 루이지애나 출신의 캐럴린 앨숩(Carolyn Alsup)이 어느 날 새벽에 나를 위해 기도하면서 잠에서 깨어났다. 캐럴린은 효과적으로 중보기도하려고 수년 동안 나의 여행과 강의 일정에 따라 면밀히 기도해 오고 있었기에, 이것은 특별한 일이 아니었다.

그런데 캐럴린이 교회에 갈 준비를 하는데, 나를 위해 기도해야 한다는 마음이 들었다. 그는 나를 위하여 원수를 대적하는 영적 전쟁에 들어가야 한다고 느꼈다. 계속해서 기도에 대한 부담감이 사라지지 않았고, 마침내 내가 안전하다는 확신의 말씀을 주시기 전까지는 기도를 멈추지 않겠노라고 하나님께 말씀드렸다. 하나님은 캐럴린의 끈질긴 인내의 기도를 존중하셔서, "내(조이)가 죽지 않고 살아서 여호와께서 하시는 일을 선포하리로다"(시 118:17)는 말씀으로 인도해 주셨다. 캐럴린은 마음이 평온해질 때까지 이 구절을 반복해서 읊조렸다.

캐럴린의 파수하는 기도가 원수의 어떠한 계획을 파했는지는 하나님만이 아신다. 다른 사람을 보호해 달라는 간구는, 때때로 원수의 중대한 공격 앞에서 선제공격을 퍼붓는 것과 같다. 친구의 성실한 중보기도와 하나님의 보호하심에 나는 얼마나 감사한지 모른다.

곤경에 처한 친구들을 위해 중보기도로 하나님과 동역하는 것은 매우 의미 있는 일이다. 가끔 사람들은 나에게 "온종일 당신 생각을 떨쳐 버릴 수가 없었어요"라고 말할 때가 있다. 만일 그 반복되는 인상이 기도의 필요를 알리기 위한 것이었다면, 그리고 그들이 이를 알아채고 충분히 기도하였더라면, 그들은 벌써 수 시간 전에 다른 일에 주의를 집중할 수 있었을 것이다. 성령이 누군가를 위해 중보기도 하도록 일깨워 주신다고 해서, 반드시 그 사람이 위험에 처해 있는 것은 아니다. 수많은 기도 제목 모두 그러한 기도의 목적에 포함될 수 있다.

하나님이 허락하신 친구 관계는 가장 소중한 선물의 하나다. 하나님은 말씀을 통해, 이러한 선물을 조심스레 다루는 방법을 이미 보여 주셨다. 이것을 소홀히 여긴다면, 우리 자신이 손해를 볼 것이다. 이러한 우정 관계는 쉽사리 다른 것으로 바꿀 수 없다. "고통 받는 자에게는 그 벗이 친절을 베풀 것이어늘"(욥 6:14, NKJV). '친절'은 중보기도에서 시작된다.

성경에는 어려운 시기를 겪는 친구들을 위한 기도의 성공과 실패의 사례가 모두 나와 있다. 우리는 이를 통해 중요한 교훈을 얻을 수 있다.

성공한 사례들

친구를 위한 기도를 배우기에 앞서 우리의 본이신 예수님을 살펴보자. 예수님은 이 땅에 거하실 때 가장 가까운 친구 중 한 명인 베드로와 어떻게 관계하셨는가? 예수님은 최고의 친구로, 혹독한 시험을 받는 베드로를 위해 기도하셨다. "시몬아, 시몬아, 보라 사탄이 너희를 밀 까부르듯 하려고 요구하였으나 **그러나 내가 너를 위하여 네 믿음이 떨어지지 않기를 기도하였노니**"(눅 22:31-32).

예수님이 베드로를 위해 중보기도 하실 때, 하나님의 성품을 믿는 베드로의 믿음이 사탄의 모진 공격에도 결코 흔들리지 않도록 기도하셨다고 믿는다. 사탄은 모든 사람이(특별히 곤경이나 슬픔에 처한 사람 또는 실패한 사람이) 하나님의 성품을 왜곡하도록 애쓴다. 친구를 위한 예수님의 중보기도 덕분에, 베드로는 주를 부인하고서도 즉시 회개하여 관계의 회복을 빨리 이루었다.

예수님의 모습을 통해, 초대교회 제자들은 기도하는 법을 그대로 배웠다. 친구인 베드로가 옥중에 있을 때, 그들은 잠도 자지 않고 간절히 기도했다. 그래서 베드로는 한밤중에 천사의 인도로 극적인 탈출을 할 수 있었다(행 12:7-11).

친구가 어려운 상황에 부닥쳤을 때 그만한 대가를 치를 준비가 되어 있는가? 언제든 우리는 불가능해 보이는 일을 위해 기도해야 하며, 결코 하나님의 능력을 제한하거나 기도의 효과를 과소평가해서는 안 된다.

형이요 동역자였던 아론을 위한 모세의 중보기도는 또 하나의 좋은 예가 된다. 아론은 백성이 숭배할 금송아지를 만드는 죄를 지었고, 하나님은 그에게 죽음을 선고하셨다. 모세는 이런 아론을 위해 기도했다. "여호와께서 또 아론에게 진노하사 그를 멸하려 하셨으므로 내가 그때에도 아론을 위하여 기도하고"(신 9:20). 이 기도의 결과로 아론의 생명이 보존되었다. 이처럼, 지도자나 친구를 위해 중보기도 함으로 하나님의 판결이 번복될 가능성을 절대 간과해서는 안 된다. 이보다 더 놀라운 역할이 있겠는가? 이 이야기는 성경에 기록되어 있으며, 그 후에도 수없이 일어났다.

때때로 나는 하나님이 모세에게 판결을 내리신 후에 만일 그를 위해 중보기도를 한 사람이 여호수아나 갈렙이었더라면 어떤 일이 벌어졌을지 생각해 본다(신 3:26, 32:50-51). 모세가 남을 위해 기도했듯 누군가 그를 위해 중보기도자의 역할을 했다는 기록을 찾을 수 없음이 참으로 안타깝다.

자신을 위해 기도하기는커녕 오히려 판단하는 친구들의 모습을 본 욥은 친구들을 위한 기도가 얼마나 중요한지 배웠다. 그는 친구들을 용서해야 했을 뿐만 아니라, 하나님의 자비가 임하도록 중보기도 해야 했다. 그렇게 기도했을 때, 하나님은 그가 모든 것을 잃기 전에 가졌던 소유보다 두 배나 되는 축복을 부어 주셨다.

오늘날 우리가 중보기도 하도록 일깨워 주시는 하나님의 신호는 예상치 못한 방법으로, 미처 예상치 못한 시간에 찾아올 수 있다. 이러한 신호에 주의를 기울임으로써, 우리는 하나님과 함께 이후에 일어날 수 있는 비극을 승리로 바꾸는 흥분된 모험에 동참할 수 있다.

어느 날 밤, 내 친구 렌(Len, 지금은 하늘나라로 돌아간)과 마사 레이븐힐(Martha Ravenhill) 부부는 침실문을 두드리는 소리가 세 번이나 분명하게 들려와 잠에서 깼다. 렌이 일어나서 옷을 걸치고 문을 열었으나 아무도 보이지 않았다. 그런데 세계 여러 곳에 흩어져 사는 세 아들을 위해 놓고 기도해야겠다는 느낌이 들었다. 그래서 렌은 그들을 보호해 달라고, 그들의 상황에 하나님이 직접 개입해 달라고 기도했다. 그런데 새벽 4시에 정확히 똑같은 일이 반복되었다. 다시 한 번, 렌은 세 아들과 그들의 가족을 위하여, 무슨 일을 있든 하나님이 그곳에서 일하고 계시다는 확신이 들 때까지 간절히 기도했다.

캘리포니아 남부에 사는 아들 데이비드(David)의 편지를 받은 후에야 노련한 중보기도자 렌은 한밤중에 일어났던 그 일을 이해했다. 렌과 마사가 노크 소리를 들었던 바로 그날 밤, 데이비드와 그의 아내 낸시(Nancy)는 옆집에 화재가 일어나 달려온 여러 대의 소방차 소리에 잠에서 깼다. 데이비드 부부는 불길이 잡히기 시작한 것을 보고 다시 침대로 돌아가 잠을 청했다.

그런데 새벽 4시, 부부는 현관을 두드리는 소리에 다시 일어났다. 문을 열자, 친절해 보이는 한 남자가 이웃집에 일어난 불이 이제는 걷잡을 수 없을 만큼 번졌다고 말해 주었다. 그 낯선 사람은 이웃집과의 경계가 되는 나무 끝이 벌써 타고 있으므로 빨리 집에서 나오라고 재촉했다. 그 남자가 데이비드 부부의 네 살짜리 딸을, 낸시가 아기를 방에서 안고 데려오는 동안, 데이비드는 소방서에 전화를 걸었다. 낸시가 불을 피해 길을 건너다가 어두운 하늘을 올려보았을 때, 놀랍게도 붉

은색의 글자가 다음과 같이 쓰여 있었다. "너의 집이 보존될 것이다."

꽤 시간이 흘렀는데도 소방차는 도착할 기미조차 보이지 않았고, 이제 집을 구하는 일은 불가능해 보였다. 데이비드가 절망적으로 이웃의 도움을 구하려 애쓰는 동안, 그 낯선 이가 더 이상의 도움은 필요하지 않을 것이라고 낸시에게 조용히 말했다. 그때 경찰차 한 대가 도착해 무선으로 구조를 요청했고, 마침내 소방차가 도착했다. 아슬아슬한 찰나에 불길이 잡혀 그들의 집은 안전할 수 있었다.

데이비드는 그때까지 남자가 안고 있던 딸을 받아들였고, 위험을 경고해 준 데 대해 감사를 표하려 했다. 그런데 그는 온데간데없이 사라지고 없었다. 부부는 열심히 그를 찾았으나 아무데서도 찾을 수 없었다. 두려움과 동시에 깊은 감사가 그들 마음속에 넘쳤다. 부부는 주님의 충만한 임재를 느끼며 아이들을 데리고 무사히 집으로 돌아왔다.

실패한 사례들

이제는 친구를 위해 기도하지 못했던 예를 보며 교훈을 얻자. 욥의 세 친구는 일생에 가장 암울하고 가장 고통스러운 난관에 부닥친 욥에게 아무런 도움을 주지 못했다. "그때에 욥의 친구 세 사람이 이 모든 재앙이 그에게 내렸다 함을 듣고 각각 자기 지역에서부터 이르렀으니 곧 데만 사람 엘리바스와 수아 사람 빌닷과 나아마 사람 소발이라 그들이 욥을 위문하고 위로하려 하여 서로 약속하고 오더니 눈을 들어 멀리 보매 그가 욥인 줄 알기 어렵게 되었으므로 그들이 일제히 소리

질러 울며 각각 자기의 겉옷을 찢고 하늘을 향하여 티끌을 날려 자기 머리에 뿌리고 밤낮 칠 일 동안 그와 함께 땅에 앉았으나 욥의 고통이 심함을 보므로 그에게 한마디도 말하는 자가 없었더라"(욥 2:11-13).

이 장면을 다시 써 보자. "그들은 충격을 받은 듯했고 통곡했으며, 자신들의 옷을 찢고서 지저분하고 엉망이 되어 욥을 빤히 바라보았다. 그러고는 아무런 말도 하지 않았다." 그것은 욥에게 종기뿐 아니라 등창까지 나게 하기에 충분한 일이었다!

이들의 이상한 반응은 욥에게 털끝만큼의 도움도 되어 주지 못했다. 만일 욥이 시험당하는 동안 그들이 욥을 위해 중보기도 했다면, 과연 욥에게 어떤 충고를 하고 어떤 말로 도울 수 있을지 하나님이 지혜를 주셨을 것이리라. 적어도 그들이 잘못된 조언을 하지 않도록 막아 주었을 것이다. 그러나 그들은, 욥이 고난 받는 이유가 죄에 있다고 말함으로써 욥을 잘못 판단했고, 결국 욥에게 고통만 더해 주었다.

만일 그들이 중보기도를 했더라면, 욥의 생애를 향한 하나님의 목적은 더 앞당겨 성취될 수 있었을 것이다. "너희가 짐을 서로 지라 그리하여 그리스도의 법을 성취하라"(갈 6:2)는 명령에 순종함은, 상대를 위한 중보기도에서 시작하여 함께 참여하게 된다는 것을 의미한다.

어떻게 기도할 것인가?

다음은 시련을 겪는 친구들을 위해 기도하는 '방법'에 관한 몇 가지 지침이다.

1. 친구들의 상황에 하나님이 기적의 손길로 간섭하여 주시도록 구하라. "나는 여호와요 모든 육체의 하나님이라 내게 할 수 없는 일이 있겠느냐"(렘 32:27).

2. 하나님이 그들의 삶에서 최대한 영광 받으시도록 기도하라. 모든 믿는 자를 향한 하나님의 궁극적인 목표는, 사람들을 아들의 형상에 더욱 일치되게 하는 것이다(롬 8:29). 친구들이 다른 무엇보다도 이 사실을 인식하고 스스로 갈망하게 되기를 기도하라. 하나님이 그들 위에 풍성한 은혜를 내려 주시며, 그들이 믿음으로 그 은혜를 받게 되기를 구하라. "너희가 내 이름으로 무엇을 구하든지 내가 행하리니 이는 아버지로 하여금 아들로 말미암아 영광을 받으시게 하려 함이라"(요 14:13).

3. 하나님이 우리 친구들의 시련에서 우리에게 무엇을 가르치고자 하시는지 보여 달라고 구하고, 그분이 말씀하시도록 시간을 드리라.

4. 친구들을 통해 우리가 받은 축복을 하나님께 감사하라. "너희 구할 것을 감사함으로 하나님께 아뢰라"(빌 4:6).

5. 우리 마음속에 그들을 위해 효과적으로 기도하지 못하도록 막는 장애물이 있는지 보여 주시기를 구하라.

6. 친구들을 향한 하나님의 사랑이 우리 마음에 가득 채워지기를 구하고, 믿음으로 그분의 사랑을 받아들이라. "우리에게 주신 성령으로 말미암아 하나님의 사랑이 우리 마음에 부은 바 됨이니"(롬 5:5). "사랑으로써 역사하는 믿음뿐이니라"(갈 5:6).

7. 하나님이 친구들에게 아래와 같이 그분을 계시해 주시기를 구하라.

ㄱ. 그분의 성품, 특히 측량할 수 없는 사랑과 절대적 공의, 무한한 능력, 완전무결한 지식과 변하지 않는 성실을 더 많이 알 수 있도록 기도한다. "그는 반석이시니 그가 하신 일이 완전하고 그의 모든 길이 정의롭고 진실하고 거짓이 없으신 하나님이시니 공의로우시고 바르시도다"(신 32:4).

    친구들이 혼돈과 고통에서도 하나님의 성품에 대한 믿음을 잃지 않도록 기도하고, 그들이 하나님을 볼 수 없을 때에도 그분을 신뢰할 수 있는 믿음을 부어 달라고 간구한다. "너희 중에 여호와를 경외하며 그의 종의 목소리를 청종하는 자가 누구냐 흑암 중에 행하여 빛이 없는 자라도 여호와의 이름을 의뢰하며 자기 하나님께 의지할지어다"(사 50:10).

ㄴ. 하나님의 방법을 더 잘 이해할 수 있도록 기도하라. 그분이 지체하신다면 그것이 곧 거절을 뜻하는 게 아님을 믿으며, 진리의 말씀을 믿고 적용함으로 믿음의 안식에 들어오도록 기도한다. "우리 가운데서 역사하시는 능력대로 우리가 구하거나 생각하는 모든 것에 더 넘치도록 능히 하실 이에게"(엡 3:20). "네 길을 여호와께 맡기라 그를 의지하면 그가 이루시고"(시 37:5).

    하나님은 처음부터 마지막이 될 일까지 보고 계시므로, 친구들이 하나님이 보시는 큰 그림의 관점에서 믿음의 시련을 바라봄으로써 용기를 얻도록 기도한다(고후 4:16-18).

8. 계속 소리 내어 하나님을 찬양하고, 예배하는 삶이 얼마나 중요한지 그들에게 직접 계시해 달라고 간구한다. 찬양과 예배는 친구들의 영혼이 고통의 무게에 짓눌리지 않게 해주며, 마음의 평안을 유지하게 한다. 또 주님과 더 친밀한 관계에 이르게 한다. 이는 하나님이 현재 영광 받고 계시다고 확신할 수 있는 좋은 길이다.

9. 친구들이 규칙적으로 성경을 읽도록 이끌어 달라고, 그리고 성경을 읽을 때 믿음을 세울 수 있는 위로와 격려의 구절을 달라고 성령님께 간구한다. "주의 증거들은 나의 즐거움이요 나의 충고자니이다"(시 119:24). "이 말씀은 나의 고난 중의 위로라 주의 말씀이 나를 살리셨기 때문이니이다"(시 119:50). "주의 법이 나의 즐거움이 되지 아니하였더면 내가 내 고난 중에 멸망하였으리이다"(시 119:92).

10. 친구의 마음을 일깨워 주셔서 그가 하나님께 다음과 같은 백만 불짜리 질문을 할 수 있도록 기도한다. "주님이 저에게 가르치려 하시는 일이 무엇입니까?" 또한 친구가 하나님의 응답을 확실히 듣기까지 끈기 있게 기도하게 해 달라고 구한다. 그가 겪는 환난의 목적과 이유를 계시해 주시기를 기도한다.

11. 친구들의 과거나 다른 사람의 말 때문에 하나님의 대답을 넘겨짚지 않게 지켜 달라고 간구한다. "또 주의 종으로 '추측하는 죄'(presumptuous sins)를 짓지 말게 하사 그 죄가 나를 주장하지 못하게 하소서"(시 19:13, RSV).

12. 친구들의 가장 깊은 필요를 채워 달라고 하나님께 구하고, 그분이 그렇게 하실 것을 감사드린다.

13. 어둠의 권세를 대적하며 주 예수 그리스도의 이름과 말씀의 권위로 친구들에게서 떠날 것을 명한다(약 4:7).

14. 친구들에게 우리의 사랑을 전하고, 우리가 그들을 위해 기도하고 있음을 알릴 필요가 있다. 실제로 그들을 도울 방법을 하나님께 여쭤 보고, 보여 주시는 대로 순종하라.

나의 경험담을 하나 들려주겠다.

1988년 1월의 어느 추운 겨울 저녁, 초인종이 울렸다. 남편 짐이 심장을 절개하는 큰 수술을 받고 열흘 동안 입원해 있다가 집으로 막 돌아온 때였다. 남부 캘리포니아에 있는 우리 집 현관문을 열었을 때, 나는 내 눈을 믿을 수가 없었다. 그곳에는 아무도 없었지만, 짐과 나를 위해 포장된 다섯 끼 분의 식사가 아름답게 놓여 있었다. 나중에 알게 된 바로, 그것은 나의 절친한 친구인 버지니아 오티스(Virginia Otis)가 애써 준비한 것이었다. 버지니아는 특별 요리책을 구입하여, 짐이 먹을 수 있는 엄격한 저지방 식이요법에 맞추어 다양한 메뉴를 준비해서, 거의 한 시간가량 차를 몰고 와 우리 집 앞에 음식을 내려놓고 자신의 집으로 다시 돌아갔다. 그는 내가 밤이나 낮이나 짐의 곁을 떠날 수 없는 형편임을 알았으므로, 실제적인 도움이 필요하리라 생각한 것이었다. 경험이 많고 훌륭한 중보기도자인 버지니아의 사려 깊고 친절한 행동은 시련의 시기에 내게 큰 힘이 되었다.

이처럼, 아주 실제적이고 의미 있는 긍휼의 행위가 중보기도를 통해 흘러나올 수 있다.

그로부터 6년 후, 나의 소중한 딸인 질의 희생적인 사랑으로 이러한 진리가 확연히 드러났다. 나는 1994년 2월에 척추 수술을 받았는데, 수술의 후유증 때문에 심한 고통 속에서 오랜 기간 병상에 누워 있었다. 기대와는 달리 회복의 기미가 좀처럼 보이지 않을 때, 질은 우리를 위해 간절히 그리고 자주 중보기도 하면서 21개월이나 우리의 식사를 준비해 주었다. 내가 그 일에 얼마나 깊이 감사하는지 말로는 다 표현할 수 없다. 하나님만이 그에 합당한 보상을 해주실 수 있을 것이다.

15. 하나님께 성경말씀이나 강의 테이프, 또는 책이나 그 외의 어떤 선물이든, 친구에게 보내 주기를 원하시는 것이 있는지 여쭤 보라. 만일 그렇다면 그분이 보여 주시는 때와 방법에 따라 끝까지 순종하며 실행하라. 어떤 일도 하나님보다 앞서 행하지 마라.

    조금 전에 언급한 바와 같이, 나는 병상에 있으면서 여러 자매와 질에게서 정말 많은 격려를 받았다. 그들은 나를 위해 부지런히 하나님 앞에 나아갔으며, 내가 결국에는 쾌유될 것이라는 말씀을 받았다. 이러한 소망의 메시지를 통한 하나님 약속의 말씀은 우리에게 주신 다른 약속과 연결되어, 시련과 시험의 가장 암울한 시기를 통과하던 짐과 나에게 마치 생명줄 같은 역할을 했다.

    다른 많은 친구도 계속해서 내게 사랑과 격려의 편지를 보냈다. 어떤 이들은 수없이 중보기도 하던 중에 내가 치유될 거라는 깊은 확신을 하나님이 주셨다고 전했고, 어떤 이들은 내게 정확히 필요한 내용의 글과 강의 테이프들을 보내 주어 영감을 얻고 격려받게 해주었다. 또 다른 이들은 필요한 재정을 보내왔다. 고통 받는 영혼에게 이러한 사랑의 표현이 끼치는 유익을 값으로 매긴다면, 아무리 높은 가격표를 붙여도 부족할 것이다.

    사랑하는 우리 가족과 나의 보물인 위탁된 중보기도자들이 우리를 위해 헌신적으로 기도해 주었을 뿐만 아니라, 세계 곳곳에 있는 많은 형제자매가 지속적으로 간절히 기도해 주었다. 이러한 사랑으로, 우리는 극심한 고통과 제한된 병상 생활을 통해 시험받고 연단되어 새롭게 빚어지는 그 긴 시간을 하나님의 넉넉한 은혜 안에서 견딜 수 있었다.

예상한 시간에 치유되지는 않았으나 많은 격려와 섬김을 통해 우리는 큰 용기를 얻었으며, 오랜 시간을 견디며 인내하는 믿음을 가지게 되었다. 앞서 말한 이들을 향한 감사의 마음을 측량할 수도, 적합하게 표현할 수도 없지만, 나는 하나님이 우리의 마음을 그들에게 계시로 알려 주시고 합당하게 보상해 주시기를 규칙적으로 기도하고 있다. 1997년, 이 책을 완성하는 시점에서 내가 증거할 수 있는 것은, 여전히 불 시험 가운데 있음에도, 하나님의 많은 계획이 다 이루어졌을 때 그분이 나를 구원하실 줄을 내가 확신한다는 것이다(병세는 호전되었으나 아직 완쾌되지는 않았다). "이는 약속하신 이를 미쁘신 줄 알았음이라"(히 11:11).

나는 성품과 행사가 완전하신 내 영혼의 연인께 엎드려 경배와 사랑과 찬양을 드린다. "여호와께서 나를 위하여 보상해 주시리이다"(시 138:8).

심한 고통으로 병상에 눕던 초기부터 나는 하나님의 인도하심대로, 고통 받는 다른 친구들의 명단을 작성하여 그들을 기도 제목의 우선순위에 두었다. 실제로 너무 아파서 다른 일을 거의 못하던 여러 달 동안, 나는 그들을 중보기도 하는 일에만 매달렸다.

겟세마네 동산에 있던 베드로와 야고보와 요한은, 그들의 도움이 가장 필요했던 친구 예수님을 위해 기도할 유일무이한 기회와 특권을 놓치고 말았다. 가장 필요할 때에 예수님을 저버린 것이다. 그 결과 베드로는 얼마 지나지 않아 예수님을 세 번이나 부인하고 말았다. 그리고 제자들은 모두 예수님을 버리고 도망쳤다.

곤경에 처한 친구들을 위한 기도는 우리 자신이 유혹에 넘어지지 않게 해준다. "시험에 들지 않게 깨어 기도하라"(마 26:41).

16. 기도할 때마다 반드시 소망에서 믿음의 단계로 나아감을 확인하라. 하나님은 기도를 들으시지만, 믿음에 응답하신다. 그 크신 능력과 흠 없는 성품에 맞는 일만 행하시는 하나님을 찬양하라.

17. 응답이 지연된다 하더라도 포기하지 말고 계속해서 이러한 원리를 적용해야 한다. 이때야말로 친구들에게 우리의 계속적인 기도와 격려가 절실히 필요한 시기이기 때문이다.

이것은 나의 개인적인 체험으로 깨달은 교훈이다. 나를 위해 끈기 있게 기도해 준 수많은 사랑하는 친구들에게 감사하다. 또한 질병으로 병상에 있는 동안(오늘까지 4년이 넘도록) 계속해서 하나님의 위로를 전해 준 이들에게 매우 감사하다. 어떤 이들은 바라고 기대했던 회복의 기미가 없음에도 전혀 요동하지 않고 나를 위해 금식하며 기도했고, 내가 나을 것을 끝까지 함께 믿었다. 이러한 이들에게 진 빚에 내가 합당하게 보답할 길은 오직 하나, 감사한 마음과 중보기도뿐일 것이다. "그런즉 너희는 강하게 하라 너희의 손이 약하지 않게 하라 너희 행위에는 상급이 있음이라"(대하 15:7).

오랜 시련으로 힘들어하는 이들에게, 밥 소르기(Bob Sorge)의 통찰력 넘치는 책 《기도 응답의 지연이 주는 축복》(은혜출판사 역간)을 적극 추천한다.

모 · 범 · 기 · 도

† 사랑하는 하나님,

우리의 일생에 우정이라는 놀라운 선물을 주셔서 진심으로 감사드립니다. 특별히 어려움에 처한 이들을, 지속적인 중보기도와 실제적인 방법으로 도울 수 있도록 성령으로 인도하소서. 다른 사람들을 위하여 기도하는 특권과 책임을 더 깊이 깨닫게 하소서. 그렇게 하실 주님을 찬양합니다. 예수님의 이름으로 기도합니다. 아멘.

4

주변의 불신자들을 위한 기도

캘리포니아 남부의 한 교회에서 강의를 마쳤을 때, 한 자매가 남편과 자신을 소개하면서 다음과 같은 이야기를 들려주었다.

이 자매는 여러 해 동안 남편의 마음이 주께로 돌아오도록 간절히 기도했다. 하나님이 남편의 마음을 움직이셔서, 둘이 함께 교회에 나가도록 인도해 달라고 항상 간구했다. 자매는 언제나 교회 일을 열심히 섬겼다. 생동감 있는 교회 사역과 생활은 자매에게 큰 기쁨과 성취감을 주었다. 특히 자매에게 좋았던 점은, 예배 중에 정기적으로 주 예수 그리스도께 삶을 드리는 순서가 있는 것이었다. 그때마다 '남편이 교회에 오기만 한다면 분명히 회심할 텐데…' 하고 생각했다. 하지만 남편은 여전히 교회에 나오지 않는 불신자로 살고 있었다. 자매는 무척 실망스러웠고, 왜 기도가 응답되지 않는지 혼란스러웠다.

그런데 그보다 한 해 전에 자매는 교회에서 받았던 내 강의 테이프를 여러 개 집으로 가져갔었다. 그러고는 남편도 교회에 나와 이러한 진리의 말씀을 직접 듣게 되기를 늘 바라고 기도하면서, 그에게 강의 내용을 열심히 소개했다.

그렇게 일 년이 지난 어느 날, 자매의 남편은 예수 그리스도께 자신의 삶을 모두 맡겼노라고 자매에게 고백했다. 자매는 깜짝 놀랄 수밖에 없었다. 자매가 교회에서 예배드리는 동안, 자매의 남편은 집에서 하나님의 인도하심에 관한 내 강의 테이프를 듣고 있던 것이다! 그는 테이프에 담긴 강의 내용처럼, 하나님과 동행하며 그분의 친구 되는 경험을 하고 싶다고 아내에게 말했다.

남편의 회심에 대한 자매의 이야기가 끝나자 자매의 남편은 주님 앞에 나아가 그분의 음성을 듣고 순종하는, 매일의 흥분되는 동행에 대해 증거했다.

자매는 이 일에서 아주 중요한 교훈을 한 가지 얻었다고 했다. 그것은 남편의 구원을 위해 하나님이 사용하실 방법을 자신이 지시(자신과 함께 교회에 나가는 것)함으로써, 자기도 모르게 하나님의 응답을 방해했다는 사실이었다.

(내가 이제부터 하는 말은 방금 언급한 자매와 아무 상관이 없음을 밝힌다.) 하나님은 베드로전서 3장 1절에서, 믿지 않는 남편을 둔 아내에게 특별한 지시의 말씀을 주셨다. 아내는 반복해서 남편을 가르치기보다는 오히려 그리스도를 닮은 삶을 통해, 남편을 그리스도인의 길로 이끄는 영향력을 발휘해야 한다고 강조하셨다.

순수한 동기

하나님과 멀리 떨어져 사는 주변 사람들을 위해 기도할 때, 기도 응답을 방해하는 또 하나의 중요한 원인은 '순수하지 못한 동기'다. 매우 많은 경우, 우리는 그 사람이 그리스도인이 된다면 우리 삶이 훨씬 편해질 거라고 기대한다.

사랑하는 사람의 영혼을 구원하기 위한 기도는 정말로 (그 사람이나 우리가 어떤 대가를 치르든 상관없이) 하나님이 큰 영광 받으시기만을 바라는 깊고 순전한 갈망에서 우러나온 것이어야 한다. 그래서 우리는 하나님께 우리의 동기를 정결하게 해 달라고 기도해야 한다. 이런 기도를 시작하면, 곧 우리 자신이 시험을 받는다. 그러나 하나님의 성품을 이해하는 사람이라면 능히 이 시험을 통과할 것이다.

배워야 할 교훈

인격적이신 성령께 순복하고 그분의 지시에 순종하면, 먼저 그분은 우리에게 초점을 맞추신다. 하나님은 우리가 성령께 "저에게 무엇을 가르치고자 하십니까? 저의 환경이 변하는 것보다 주님의 교훈을 배우기 원합니다"라고 구하기를 바라신다.

그러고서 이렇게 고백할 수 있다.

"만일 기도의 응답을 늦추심으로 주님의 이름이 더 영화로울 수만 있다면, 저는 개의치 않습니다. 잃어버린 자들을 위해 최대한 효과적으로 기도하는 데 필요한 일이라면, 제 삶에서 무엇이든 행하시옵소서."
　이러한 사람들은 진실로 하나님과 함께 일하는 사람이다. 그리고 하나님이 함께 일하시는 사람이기도 하다.

완전한 포기

　하나님이 모든 영광 받으시기만을 열렬히 소망한다면, 우리는 바울과 같이 "나의 간절한 기대와 소망을 따라 아무 일에든지 부끄러워하지 아니하고 지금도 전과 같이 온전히 담대하여 살든지 죽든지 내 몸에서 그리스도가 존귀하게 되게 하려 하나니"(빌 1:20)라고 고백할 것이다. 그리고 더 나아가 "만일 내가 죽음으로써 믿지 않는 사람들이 주님께 나아올 수 있다면, 나는 죽음을 택하겠습니다. 사람들의 영혼을 구원하는 일이 제게는 생명보다 더 중요합니다"라고 고백할 것이다. 이것이 바로 자신에 대한 '완전한 포기'다.
　그런 후 우리는 주위의 믿지 않는 소중한 사람들도 완전히 내려놓아야 한다. 이것 역시 이기적인 동기를 다루는 일이다. 그렇다면 이런 기도는 어떤가? "잃어버린 자들이 주님께 인도된 후에 주님이 바로 그들을 하늘나라로 부르신다 해도 주의 이름이 더욱 영화롭게 된다면, 저는 괜찮습니다"라고 기도할 수 있겠는가?
　진실로 잃어버린 영혼에 대한 부담감이 있다면, 우리는 이렇게 기도해야 한다. "하나님, 사람들이 하나님을 떠난 삶을 끝내고 하나님께 돌아오는 데 필요한 일이라면, 그것이 잠시, 아니면 영구적인 질병이나 손상을 가져온다 할지라도 무엇이든지 하옵소서." 우리는 정말로 이 일에 준비되어 있는가?

하나님은 우리가 사람들의 (혹은 우리 자신의) 육체적인 건강에 대한 갈망보다 하나님과 올바르게 관계 맺길 원하는 갈망이 더 크길 바라신다. 그리고 하나님의 능력은 우리를 그러한 성숙의 자리로 인도해 준다.

과연 우리는 "저 잃어버린 영혼을 주께로 인도하기 위해서라면, 어느 곳에서든, 어떤 상황에서든, 누구든 사용하여 주십시오"라고 하나님께 말씀드릴 준비가 되어 있는가? 아니면 "하나님이 제발 저 사람은 좀 사용하지 않으셨으면…" 하는 (숨겨진) 편견이 있는가?

우리는 믿지 않는 사람들의 앞날도 하나님께 맡겨 드려야 한다. "주님, 주님이 회심한 그들을 해외 선교지로 보내시거나 주를 위해 순교하게 하시거나, 아니면 제가 그들을 다시 볼 수 없는 상황에 처한다 할지라도 괜찮습니다. 지금도, 그리고 앞으로도 그들은 주님의 손에 있습니다"라고 기도할 필요가 있다.

하나님의 영광과 관련한 시험

어쩌면 당신은 내가 앞서 말한 것 같은 고백을 이미 하나님께 드렸을지 모른다. 그렇다면 믿지 않는 영혼을 돌이키는 데 필요하다면 당신과 가장 가깝고 가장 사랑하는 사람이 죽는다 해도 순종하겠는가? 하나님이 역사하실 수 있도록 그들을 그분 손에 맡겨 드렸는가? 이것이야말로 우리가 100퍼센트 하나님의 영광만을 위해 기도하고 있다는,

또 하나님이 주신 부담을 느낀다는 의심할 수 없는 확실한 증거다. 이는 아브라함이 그랬듯, 당신의 이삭을 취해 모리아 산 제단에 눕히는 행위와 같다. 나 자신이 그 자리에 있어 보았기에, 나는 이것이 무엇을 의미하는지 잘 안다. 이것은 하나님이 우리의 고백대로 하실 경우, 자녀나 친구를 잃을 수 있고 과부나 고아가 될 수도 있다는 것을 의미한다. 이 때문에 이러한 고백은 우리에게 최종적인 시험이 된다.

우리는 기도를 들으시는 하나님의 성품을 이해할 때만 이런 기도를 드릴 수 있다. 즉 하나님의 성품을 말씀으로 하나하나 연구하고, 거기서 깨달은 진리에 순종할 때만 이루어질 수 있다.

하나님은 그분의 성품에 거스르는 일은 절대 하지 않으신다. 그분은 절대적으로 의롭고 공정하며 지혜와 지식이 무궁하시다. 또 그분의 지식은 헤아릴 수 없으며, 그 사랑은 측량할 수 없다. 주님이 어떤 분이신지 잘 알면, 그분이 믿는 모든 자를 위해 가장 선하게 행하신다는 사실을 신뢰할 수 있다.

두려움에서 해방되기

당신은 자신의 죽음에, 그리고 사랑하는 사람의 죽음에 두려움을 느낄지도 모른다. 그러나 우리가 진정으로 우리 자신과 사랑하는 이들을 하나님께 내어 드리고 우리 삶을 통해 주님의 이름이 최대한 영광 받으시기를 전심으로 기도한다면, 확신하건대 그 모든 두려움이 떠나고 하나님의 평화가 임할 것이다.

이러한 기도가 응답된다면, 사람들이 회심한 결과 하나님이 놀라운 일을 행하실 것과 그리하여 오히려 희생에 따르는 슬픔을 능가하는 큰 기쁨이 있을 것을 기대할 수 있다. "여호와께서는 그 모든 행위에 의로우시며 그 모든 일에 은혜로우시도다"(시 145:17). 분명히 하나님은 우리의 깨진 마음을 치유하고 상한 곳을 싸매 주실 것이다(시 147:3).

하나님의 은혜와 그분의 흠 없는 성품에 대한 지식을 힘입어 이러한 시험을 통과할 때, 기도하려는 동기가 정결해질 것이다. 또 하나님은 우리를 더 친밀한 관계로 인도하실 것이다.

바른 태도의 중요성

하나님께 더 가까이 나아갈수록, 그분의 능력이 우리를 통해 더 많이 드러나려면 우리가 기도하고 있는 사람들에 대한 우리의 태도가 매우 중요함을 알게 된다. 우리가 사랑하는, 하나님을 믿지 않는 사람들은 보통 전에 우리에게 깊은 상처를 주었던 이들이다. 그들을 위해 기도할 때, 우리는 먼저 자신의 마음속에 그들을 향한 원망이 남아 있지 않은지 점검해 보아야 한다.

사실은 아직 용서하지는 못했으나 오랫동안 열심히 기도해 왔을 수도 있다. 그러나 이것은 우리 기도가 응답받지 못하는 중요한 원인이 된다. "너희는 하나님의 은혜에 이르지 못하는 자가 없도록 하고 또 쓴 뿌리가 나서 괴롭게 하여 많은 사람이 이로 말미암아 더럽게 되지 않게 하며"(히 12:15).

어쩌면 당신은 이러한 진리를 모두 잘 알고 있지만, 그럼에도 여전히 용서하지 못하고 있을지도 모른다. 다음 9가지 단계는 우리가 온전한 용서를 하도록 돕는다.

1. 용서란 의지적인 행동이다. 우리가 용서하기를 소원해야 한다.
2. 원망이나 분개가 영과 혼과 육, 그리고 생각에 파괴적임을 이해하라. "평온한 마음은 육신의 생명이나 시기는 뼈를 썩게 하느니라"(잠 14:30).
3. 우리에게 상처 입힌 사람들을 용서하지 않으면, 우리도 하나님께 용서받지 못한다는 것을 기억하라. "서서 기도할 때에 아무에게나 혐의가 있거든 용서하라 그리하여야 하늘에 계신 너희 아버지께서도 너희 허물을 사하여 주시리라 하시니라"(막 11:25).
4. 하나님이 우리를 용서해 주신 일들을 깊이 묵상하라. "서로 친절하게 하며 불쌍히 여기며 서로 용서하기를 하나님이 그리스도 안에서 너희를 용서하심과 같이 하라"(엡 4:32). "주께서 너희를 용서하신 것과 같이 너희도 그리하고"(골 3:13). 하나님은 우리를 즉시, 기쁘게, 그리고 완전히 용서하신다.
5. 주님이 우리를 아프게 한 사람들을 통해 우리에게 허락하신 모든 축복을 감사하라.
6. 우리에게 상처를 주었을 때 그들에게 개인적으로 어떤 필요(정신적, 신체적, 감정적, 영적)가 있었을지 생각해 보라. 그 당시 (그리고 지금도) 그들이 우리보다 더 어렵고 도움이 필요한 상태였을 가능성이 크다.
7. 그들을 사랑하고 용서할 수 있도록 하나님의 초자연적인 능력을 구

하라. 이는 성령의 역사임을 인정하고 믿음으로 받아들이라. "우리에게 주신 성령으로 말미암아 하나님의 사랑이 우리 마음에 부은 바 됨이니"(롬 5:5). "믿음이 없이는 (하나님을) 기쁘시게 하지 못하나니"(히 11:6). 갈라디아서 5장 6절에는 "사랑으로써 역사하는 믿음"이라고 나와 있다. 또한 하나님은 고린도전서 13장 8절 상반절에서 "사랑은 언제까지나 떨어지지 아니하되"라고 말씀하신다.

8. 당신의 말과 행위로 그들에게 하나님의 사랑을 표현할 기회를 달라고 기도하라. "누가 이 세상의 재물을 가지고 형제의 궁핍함을 보고도 도와줄 마음을 닫으면 하나님의 사랑이 어찌 그 속에 거하겠느냐 자녀들아 우리가 말과 혀로만 사랑하지 말고 오직 행함과 진실함으로 하자"(요일 3:17-18).

9. 그들을 위하여 고정적인 중보기도자가 되라. 그들을 축복하고 격려하고 위로하고 강건케 하며, 그들의 가장 깊은 필요를 채워 달라고 기도하라. "나는 너희에게 이르노니 너희 원수를 사랑하며 너희를 박해하는 자를 위하여 기도하라"(마 5:44).

다음은 캘리포니아에 사는 어느 헌신된 그리스도인 자매가 들려준 이야기이다. 용서에 대한 나의 강의를 들은 후, 성령님은 자매의 마음속에 사위에 대한 뿌리 깊은 원망이 있었음을 말씀해 주셨다.

사위는 불신자였는데, 오랫동안 자매의 딸과 손자들을 잔인하게 대함으로써 자매의 마음을 슬프게 했다. 자매는 사위가 마음을 돌이키도록 여러 해 동안 간절히 기도했지만, 사위의 태도는 늘 똑같았다.

나의 강의를 들은 그날 밤 11시 30분, 자매는 침대 옆에 꿇어앉아 분개하는 마음을 품었던 것을 회개했다. 또한 그동안 사위의 회심을 위한 자신의 기도가 응답받지 못했던 이유를 깨달았기에, 앞서 제시한 아홉 단계를 하나하나 적용했다. 그때가 목요일 밤이었다.

그런데 토요일 아침에 불쑥 사위가 자매를 찾아왔다. 놀랍게도 그는, 정확히 지난 목요일 밤 11시 30분에 자신이 저지른 죄에 대하여 크게 가책을 받아 즉시 회개하고는 곧 자신의 삶을 그리스도께 드렸다고 고백했다. 그는 먼저 아내와 아이들에게 용서를 구했다. 그러고서 상당히 먼 장모의 집까지 찾아와 그동안의 일을 모두 용서해 달라고 한 것이었다. 자매가 사위를 용서한 그 목요일 밤, 마침내 하나님은 자매의 기도에 응답할 수 있으셨다.

우리 자신을 겸손히 낮출 때 나타나는 능력

잃어버린 영혼을 위하여 기도할 때 우리에게 격려가 되는 사실이 있다. 하나님의 역사 앞에 우리 자신을 더 많이 내어 드릴수록, 더 큰 성령의 능력이 우리에게 나타난다는 사실이다. 하나님 앞에서, 또 우리가 기도로 올려 드리는 사람들 앞에서, 우리 자신을 겸손히 낮추는 일이야말로 그러한 능력을 나타내는 중요한 열쇠다.

혹시라도 우리 삶에 그들이 하나님께 반항하도록 이끈 부분이 있었는지 여쭤 보라. 설사 그 당시에는 모르고 행한 일이라도, 하나님의 인도하심에 따라 그러한 잘못을 고백하고 원상태로 돌이킬 필요가 있다.

또 하나 중요한 점은, 하나님의 사랑과 자비와 능력이 우리 실수보다 훨씬 더 크다는 사실을 믿는다고 우리 자신과 사람들에게 증거하는 것이다. "여호수아가 또 백성에게 이르되 너희는 스스로 성결하게 하라 여호와께서 내일 너희 가운데에 기이한 일들을 행하시리라"(수 3:5).

많은 사람이 하나님의 성품을 잘못 이해하고 있다. 그래서 예수님께 자신의 삶을 온전히 맡기지 못한다. 하나님의 성품을 깨닫지 못했거나 진리에 불순종하는 등의 왜곡을 가져오게 한 바가 있다면, 그들에게 하나님의 이러이러한 성품이 잘못 드러났음을 설명할 필요가 있다. "나 여호와가 말하노라 내 손이 이 모든 것을 지었으므로 그들이 생겼느니라 무릇 마음이 가난하고 심령에 통회하며 내 말을 듣고 떠는 자 그 사람은 내가 돌보려니와"(사 66:2). 우리의 깨어지고 크게 뉘우치는 심령은, 하나님이 우리가 기도하는 자들을 통회하게 할 때 사용하시는 강력한 통로다.

금식과 기도

성경에서 우리는 종종 금식과 기도가 연결되어 놀라운 결실을 얻는 모습을 본다. 그러므로 우리는 이에 관련된 하나님의 신호에 순종할 필요가 있다. 그러나 항상 기억해야 할 점은, 하나님을 움직이는 것은 우리의 금식이 아니라 순종이라는 사실이다. 내가 가르치던 스위스의 YWAM 전도학교에서 한번은 젊은 자매들이 그들의 믿지 않는 형제들을 위해 종일토록 금식하며 기도하라는 하나님의 지시를 받은 일이 있었다. 그리고 그 후 얼마 지나지 않아 나는 그중 몇 명의 형제가 회심했다는 소식을 들었다.

때때로 우리는 하나님이 마음에 주신 특정한 부담에 대해 금식하며 기도하도록 성령의 인도를 받는다. 마태복음 6장 6절에서 예수님은 "너는 기도할 때에"라고 말씀하셨고, 6장 2절에서는 "그러므로 구제할 때에", 16절과 17절에서는 "금식할 때에"라고 하셨다. 예수님이 '할 때'라는 말을 반복하여 사용하신 것은, 기도와 구제와 금식이 바로 제자들에게 요구하신 순종의 행위임을 암시한다.

영적 전쟁

성경은 "온 세상은 악한 자 안에 처한 것이며"(요일 5:19)라고 분명히 말한다. 그러나 예수님은 "내가 세상을 이기었노라"(요 16:33)라고 말씀하셨다. 확실히 하나님의 능력은 사탄의 능력에 감히 비교할 수 없을 만큼 크다. 이는 우리가 잃어버린 영혼을 위하여 기도할 때, 규칙적으로 원수를 대적하고 예수 그리스도의 전능하신 이름으로 사람들의 영과 혼과 육을 묶고 있던 사탄의 결박을 풀도록 명해야 함을 의미한다.

영적 전쟁을 할 때에는 우리의 무기인 하나님 말씀을 인용하라. 다음은 기록된 말씀의 능력으로 믿음을 행사할 때 매우 강력한 힘을 발하는 성구들이다.

죄를 짓는 자는 마귀에게 속하나니 마귀는 처음부터 범죄함이라 하나님의 아들이 나타나신 것은 마귀의 일을 멸하려 하심이라(요일 3:8).

또 우리 형제들이 어린 양의 피와 자기들의 증거하는 말씀으로써 저를 이겼으니 그들은 죽기까지 자기들의 생명을 아끼지 아니하였도다(계 12:11).

내가 이 반석 위에 내 교회를 세우리니 음부의 권세가 이기지 못하리라(마 16:18).

그래서 우리는 바로 이 점을 기억해야 한다. 아직 돌아오지 않은 영혼들이 아무리 적대적이고 소망 없어 보이고 대하기 어렵더라도, 우리는 그들과 싸우는 것이 아니다. 우리가 싸우는 대상은 우리의 대적인 원수 사탄이다. "우리의 씨름은 혈과 육을 상대하는 것이 아니요 통치자들과 권세들과 이 어둠의 세상 주관자들과 하늘에 있는 악의 영들을 상대함이라"(엡 6:12).

사탄은 전쟁을 치르지 않고서는 포로를 놓아 주는 법이 없다. 우리의 싸움은 종종 씨름과 같다. 첫 번째 판에서 이기는 경우는 극히 드물고, 둘째 혹은 셋째 판에서도 반드시 승부가 판가름나는 것은 아니다. 그래서 끈기가 없으면 이 싸움에서 이길 수 없다.

우리는 "너희(우리) 안에 계신 이(하나님)가 세상에 있는 자(사탄)보다 크심"(요일 4:4)을 사탄에게 끊임없이 상기시켜야 한다. 그러므로 사탄에게 이렇게 말해야 한다. "이 싸움에서 누군가는 반드시 패한다. 그런데 지는 편은 우리가 아니다." 믿음으로 이 말을 충분히 여러 번 선포하라. 당신의 말에 마침내 사탄이 굴복할 것이다. 나는 이를 충분히 경험했다. 나는 "내 호흡이 남아 있는 한 계속해서 마음의 부담감을 느낄 잃어버린 영혼들을 위해 성령의 능력과 힘으로 사탄과 대적해서 싸울 것이며, 그러므로 지금 손을 떼는 편이 나을 것이다"라고 사탄에게 명한다. 그 후에 하나님께 우리가 기도하는 사람들의 삶을 향한 사탄의 계획을 꺾어 달라고 간구하고, 주님의 역사를 신뢰한다.

하나님의 성품에 대한 계시

다음으로 우리는 잃어버린 영혼들이 하나님의 성품을 이해하게 해 달라고 기도해야 한다. 또한 주 예수께 자신의 의지를 복종하는 것이 절대적으로 옳다는 것을 그들에게 계시해 달라고 기도해야 한다. 구원받지 못한 사람이 하나님의 성품에서 어떤 부분을 오해하고 있는지는 오직 하나님만이 아신다. 하나님이 수단과 방법을 가리지 않고 그 잘못된 부분을 바로잡아 주시도록 기도하고, 그렇게 하실 줄로 믿으라.

그들이 도저히 반박할 수 없는 방법으로 하나님을 계시해 달라고 구하라. 또한 그리스도인이 될 때 잃을 것은 아무것도 없으며, 오히려 모든 것을 얻게 된다는 사실도 깨닫게 해 달라고 기도하라. 하나님 이외의 것을 추구하려고 행하는 모든 일이 시시해지도록, 그런 행위가 좌절감과 허탈감만을 가져다주도록, 그리하여 자기 힘으로 살아왔던 삶에 종지부를 찍게 되도록 기도하라. 천재적인 창조성과 무궁한 지혜와 지식이 있는 분께 우리가 별도의 방법을 제시할 필요는 없다. 그분은 우리가 듣지도 생각지도 못했던 방법으로 우리 기도에 응답하신다.

이제는 하나님이 잃어버린 영혼들에게 여호와를 경외하는 마음을 부어 주셔서, 그들을 악에서 건지시도록 구할 수 있다. "여호와를 경외함으로 말미암아 악에서 떠나게 되느니라"(잠 16:6). 그들은 어쩌면 심한 유혹에 빠져 있을 수도 있다. 그러나 우리의 기도를 들으신 하나님이 그들이 더 깊은 죄에 빠지지 않도록 막으실 것이다.

하나님 말씀의 능력

"주의 말씀을 열면 빛이 비치어 우둔한 사람들을 깨닫게 하나이다"(시 119:130). 그러므로 우리는 구원받지 못한 자들에게 성경을 전해 주시거나 말씀을 접할 기회를 주시고, 그들에게 성경을 읽고 싶은 소망을 달라고 기도해야 한다. 하나님은 이러한 기도에 다양하게 응답하신다. 우리가 할 일은 오직 그분이 응답하실 줄을 믿는 것이다. 철학 박사인 데릭 프린스(Derek Prince)는 다른 인위적인 도움 없이 오직 하나님의 말씀을 읽음으로 회심했고, 후에 국제적인 성경 교사가 되었다.

우리가 기도하고 있는 이들 중에는 이미 여러 번 진리를 접했는데도 여전히 마음이 강퍅하여 거부하는 사람들이 있다. 우리는 하나님이 그들을 긍휼히 여기시도록 부르짖어야 한다. 긍휼은 우리가 받을 자격이 있어서 얻는 게 아니다. 모세가 이스라엘 자손들을 위해 하나님의 긍휼을 구하였을 때, 하나님은 응답하셨다. 이스라엘 백성의 불순종과 반역, 불신앙과 불평은 심판받아 마땅하지만, 모세의 기도가 그 심판의 손을 붙들고 하나님 자비의 팔을 펴게 했던 것이다. 오늘날 이스라엘 백성과 비슷한 영적 상태에 있는 이들을 위하여 모세와 같은 역할을 하는 것은 중보기도자로서 엄청난 특권이다.

우리는 "진노 중에라도 긍휼을 잊지 마옵소서"(합 3:2)라고 기도할 수 있다.

믿음의 찬양

계속해서 가장 깊은 차원의 믿음으로 기도하기 위해, 약속의 말씀으로 인도해 달라고 하나님께 요청할 수 있다. 그리하여 우리 눈에 보이든 보이지 않든, 그분의 일하심을 신뢰하며 전진할 용기를 얻을 수 있다. 성경에는 "각 사람의 마음을 아시오니…주만 홀로 사람의 마음을 아심이니이다"(대하 6:30)라고 나와 있다.

우리의 중보기도 대상자들이 정말 예수님 앞으로 더 가까이 가고 있는지는 하나님만이 알 수 있으시다. 그들이 하나님께 점점 마음을 여는지, 과연 현재의 삶에서 돌이키기를 원하는지 그분은 아신다. 그렇다면 하나님은 당연히 우리가 그분 앞으로 나아갈 때, 말씀으로 우리를 격려하고 싶어 하실 것이다. 이는 결국 그들을 믿음으로 찬양하는 자리로 매우 쉽게 인도할 것이다. 하나님이 그들 안에 이루실 모습을 그려 보라. 그분의 사랑이 가득하여 그리스도의 생명을 드러내는 '그리스도 예수 안의 새로운 피조물'이 보일 것이다. 이제는 하나님이 일하시며 또한 온전히 이루실 것이므로 전심으로 그분을 찬양하라.

내가 가르치던 전도학교에 한 젊은 자매가 들어왔다. 자매는 그리스도인이 되었다는 이유로 부모에게 버림받았다고 했다. 부모님이 연락을 끊었기 때문에 자매는 현재 그분들이 어디 계신지 알 수가 없었다. '믿음의 찬양'에 관한 나의 강의를 듣던 중에 성령은 자매에게 강하게 말씀하셨고, 그는 부모님을 구원하실 하나님을 매일같이 찬양했다. 몇 주가 지나지 않아 자매의 부모님은 기적처럼 주님께 돌아왔고, 딸에게 연락했다. 이것이 바로 찬양으로 나타나는 하나님의 능력이다.

하나님이 이러한 여러 가지 기도의 원리에서 어떤 것을 사용하실지 모르므로, 모두 다 적용하도록 하자.

특별히 그들(불신자)의 생활에 어려움이 있고, 환경적으로 우리가 그들을 도울 길이 없는 때가 있다. 평안을 얻으려면 시편 37장 5절 말씀을 행동으로 옮겨야 한다.

네 길을 여호와께 맡기라 그를 의지하면 그가 이루시고.

여기에서 '맡기다'라는 말의 히브리어는 문자적으로 '던지다'라는 의미가 있다. 그들의 상황에서 하나님의 이름이 최대한 영광 받으시기를 기도하면서, 우리가 염려하는 그 사람들을 하나님께 '던지라.'

하나님은 전능하시고, 모든 것을 아시는 분이다. 또 모든 지혜를 지니셨고 의와 공평이 완전하며, 가장 인자하시다. 그러므로 그분은 우리가 '던져' 드리는 사람들을 능히 받으실 수 있고, 그들에게 가장 유익한 것만 주시며 그들을 위한 최선의 방법과 시기를 아신다. 그분은 관련된 모든 이에게 오직 옳고 공평한 일만을 행하실 것이다. 또한 그들을 '받기를' 간절히 바라신다. 사랑의 품이 비어 있는 것을 싫어하신다! 그러고서 하나님은 이루어 주겠다고 약속하신다. 그분의 말씀을 믿으라. 기적처럼 놀라운 평강이 찾아올 것이다.

하나님의 주권과 인간의 자유의지

하나님은 사람에게 자유의지를 주셨고, 이것은 움직일 수 없는 원칙이다. 그러나 우리가 하나님의 길을 좇아 중보기도를 하면, 그분의 손이 움직여 우리가 기도하는 사람들에게 영향력과 압력을 주게 된다.

예수님이 누가복음 11장 5-8절과 18장 2-8절에서 우리에게 권고하신 것처럼 집요하게 기도하라. 그러면 믿지 않는 자들이 '버티는 것보다 차라리 주님께 삶을 맡기는 편이 수월하다'는 사실을 깨달을 때가 올 것이다. 이것이 바로 엘리야가 갈멜 산에서 바알 선지자들과 이스라엘 백성이 지켜보는 앞에서 물에 젖은 제단에 불이 내리도록 기도할 때 의도한 바이다. "여호와여 내게 응답하옵소서 내게 응답하옵소서 이 백성에게 주 여호와는 하나님이신 것과 주는 그들의 마음을 되돌이키심을 알게 하옵소서"(왕상 18:37).

시편 33장 15절에서도, 시인은 그러한 의미로 "그는 그들 모두의 마음을 지으시며 그들이 하는 일을 굽어 살피시는 이로다"라고 말한다. 중보기도라는 기이한 사역을 통하여 우리가 기도하는 사람들의 마음을 하나님이 지으시는 일에 협력할 수 있음이 얼마나 놀라운 특권이며 기회인지 모른다.

하나님 나라를 확장하려는 영적인 야망은 잃어버린 자들을 위해 기도하는 방식으로 드러난다. 우리는 그들의 회심을 위해서 기도하는 데 만족할 수 있고, 회심 후에 그들이 예수님께 깊이 위탁된 제자가 되도록 기도할 수도 있다. 또 그들이 하나님을 아는 데서 더 나아가, 그분을 알리려는 불타는 소망을 품고 성령의 능력으로 이 세대에 큰 영향력을 끼치게 해 달라고 기도할 수도 있다. 그뿐 아니라 그들이 진리에 순종하는 데서 시작하여 한 걸음씩 더 나아가 요한계시록에 묘사된 이 긴 무리에 서도록, 그리스도의 신부가 되도록 기도할 수 있다.

아마도 당신은 "나는 아직 당신이 묘사하는 정도까지 기도할 만큼의 부담감을 많이 갖고 있지 않아요"라고 말할지도 모른다. 그래도 괜찮다. 하나님께 매달리라. 그리고 그 부담을 (당신에게) 주시도록 구하고, 그분이 주시기 전엔 포기하지 마라.

금방 응답받지 못한다고 해서 낙심하지 마라. 당신은 지금 대단한 것을 요구하고 있다. 하나님은 당신이 잃은 자들을 향한 그분의 심장을 얼마만큼이나 나누어 받기를 원하는지 시험하실 수도 있다. 이 일이 당신에게 정말로 중요한 일임을 그분이 보실 때 분명히 응답하실 것이다. 그리고 하나님과의 교제가 더욱더 깊어질 것이다.

모든 영광을 하나님께 돌리기

끝으로 매우 중요한 한 가지는, 누군가 거듭나길 바라는 우리 기도가 응답된 것은 우리의 기도나 금식, 성실함 때문이 아님을 알고 있다는 사실을 하나님께 말씀드리는 일이다. 그것은 하나님의 은혜, 자비, 능력, 사랑으로 생긴 기적이다. 또 다른 수많은 사람이 함께 기도로 감당했던 역할도 기억해야 할 것이다.

여호와여 영광을 우리에게 돌리지 마옵소서 우리에게 돌리지 마옵소서 오직 주는 인자하시고 진실하시므로 주의 이름에만 영광을 돌리소서(시 115:1).

모·범·기·도

† 사랑하는 하나님,

이 세상에 주님의 측량할 수 없는 사랑과 끝없는 긍휼이 미치지 못할 사람은 한 사람도 없음을 분명히 알려 주셔서 감사합니다. 내 마음을 넓히셔서 잃어버린 영혼을 향한 주님의 마음을 더욱 닮아 가게 하소서. 아직도 주님을 거부하는 사람들을 위하여 인내하며 기도하도록 저의 믿음을 자라게 하소서.

잃어버린 소중한 영혼들이 하나님 왕국에 들어가는 일을 위해서라면 어떠한 대가라도 지불하기로 결정합니다. 그들과 저에게 가장 중요한 것은 주님을 아는 일임을 믿습니다. 우리에게 주님이 실제로 어떤 분이신지 더 많이 계시하여 주옵소서. 주님이 그렇게 행하실 것이기에 참으로 감사합니다. 예수님 이름으로 기도합니다. 아멘.

5

얼마나 깊이 들어갈 것인가?

기도에 얼마나 깊이 들어가느냐 하는 문제는 전적으로 우리 자신에게 달렸다. 그것은 다른 사람들을 위해 기도하는 이 특권을 얼마나 진지하게 받아들이는가에 달렸다. 많은 사람이 얕은 물, 편안한 곳에 머무는 쪽을 선호하지만, 어떤 이들은 깊은 데 나아가기로 선택한다. 깊은 바다에서의 낚시질에는 더 많은 돈과 시간, 힘, 좋은 장비가 필요하지만, 훨씬 더 유쾌하고 보람 있다. 이것에는 역동적인 활동이 뒤따를 뿐 아니라 큰 고기를 잡을 수 있다는 즐거움이 있다.

중보기도는 이와 같은 (어쩌면 더 놀라운) 일이 될 수 있다. 이것은 하나님이 우리를 어디까지 이끄시길 바라는지에 따라 달라진다. 한 가지 꼭 기억해야 할 사실은, 반드시 지불해야 할 대가가 있다는 것이다. 그러나 그 대가는 우리에게 주어질 특권과 보람에 비하면 아무것도 아니다.

어떤 대가가 요구되는가?

다음 항목들을 고려해 보라.
1. **시간** 유익하고 필요한 여러 가지 일들도 기꺼이 포기하기. 중보기도를 우리의 우선순위로 삼는다고 결정한다.
2. **에너지** 타는 듯한 간절한 소망이 필요하다. 중보기도는 통곡, 신음, 영혼의 진통, 그리고 금식을 동반할 수 있다. "주의 이름을 부르는 자가 없으며 스스로 분발하여 주를 붙잡는 자가 없사오니"(사 64:7).
3. **잠** 제자들이 깨어 있지 못했을 때, 예수님은 "너희가 나와 함께 한 시간도 이렇게 깨어 있을 수 없더냐"(마 26:40)라고 말씀하셨다.
4. **순수한 동기** 중보기도는 대부분 은밀하게 이루어진다. "너는 기도할 때에 네 골방에 들어가 문을 닫고 은밀한 중에 계신 네 아버지께 기도하라 은밀한 중에 보시는 네 아버지께서 갚으시리라"(마 6:6).
5. **큰 믿음** 기도의 결과가 즉시 나타나는 일은 거의 없다. 수년 동안 기다려야 하거나 어쩌면 끝까지 응답받지 못할 수도 있다. 그러므로 중보기도에는 다른 사역보다 더 큰 믿음이 필요하다.

혹시 중보기도가 일반적으로 인기가 없고 등한시되는 이유가 이처럼 많은 대가가 필요하기 때문은 아닐까?

이 땅을 위하여 성을 쌓으며 성 무너진 데를 막아서서 나로 하여금 멸하지 못하게 할 사람을 내가 그 가운데에서 찾다가 찾지 못하였으므로(겔 22:30).

이와 관련해서, 사람들의 '선택'에 대한 하나님의 반응에 주목하자. 이는 매우 의미심장하다. 다음 구절을 상고해 보라.

사람이 없음을 보시며 중재자가 없음을 이상히 여기셨으므로(사 59:16).

내가 본즉 도와주는 자도 없고 붙들어 주는 자도 없으므로 이상하게 여겨(사 63:5).

하나님은 왜 중보기도자가 없음에 놀라며 이상히 여기시는가? 사람들 가운데 성령님의 폭발적인 능력이 나타나도록 퓨즈에 불을 붙이는 것이 바로 기도임을, 그분이 창세기에서 요한계시록에 이르기까지 분명히 말씀하고 계시기 때문이다. 그러므로 하나님이 중보기도를 우선순위를 삼지 않는 우리의 모습을 이상히 여겨 당황하신 것은 당연한 일로 볼 수 있다. 우리는 성경 인물을 통해, 얼마나 깊이 들어가서 중보기도 할지를 결정하는 데 도움이 되는 귀한 교훈을 얻을 수 있다.

아브라함은 소돔과 고모라라는 도시에 대한 큰 부담감을 안고 있었다. 성경은 그곳의 죄가 너무나 커서 마침내 하나님의 주목을 받기에 이르렀다고 기록될 만큼이나 타락한 곳이었다. 아브라함에게 나타난 천사가 말을 마치고 소돔과 고모라로 향했을 때, 아브라함은 "여호와 앞에 그대로"(창 18:22) 서 있었다. 더 깊은 중보기도에 들어가려는 소원이 있음의 첫 번째 신호는, 다른 이들이 기도를 마친 후에도 당신의 마음이 부담감 때문에 하나님께 더 매달리려고 하는 데서 찾을 수 있다.

아브라함은 하나님의 의롭고 공정한 성품을 근거로 중보기도 하며 그분이 이 성읍들을 보존해 주시도록 담대히 청하기 시작한다. 그는 매우 훌륭하게 기도를 시작하여 30절에 이르기까지 간구를 계속하다가 갑자기 태도를 달리한다. 하나님은 노한 기미조차 보이지 않으셨지만, 의인이 매우 적은 두 성읍을 보존해 달라는 요청을 거듭한 것 때문에 하나님이 노하실 가능성을 세 번이나 언급한다.

32절을 보면 아브라함은 기가 죽고 죄송해하더니, 급기야 하나님과의 대화를 끝내고 만다. 나를 안타깝게 하는 것은, 이 도시를 위한 아브라함의 요청이 여섯 번만에 끝났다는 사실이다. 성경에서 일곱은 완성을 의미하는 숫자다.

만일 아브라함이 열 명 미만의 의인만 발견되어도 그 백성을 보존해 달라고, 하나님께 일곱 번 요청했다면 어떻게 되었을까? 소돔과 고모라의 운명이 달라졌을지도 모른다. 아브라함은 하나님이 얼마만큼의 긍휼을 베푸시는 분인지 잘 이해하지 못했던 게 아닐까? 개인과 교회, 그리고 도시와 나라를 위한 중보기도의 효력은 두 가지 요소에 달렸다.

첫째, 하나님의 개입을 얼마나 절실하게 바라는가?

둘째, 하나님의 성품을 얼마나 잘 아는가?

엘리야는 갈멜 산에 모인 바알 선지자들 앞에서 젖은 나무 단 위에 하늘의(하나님 권능의 상징인) 불을 내려달라고 공개적으로 기도했고, 그 기도는 즉시 이루어졌다. 단 한 번의 간단한 기도로, 극적이고도 즉각적인 결과를 얻은 것이다!

그러나 하나님은 엘리야가 더 깊은 차원의 기도를 하도록 이끄신다. 그때에는 각본이 조금 달라졌다. 조금 후에 우리는 엘리야가 비를 내려 달라고 기도하는 장면을 보게 된다. 하나님은 그분께 조르며 매달리는 것이 무엇인지 가르치고 싶어 하셨다. 즉 그분은 엘리야의 믿음을 성장시키고 싶어 하셨다. 여기 잘 훈련된, 필사적으로 기도하는 모습을 보여 주는 완벽한 본보기가 있다. "아합이 먹고 마시러 올라가니라 엘리야가 갈멜 산꼭대기로 올라가서 땅에 꿇어 엎드려 그의 얼굴을 무릎 사이에 넣고"(왕상 18:42).

그런데 이번에는 빠르고 극적인 응답이 오지 않는다. 엘리야의 시종이 여섯 번째로 바다를 보고 와서는 여전히 비올 징조가 보이지 않는다고 보고했을 때 "이르되 일곱 번까지 다시 가라"(43절)고 한다. 그리고 마침내 그의 끈기 있는 절박한 기도가 보상받는다. 사람 손바닥만 한 작은 구름이 일어나더니 3년 반 동안의 가뭄을 해갈하는 큰 비가 내렸던 것이다.

비는 부흥의 때에 나타나는, 성령의 폭포수 같은 임재를 상징한다(겔 34:26; 욜 2:23). 부흥을 위한 기도를 하는 데는 인내와 끈기, 그리고 열심이 필요하다. 여기에 즉각적인 응답이란 없다. 부흥과 영적 각성에 대해 하나님이 비전과 부담을 주신다면, 그분이 응답하실 때까지 계속 기도하라. 중도 포기란 생각조차 할 수 없는 일이다! 영적으로 타락하고 메말라서 가장 어두운 시간이야말로 보통 하나님의 주권적인 역사의 물결이 밀려오기 직전일 때가 많다.

하나님은 **엘리사**에게 특기할 만한 기적들을 수반한 강력한 선지자적 사역을 맡기셨다. 가장 큰 기적을 일으키기 위한 대가가 중보기도였음이 중요하다. 엘리사가 침상에 누워 있는 죽은 소년을 위해 나아갔을 때,

하나님이 엘리사에게 요구하신 것은 은밀한 중에 개인적으로 끈기 있게 매달리며 기도하는(소년의 생기가 돌아오기까지) 것이었다(왕하 4:32-35). 만일 우리가 다른 사람들을 위한 기도에 기꺼이 더욱 깊이 들어갈 준비가 되어 있다면, 영적, 육적으로 죽은 자들을 위해 하나님이 얼마나 큰 기적을 행하실까?

한번은 어느 초교파적인 국제 대규모 집회에서 강의를 마치고 내려왔을 때 한 친한 친구가 나에게 다가왔다. 나는 친구를 만나서 무척 기뻤다. 내가 또 다른 곳에서 강의하려면 오후에는 공항으로 떠나야 한다는 사실을 알았기에 친구는 곧바로 그 아름다운 얼굴에 어두운 그늘을 가득 드리운 채 애통한 사연을 이야기했다. 외아들이 동성연애 생활을 하다 에이즈에 걸려 죽어 가고 있다는 것이었다. 그는 내가 거주하는 지역인 로스앤젤레스에 살고 있었다. 나는 성령의 인도하심에 따라 친구를 위해 기도하고 나서 두 가지 요점을 나누었다. 내가 중보기도로 친구의 짐을 나누어지겠다는 것, 그리고 로스앤젤레스에서 에이즈로 죽어 가는 사람들을 위해 사역하는 내 사위 존 빌즈(John Bills)가 친구의 아들 커트(Curt)에게 어떤 방법으로든 도움을 줄 수 있으리라는 것이었다. 나의 말은 낙심한 친구의 영혼에 큰 위로가 돼 주었다. 그때가 10월이었다.

그 후 몇 달 동안, 커트의 부모는 고향에서 남 캘리포니아까지 여러 번 비행기로 왕복했다. 우리는 계속 연락했고, 아직 구원받지 않은 커트에게서 일어나는 가장 치열한 전투는 (그의 육신이 아니라) 그의 영혼을 두고 벌어지고 있음을 정확히 인식했다.

커트의 몸이 점점 더 약해질수록 중보기도의 강도가 더 높아졌다. 커트는 친절하고 긍휼이 가득한 존의 태도에 긍정적으로 반응했으며, 영생의 문제에 관하여 지혜로우면서도 타협하지 않는 존의 접근 방식을 존중했다(여기서 잠시 커트의 부모님에 대해 언급해 두는 것이 중요할 것 같다. 경건하고 애정 깊은 부모님은 커트가 아기일 때부터 규칙적으로 기도해 왔으며, 아들을 하나님의 방법으로 양육하고자 온 힘을 기울였다. 커트의 부모와 친구들은 여러 해 동안 수없이 간절하게 기도해 왔으며, 특별히 최근에는 더 많이 기도했다).

의사는 커트가 살날이 얼마 남지 않았다고 진단했다. 극심한 고통을 덜고자 사용한 독한 약물 때문에, 커트는 온전히 깨어 있지 못했다. 누군가와 의미 있는 대화를 할 수 있을 만큼 정신이 맑아지는 때는 하루 중 기껏해야 두세 시간 정도뿐이었다. 보통 한 번의 대화는 15분가량 이어졌고, 존은 그러한 순간마다 가능한 한 커트와 함께 있으려고 노력했다. 그러던 중 한번은 존이 동성연애를 명확히 언급하는 성경말씀을 가리키면서, 영혼의 구원을 위해 그러한 생활 방식을 버리라고 간곡히 권면했다(고전 6:9-10; 계 21:8; 22:14-15).

커트는 아무런 적대감 없이 온유하게 반응했다. "당신은 제게 있어 천국의 사냥개와 같아요. 그러나…저는 그렇게 할 수 없습니다. 그것은 이미 제 삶에서 뗄 수 없는 부분이기 때문입니다." 그 말은 중보기도 하고 있던 커트의 어머니와 나에게 더 깊은 차원의 절망을 가져다주었다. 나는 무어라 표현할 길이 없는 정신적 고통을 체험했다. 그것은 마치, 소중한 친구의 아들을 영원히 잃어버릴 것을 알면서도 내가 계속 살아가야만 한다는, 도저히 견딜 수 없는 아픔이었다.

수개월 동안 아무런 응답 없이 간절하고 끈기 있게 믿음으로 기도한 후에야 나는 또 다른 기도의 영역으로 넘어갈 필요가 있음을 깨닫게 되었다. 하나님이 커트에게 필요한 계시와 뉘우침을 주시도록 요청하려면, 다른 무엇인가가 필요했다.

계시를 받고자 성령을 얼마나 전적으로 의존해야 하는지 그때만큼 날카롭게 인식한 적도 없었다. 그리고 나는 그분이 왜 아직 그분을 계시하여 주시지 않는지 혼란스러웠다. 우리는 이를 위해 수없이 간구했다. 혹시 하나님의 영이 커트를 위한 노력을 중단하셨다는 의미일까? 만일 그렇다면, 나 또한 모세가 이스라엘 자손을 위하여 했던 것처럼, 하나님께 그 판결을 재고해 달라고 요청할 것이다.

나는 하나님께 더 큰 긍휼을 베풀어 달라고 애원했다. 커트가 진리를 듣고도 의지적으로 거절했기 때문에, 나는 이제까지 일어난 모든 일에 하나님이 절대적으로 공정하게 행하셨음을 나 또한 전적으로 동의한다고 말씀드렸다. 나는 커트에게 다시 한 번 기회를 달라고 기도했다. 해산의 진통과 눈물로, 그 응답에 따라 내 생명이 좌우될 것처럼 하나님께 간청했다.

다음 날 아침에 성경을 읽는데, 나는 하나님께 전날 밤의 내 기도에 응답하셨으면 말씀해 달라고 요청했다. 그분은 즉시 "여호와께서 이르시되 보라 이번에 그들에게 내 손과 내 능력을 알려서 그들로 내 이름이 여호와인 줄 알게 하리라"(렘 16:21)는 말씀으로 나를 인도하셨다.

나는 하나님의 대답에 어안이 벙벙해졌고, 또 내게 하실 말씀이 있는지 여쭈었다. 주님은 아까만큼이나 빠르게 에스겔 37장으로 인도해 주셨다. 에스겔이 하나님의 지시에 따라 순종과 믿음으로 죽은 뼈들에게 대언했을 때 그 뼈들이 생기를 얻은 것처럼, 내가 커트의 이름을 부르고 그의 죽은 영혼을 생명으로 인도하실 하나님의 능력을 믿는다고 소리 내어 선포하면 하나님이 그대로 행하시리라는 생각이 들었다.

이 구절들을 수첩에 막 기록하던 참에 전화벨이 울렸다. 존이었다. 커트의 어머니에게 전화가 왔는데, 커트가 방금 존을 불러 달라고 요청하면서 "그분과 끝마치지 못한 일이 있어요"라고 말했다는 것이다.

나는 몇 시간 후, 전화로 존이 다음 이야기를 들려줄 때까지 계속해서 기도해야 한다는 부담을 느꼈다. 후에 존은 내게 이렇게 말했다. "제가 도착했을 때 커트는 의식이 또렷한 상태였습니다. 그는 자신의 인생 중 어두운 몇 페이지가 제거될 필요가 있다고 열심히 이야기했습니다. 그것은 그가 지금 버리기 원하는 동성연애 생활을 뜻하는 것이었습니다. 지난 몇 시간에 걸쳐 간헐적으로 의식이 돌아온 순간마다, 커트는 이제 하나님의 말씀에 동의하며 진정으로 회개해야 함을 알았다고 제게 분명히 전했습니다. 그는 예수 그리스도를 삶의 주님으로 선언하면서 완전히 회개하고 자유로워졌습니다. 커트가 마음의 평안을 얻었음을 처음으로 확실히 볼 수 있었습니다."

나는 안도감과 말할 수 없는 기쁨으로 평평 울었다. 후에 커트의 어머니가 이 극적인 변화를 일으킨 다른 요인을 말해 주었다. 커트가 마음 깊이 주님을 받아들인 그날, 커트의 어머니는 아침 일찍 간호사에게서 전화를 받았다. 커트가 어머니를 만나고 싶어 한다는 것이었다. 커트는 어머니에게 자신이 본 환상(또는 꿈)을 급히 나누었다. "한 권의 책을 잡은 손이 나타나더니, 누군가 '커트, 이 책은 너의 인생이란다. 그런데 이 안에 제해져야 할 어두운 부분이 몇 페이지 있구나. 그렇게 하려면 죄를 회개해야만 한다'라고 말했어요."

커트는 어머니와 존이 자신에게 무엇을 말하려 했었는지 이제 이해할 수 있다고 설명했다. 그는 어떤 남자나 여자에게 매력적으로 보여야 할 필요를 더는 느끼지 못했다. 그 사실이 커트를 매우 자유롭게 하였기에, 그는 "이것이 바로 구원이에요"라고 되풀이해서 말했다.

커트는 그 일이 있은 지 열흘 뒤에 죽었다. 숨을 거두기 몇 시간 전에 커트는 천국의 환상을 보았는데, 그때 빛나는 얼굴로 두 팔을 벌리고 반복해서 말했다. "예수님, 저는 주님께 갈 준비가 되었습니다." 비록 육신의 눈은 에이즈 때문에 보지 못하게 되었지만, 그의 영적인 눈은 이보다 더 밝은 적이 없을 정도로 환하게 빛났다.

외아들을 잃은 부모는 당연히 매우 깊은 슬픔을 느꼈지만, 하나님의 자비하심에 깊은 감사를 드렸다. 커트의 부모와 우리(나와 존)는, 다음 진리를 직접 체험하였던 것이다.

하나님의 도(방법)는 완전하고(시 18:30).

여호와께 감사하라 그는 선하시며 그 인자하심이 영원함이로다(시 136:1).

하나님을 섬기는 일에, 중보기도보다 이토록 놀랍고 더 큰 결실을 거두는 사역을 본 적이 있는가?

모세는 다른 사람을 위해 마지막 판결에까지 나아갔던 중보기도자의 고전적 본보기다. 하나님이 이스라엘 백성의 불순종과 불신앙, 그리고 불평과 원망 때문에 그들을 멸절하겠다고 판결을 내리셨음에도 모세는 단념하지 않았다. 그는 자신이 아는 하나님의 성품에 의지해 전능자와 대화했고, 그분의 성품이 대적에게 왜곡돼서 비춰지지 않아야 한다고 강력하게 주장했다. 만일 하나님이 그분의 계획대로 행하시면, 그분의 성품이 이집트 사람들에게 잘못 평가될 것이라고 변론했다. 어쨌든 이집트인들은 하나님이 그분의 권능으로 백성을 어떻게 인도하시고 바로 군대의 위협적인 공격에서 어떻게 구원하셨는지를 알 만한 충분한 이유가 있었다. 그런데 이제 하나님이 백성을 쓸어버리신다면, 적들은 하나님이 그분의 백성을 계속해서 인도하고 보호할 능력이 없다고 생각할 것이다.

하나님 성품에 대한 지식을 근거로, 모세는 또 다른 점을 공략했다. 이스라엘 백성의 죄가 심각하다고 철저히 인정하면서, 은혜 입을 자격이 없는 이 패역한 백성에게 오히려 더 큰 자비와 용서를 베푸셔서 하나님의 위대한 힘을 보여 달라고 청한다. 그리고 만약 그렇게 하는 것이 하나님의 뜻이 아니라면(여기서 모세는 끝장에 이른다), "주께서 기록하신 책에서 내 이름을 지워 버려 주옵소서"(출 32:32)라고 말했다. 이는 "그들의 죄에 대한 벌을 제가 대신 받겠습니다"라는 의미다. 이것이 바로 궁극적인 중보기도의 행위다. 모세가 하나님과 친밀한 우정을 쌓기 위해 치른 값비싼 대가는, 하나님의 응답으로 보상된다. 하나님이 그들의 생명을 보존하시겠다고, 그러나 죄에 대한 벌은 내리시겠다고 말씀하신 것이다. 그분은 무리 안에 염병이 돌게 하셨다.

여기서 반드시 기억해야 할 두 가지 사실이 있다. 첫째, 자신이 인도한 백성과 하나님에 대한 모세의 위대한 사랑은, 그가 그토록 많은 시간 동안 홀로 나가 함께했던 하나님의 마음을 반영한다. "우리가 다 수건을 벗은 얼굴로 거울을 보는 것 같이 주의 영광을 보매 그와 같은 형상으로 변화하여 영광에서 영광에 이르니 곧 주의 영으로 말미암음이니라"(고후 3:18). 모세의 반응은 하나님이 사람들에게 베푸신 행사를 그대로 반영했다.

둘째, 이 이야기는 우리는 절대 모세 같은 기도를 하지 못할 것처럼 위축되게 하려고 기록한 게 아니다. 사실은 오히려 그 반대다. 우리는 모두 하나님의 성품과 방법을 말씀으로 배우며, 그에 따라 살기로 선택할 수 있다.

믿는 자라면 누구든 생각과 말, 행위에서 죄를 미워하기로 선택함으로써 하나님과 친밀한 관계를 누릴 수 있다. 이것이 곧 여호와를 경외하는 마음을 품는 것이다(잠 8:13). 우리는 모두 중보기도를 자기 삶의 방식으로 삼을 수 있다. 또 성령의 신호에 순종하여 다른 사람을 위한 기도의 물 가운데로 인도해 달라고 선택할 수 있다. 우리는 모두 역사의 흐름을 뒤바꾸는 하나님의 일에 사용될 수 있다.

하나님의 초청은 분명하다. 주님은 확실한 결과를 보장하며 약속하신다. "내게 구하라 내가 이방 나라를 네 유업으로 주리니 네 소유가 땅 끝까지 이르리로다 네가 철장으로 그들을 깨뜨림이여 질그릇같이 부수리라 하시도다"(시 2:8-9). "보라 내가 너를 이가 날카로운 새 타작기로 삼으리니 네가 산들을 쳐서 부스러기를 만들 것이며 작은 산들을 겨같이 만들 것이라"(사 41:15).

이 초청에 응답하겠는가? 하나님의 약속을 신뢰하겠는가? 당신은 얼마나 더 깊은 중보기도에 들어가려 하는가?

모·범·기·도

† 사랑하는 하나님,

다른 이들을 위해 더 깊은 차원에서 기도하기 원합니다. 그러려면 제가 영적으로 더 큰 야망을 품을 필요가 있습니다. 저에게 이미 그렇게 되고자 하는 소원이 있음을 알았습니다. 잃어버린 영혼을 향한 더 큰 부담감을 가지기 원합니다. 다른 사람을 위해 기도할 때, 성령에 더 민감하고 더 온전히 순종하기 원합니다.

그래서 주님과 더 많은 시간을 함께하도록, 말씀으로 주님의 성품과 길을 더 잘 이해할 수 있도록, 기꺼이 저의 우선순위를 조정하겠습니다. 이렇게 하여 주의 말씀으로 하나님의 성품과 길을 더 많이 이해할 수 있게 되기를 소망합니다.

이제 제가 할 수 있는 부분을 하기로 결단하고, 제 안에서, 그리고 저를 통하여 이러한 일들을 행하실 것을 믿고 주님께 굴복합니다. 그렇게 하실 주님께 감사드립니다. 예수님의 이름으로 기도합니다. 아멘.

Intercession, Thrilling and Fulfilling

6

이 세대의 고통받는 청소년과 어린이를 위한 기도

디트로이트의 한 17세 소년이 은행을 털었다. 그는 그 이유를 세 가지 들었다.

첫째, 성공하면 돈을 들고 달아날 수 있다.

둘째, 체포되어 감옥에 갇히더라도 따뜻한 잠자리에 하루 세 끼 식사를 받을 수 있다.

셋째, 만약 총에 맞아 죽는다면, 그것으로 이 비참한 삶에서 벗어날 수 있다.

우리는 이러한 논리에 감춰진 고통을 이해할 수 있어야 한다. 또 그 고통을 바라보시는 하나님의 상한 마음을 기억해야 한다.

하나님은 그 성품과 인격의 모든 영역에서 완전무결한 기능을 발휘하신다. 종종 나는, 타락한 세상에 산적한 아픔 때문에 견딜 수 없는 고통을 느끼시는 주님의 비할 수 없는 능력에 경탄하여, 그분 앞에 잠잠해진다.

내가 그 능력을 다 헤아리기란 불가능하다!

나는 (이 글을) 중단하고 그분께 경배할 수 있다.

나는 지금 주님을 경배한다.

하나님이 아이들을 위한 기도의 필요성을 강조하시는 이유는, 그들이 매우 힘없고 상처받기 쉬운 존재여서 그런 게 아닐까?

혹은 하나님이 정의에 대한 강력한 약속을 주셨음에도 아이들이 너무 자주 불의한 취급을 받기 때문일까?

아이가 어른보다 복음을 더 수월하게 받아들이기 때문은 아닐까?

이들이 예수님 재림 이전의 마지막 젊은 세대일 가능성 때문일까?

긍휼한 마음을 품은 하나님 아버지가 아이들이 겪는 고통 때문에 매우 깊이 상처받으시기 때문일까?

어른이 아이에게 심어 준, 하나님에 대한 왜곡된 인상을 제하고 싶어 하시기 때문일까?

그리고 아이들에게 실제로 하나님이 누군지 계시하기를 열망하시기 때문일까?

혹은 그분이 아이들과의 사귐을 갈망하시기 때문일까?

아니면 단순히 하나님이 그들을 사랑하신다는 한 가지 이유 때문일까?

이러한 것들 때문에, 하나님은 어린 세대를 위한 기도를 강조하신다. 또한 나는 예수님의 사랑과 생명을 통해 치유를 경험해야 하는 아이들의 필요를 볼 때마다 마음이(그리고 다른 이들의 마음이) 자꾸만 무너지는 것을 느끼는데, 그 또한 하나님이 하시는 일이라고 믿는다.

우리는 사랑하는 만큼 상처받을 수 있다. 하나님은 가장 많이 사랑하시기 때문에 가장 많이 상처받으신다. 우리가 주님을 근심하게 해 드릴 때, 독립적으로 행동할 때, 또 그분을 신뢰하지 않고 불순종할 때 그분은 아파하신다. 그리고 우리가 스스로 저지른 행위의 결과 때문에 고통당할 때 상처받으신다.

그러므로 그분이 힘없고 무죄한 자들의 고통을 얼마나 마음 아파하실지 생각해 보라.

하나님이 의도하시는 바는, 세상의 고통 받는 청소년과 아이들을 바라보며 슬퍼하라는 것이 아니다. 하나님은 오히려 "그 고난에 참여"(빌 3:10)하는 주님과의 사귐에 들어가게 하셔서 우리가 더 하나님을 닮도록 도와주신다. 우리가 하나님과 친해질 때 나타나는 한 가지 특징은, 주님의 마음 가장 깊은 곳에 있는 염려를 공유하게 해 달라고 계속해서 요청하게 된다는 것이다. 상처투성이에 엉망인 이 세상에서 고통 받는 청소년과 아이들은, 의심할 여지없이, 하나님의 가장 중대한 관심사의 하나다. 하나님은 가까운 친구들의 기도에 응답하여 일하기를 즐거워하시기 때문에, 우리의 중보기도를 통해 고난 받는 이들의 필요가 채워질 것이다.

예수님이 하신 말씀의 의미가 더욱 분명해진다. "이제부터는 너희를 종이라 하지 아니하리니 종은 주인이 하는 것을 알지 못함이라 너희를 친구라 하였노니 내가 내 아버지께 들은 것을 다 너희에게 알게 하였음이라"(요 15:15). "너희가 내 안에 거하고 내 말이 너희 안에 거하면 무엇이든지 원하는 대로 구하라 그리하면 이루리라"(요 15:7).

나는 선교사 안나 마리 디오소(Anna Marie Dioso) 덕분에 하나님께 감사드린다. 그는 필리핀 마닐라에서 착취당하는 거리 아이들을 하나님이 주신 비전과 부담, 긍휼의 마음으로 섬긴다. 어느 기도원의 수련회에서 오랜 기도와 금식의 시간을 보낸 안나 마리는 다음과 같은 내용을 보고했다.

그 시간은 특별히 아이를 성적으로 탐하는 자들을 대상으로 오락을 제공하는, 마닐라의 홍등가를 위해서 기도하기로 구분된 시간이었습니다. 어느 날 아침 어떻게 기도할지를 여쭈었을 때, 주님은 제게 각각의 나이트클럽의 이름을 대면서 예수 그리스도의 주 되심을 소리 내어 선포하라고 하셨습니다. 그 일이 있은 지 6개월 가량 지났을 때, 마닐라 시장이 모든 술집의 문을 닫으라고 폐쇄 조치를 내렸습니다. 필리핀 대통령은 마닐라의 상업 지구에서 날아드는 빗발치는 항의 때문에 마닐라 시장의 관직을 박탈하겠다고 위협했습니다. 호텔, 환전상, 술집 주인, 레스토랑, 기타 여러 가지 유흥 사업이 모두 쇠퇴하고 있었거든요. 그렇지만 어쨌든 술집은 지금까지도 문을 닫은 상태입니다. 하나님은 참으로 선하십니다!!!

도시들의 참상

예레미야와 하나님의 친밀한 우정은, 그가 살던 도시의 젊은이들에 대한 그의 깨어진 마음과 부담감에서 잘 나타난다. "내 눈이 눈물에 상하며 내 창자가 끊어지며 내 간이 땅에 쏟아졌으니 이는 딸 내 백성이 패망하여 어린 자녀와 젖 먹는 아이들이 성읍 길거리에 기절함이로다" (애 2:11).

미국의 주요 도시에서 가출한 청소년의 숫자는 이미 전염병적인 규모에 도달했다. 캘리포니아 주의 할리우드 지역에서만 2만 명이 가출했다. 여름밤에는 보통 천 명에서 4천 명가량의 청소년들이 거리에서 잠을 잔다. 그중 많은 수가 자신이 있는 곳을 부모에게 알리지 않았다.

소망을 빼앗긴 이 젊은이들은, 그들이 갈구하는 흥분과 자유를 대도시에서 얻을 수 있을 것으로 생각한다. 대도시에서 방황하다 돈이 떨어지고 일자리를 구할 수 없고 잘 곳도 없으며 끼니를 거르게 되었을 때, 사탄이 어김없이 해결책을 내민다. 궁핍하고 자포자기한 상태인 그들은 누군가의 관심을 간절히 바라다가, 누군가 음식과 쉴 곳, 그리고 친절을 베풀 때 가리지 않고 받아들인다.

이러한 것들을 제공하는 사람은 대부분 마약 밀매꾼과 포주다. 하지만 개중에는 그들을 도우려고 거리로 나온 선교단체의 헌신된 일꾼들도 있다.

어느 토요일 밤, 짐과 나는 YWAM의 지체 두 명과 짝이 되어 할리우드에 나갔다. 새벽 2시 30분경, 구원받기 전에 창녀로 일했던 나의 동료가 홍등가에 가서 자신의 친구 몇 명에게 복음을 전하지 않겠느냐고 물어보았다. 나는 쾌히 승낙하였고, 짐과 그의 동료는 차 안에 남아 우리를 위해 중보기도 하기로 했다.

방에 들어가자, 마침 휴식 시간인 듯 세 명의 창녀와 포주들이 침대에 걸터앉아 있었다. 매력적인 흑인계 미국인인 나의 동료는 간단히 "안녕, 이쪽은 내 친구 조이예요"라고 소개했다. 방안에 의자가 없었으므로 우리는 바닥에 앉았다. 나는 따뜻한 웃음을 머금고 "안녕하세요"라고 인사하고는 곧장 화제를 주 예수로 이끌었다. 방 안에 있던 사람 대부분이 예수님에 관해 이야기하는 것을 불편해하지 않았다. 그러는 동안 나는 두 명의 소녀와 포주 두 명은 전에 복음과 교회, 그리고 그리스도인을 접해 보았음을 알게 되었다. 다른 포주 한 명과 그가 데리고 있는 소녀는 이집트의 스핑크스 상만큼이나 차갑고 생기 없는 표정을 하고 있었으며, 그 표정만큼이나 말이 안 통했다. 그들을 제외한 나머지는 우리와 활발하게 대화 나누었다. 창녀였다가 회심한 내 동료의 환한 얼굴이야말로, 그리스도가 우리의 삶에 행하시는 놀라운 변화에 대한 호소력 있는 증거였던 것이다.

두 명의 소녀는 과거 그리스도인들과의 만남에서 좋지 않은 기억을 갖고 있었다. 그러나 정말 중요한 것은 주님과 우리의 관계이므로, 나는 계속해서 예수님에 대한 이야기를 꺼냈다. 소녀들은 예수님에겐 아무 잘못이 없다는 점을 쉽게 수긍했다. 그들은 허물없이, 자유롭게 우리와 담소를 나누었다. 그중 대장격인 포주는 이렇게 늦은 시간에 이런 거리로 나와 있는 것은 매우 위험하다며, 그 자리를 떠나는 내 안전을 걱정해 주었다. 그의 순수하고 따뜻한 염려에 감동했다.

나는 하나의 습관처럼, 내가 복음을 전했던 사람들의 이름이나 그에 대한 간단한 기록을 적어 놓고, 그들의 구원을 위해 규칙적으로 간절히 기도한다. 그날도 그곳에서 만난 사람들의 이름을 나의 긴 목록에 올리고는, 하나님이 그들을 인도하시도록 믿음으로 기도했다. 그리고 3주 후에 거기 있던 창녀 중 하나가 회심하여 할리우드 시내에 있는 YWAM 숙소 중 한 곳으로 들어왔다. 나는 수개월이 지난 후에 로스앤젤레스에서, YWAM의 DTS(예수제자훈련학교) 학생으로 들어온 그를 다시 만났다. 그의 모습이 매우 많이 변해 있어서 알아보기가 어려울 정도였다. 매우 의미 있는 재회가 아닐 수 없었다.

불행히도, 가출 청소년 중 수백 명이 넘는 이들이 십대를 넘기지 못한다. 살해되거나 약물을 남용 또는 자살로 죽는다.

로스앤젤레스의 경찰서에는 시체 공시소가 있다. 그곳에는 수백 구의 젊은 시체가 발에 '신원불명'이라는 딱지를 달고, 보에 덮여 선반에 쌓여 있다. 누군가 그들을 찾으러 올 경우를 대비해 3개월 동안 시체를 보관한 뒤 화장하는데, 대부분 아무도 찾으러 오지 않는다.

그들의 부모를 위한 기도

고통 받는 쪽은 자녀만이 아니다. 전 세계적으로 수백만의 부모가 집을 나간 자녀가 현재 어디에 있는지 알지 못한다. 또한 수천의 부모는 이처럼 아무런 흔적도 없이 갑자기 사라진 자녀 때문에 고통 받고 있다. 나는 하나님이 이러한 부모를 위해 우리가 아래와 같이 중보기도 하도록 부르신다고 믿는다.

1. 이러한 부모의 비극적인 상황을, 오히려 그들이 주님께 돌아오도록 하는 데 사용해 달라고 하나님께 기도한다.

2. 부모가 하나님에게나 자기 자녀에게 원망을 품지 않고, 오히려 이러한 역경의 시간 속에서 하나님이 자신들에게 무엇을 가르치시는지 여쭙기를 기도한다.
3. 부모가 날마다 말씀 앞에 나아가 하나님을 부지런히 구하며, 그분이 그 시간에 말씀하셔서 그들의 가장 깊은 필요를 채워 주실 것을 기대하도록 기도한다.
4. 부모가 그러한 상황을 오히려 하나님의 놀라운 사랑, 위로, 권능, 그리고 신실하심을 확증하는 기회로 삼고 이를 위해 하나님을 구하며 믿음으로 그 기회를 취하도록 기도한다.
5. 자녀가 마침내 주께 굴복하고 주님을 신뢰하게 되리란 것을 부모가 믿을 수 있도록 기도한다. 또 하나님이 자녀의 상처받은 영혼을 치유하시고, 주의 이름에 가장 큰 영광을 돌릴 수 있는 시기와 방법으로 자녀를 집에 돌아오게 하기까지 그들을 보호해 주시리란 것을 부모가 신뢰할 수 있도록 기도한다.

인자하신 우리의 하늘 아버지는 자녀를 잃는 고통이 어떠한지 잘 아신다. 그분의 외아들은 스스로 우리 죄인들을 위한 죗값이 되셨다. 그분은 아버지에게서 버림받음으로써 우리가 절대 버림받지 않게 하셨다. 최고의 대가를 지불하셨기에, 인자하신 하늘 아버지는 어떻게 우리에게 최대의 위로를 줄 수 있는지도 잘 아신다.

하나님이 위와 같은 우리의 간구에 응답하시며 말로는 설명할 수 없는 초자연적 평화를 부모에게 주시도록 그들과 기도로 연합하자.

나는 이러한 상황에 처해 있는 많은 부모와 함께 중보기도 하면서 놀라운 기적을 여러 번 목격했다. 한 예로, 몇 년 전에 나는 가출하여 여러 달째 소식이 없던 십대 아들을 둔 한 어머니와 함께 그 아이를 인도해 달라고 믿음으로 간구했다. 우리는 마치 목숨이 걸린 듯 간절히 기도하며 그 아이와 관련된 어둠의 세력을 파했다. 그로부터 딱 일주일 후, 소년이 자신의 집 문 앞에 나타났다. 정신적, 육체적, 정서적, 그리고 영적으로 매우 피폐해져 있었지만, 어쨌든 돌아왔다! 그가 그러한 상태에서 수백 마일을 여행하여 집으로 돌아올 수 있던 것은 오직 그를 보호하고 인도하신 하나님의 능력 때문이었다. 소년은 조금씩, 그러나 확실히 회복되었다. 오늘날 그는 온전히 하나님을 사랑하며, 잃어버린 영혼을 향한 전도자의 심장을 품고 있다. 부모와 그 자녀를 위한 우리의 간절하고도 끈기 있는 사랑의 기도는 참으로 놀라운 결과를 가져온다. 결코 포기하지 마라.

과감한 회심자들과 파격적인 방법, 그리고 파격적인 결과

1992년의 크리스마스를 2주 앞둔 추운 겨울날 오후 6시 30분, 로스앤젤레스 시내에는 세차게 비가 내리고 있었다. 나는 7시 30분에 시작하는 행사에 참여하려고 슈라인 강당(Shrine Auditorium) 앞에서 기다리는 수천 명 인파의 긴 줄에 섞여 있었다. 로스앤젤레스 폭동이 있은 지 여덟 달 후였다.

그 자리에는 나 외에 다른 백인이나 나이가 35세 이상으로 보이는 사람이 거의 없었기 때문에 나는 속으로 적지 않게 흥분했다. 독특한 소수 집단에 속하게 된 것에 전율을 느꼈다. 이 행사가 열리기를 기대하며 많이 기도했던 차였다.

대부분 라틴계이거나 흑인으로 구성된 7천의 인파가 그날의 공연을 보려고 모여들었다. 소니와 줄리 알곤조니(Sonny and Julie Algonzoni) 부부가 설립하여 이끄는 빅토리 아웃리치(Victory Outreach)에서 나온 수백 명의 대원이 몇 주 동안 로스앤젤레스 거리에 가득 퍼져서 도시의 거리 생활과 그 의미에 대한 두 시간짜리 드라마 공연을 펼쳤는데, 그곳에 갱단의 단원들을 아무런 제한 없이 초청하였던 것이다.

공연이 시작되기 전에 복음 전도자인 마리오 무릴로(Mario Murillo)가 나와서 겁이 많거나 신경이 약한 사람들은 관람하지 말아 달라고 경고했다. 전직 갱 두목, 갱 단원, 마약중독자, 마약 밀매꾼, 창녀, 그리고 전직 포주 등이 각 장면을 연기했다. 그들은 실제로 재능 있는 연기자들이었으나, 사실 연기를 잘하지 못한다 해도 상관없었다. 살아 계신 그리스도와 만나서 변화되기 이전의 자기 삶을 그대로 재현하면 되었기 때문이다. 그들은 그대로 해내었고, 그것은 충격이었다. 마치 점화된 다이너마이트와 같았다! 그 공연이 그토록 호소력 있었던 까닭은 현실을 매우 구체적으로 묘사했기 때문이다.

드라마가 진행되는 동안 두세 명의 배우들이 차례차례, 어떻게 그들이 예수 그리스도께 삶을 송두리째 위탁하고, 엄청난 변화를 경험하게 되었는지 극으로 보여 주었다. 다른 몇 명의 배우들은 예수님의 초청을 거부했다. 거기에 중간 지대나 타협이란 있을 수 없었다. 복음의 의미가 그보다 더 명확하고 설득력 있게 전달될 수 없었다. 마리오 무릴로가 청중에게 그러한 선택을 하도록 초청하자, 곧 수백 명의 사람이 그리스도께 삶을 드리려고 앞으로 몰려나왔다.

이 전도 행사를 지휘한 소니 알곤조니는 데이비드 윌커슨(David Wilkerson)으로부터 복음을 전해 듣고, 후에 1960년대에 니키 크루스(Nicky Cruz)의 인도로 주님 앞에 나왔다. 그 전까지 소니는 아무런 소망이 없이 마약에 중독된 채 뉴욕 거리를 활보하던 젊은이었다.

오늘날 소니는 거리 사람들을 대상으로 능력 있고 기름부으심 넘치는 사도의 사역을 감당하고 있다. 하나님의 능력으로, 그는 미국 64개 도시를 포함하여 7개 나라에 교회를 세웠다. 이 교회의 목사들은 모두 소니의 거리 사역을 통해 회심한 사람들이다. 그중 목사 두 명은 특별히 늘 싸움이 그치지 않는 로스앤젤레스 산 페르난도 밸리(San Pernando Valley)의 갱단 우두머리들에게 존경과 신뢰를 받고 있다. 최근에는 그곳의 갱단 두목 중 여러 명이 이 두 사람에게 찾아와서는 위협과 싸움, 폭력, 총질, 그리고 죽음을 낳는 끊임없는 증오와 공포의 악순환을 벗어나 평화롭게 살 수 있도록 자신들을 도와 달라고 요청했다.

이는 분명 여러 해에 걸친 간절한 중보기도의 응답으로 얻어진 결과다. 그러나 아직까지 많은 갱이 이러한 화해의 몸짓을 거부한다. 온전한 승리를 얻으려면, 아직 갈 길이 멀다.

로스앤젤레스 시에서 집계된 갱단 구성원 십오만 명 중 90%가 18세 이전에 체포되며, 60%가 20세 이전에 죽거나 감옥에 들어간다. 만일 예수 그리스도의 몸인 교회의 성도들이 분발하여 하나님께 매달리며 세계 모든 도시에 있는 주요한 갱 단원들의 구원을 위해 포기하지 않는다면, 또 하나님이 그렇게 행하실 것을 믿는다면 어떤 일이 일어나겠는가? 사도(소니와 같은)와 선지자, 전도자(니키 크루스와 같은)와 목사(빅토리 아웃리치 팀의 훈련된 회심자와 같은), 교사를 일으켜서 도움의 손길이 절실히 필요한, 겁에 질려 꿈을 상실한 수백만의 젊은이에게 다가가게 해 달라고 간구한다면 어떤 일이 일어나겠는가?

그 원인이 무엇이든 관계없이 인간의 기본적인 필요 뒤에 감추어진 고통에 충분히 관심을 기울일 때, 우리의 기도는 실로 간절해질 것이다.

미국의 어느 성공적인 장로교회 목사인 제리 커크 박사(Dr. Jerry Kirk)는 파괴적인 도덕적 병폐(포르노그래피)의 만연 때문에 성적으로 학대받는 수백만의 어린이를 위해 기도했다. 그런데 어느 날 오후, 그것이 근절되기를 바라는 소원이 점점 더 간절해졌다. 그는 크게 소리 내어 울면서 하나님이 이 일을 어떻게 하실지 물으며 강력하게 도전했다.

방금 자신이 누군에게 도전했는지 인식한 제리는 자신의 대담함에 소스라치게 놀라 숨을 들이쉬고 하나님의 말씀을 기다렸다. 하나님의 반응은 명확했다. "제리, 너는 무엇을 하겠느냐?"

제리는 미국 내의 포르노그래피를 근절하기 위해서라면, 자신의 남은 생애를 모두 바칠 수 있다고 대답했다. 하나님은 그 고백대로 그를 취하셨다.

'미국 포르노그래피 반대 연맹'은 성령으로 말미암아 제리의 마음에서 탄생하여 이 악한 조류를 막는 데 하나님께 크게 쓰였으며, 현재도

쓰이고 있다. 제리 커크는 이 과업을 이루고자 목회를 내려놓아야 했다.

사탄이 유린한 어린이와 청소년의 고통 때문에 우리의 마음이 깨질 때까지 기도한다면, 필요하다면 야곱처럼 하나님과 씨름할 각오로 매달린다면 어떤 일이 일어날까?

이 젊은 세대에 의의 혁명이 일어나는 것을 보고자 우리가 애타는 기도의 부담으로 하나님께 이 기도를 자주 올려 드린다면, 어떤 일이 일어날까?

이들을 포로로 잡고 있는 사탄의 사슬에서 그들을 해방하는 데 필요한 모든 영적 전쟁을 기꺼이 치른다면?

우리 기도의 응답으로, 우리 자신이 잃어버린 젊은이 한 명, 한 명을 섬기는 사역에 뛰어들 준비가 되어 있다면?

이미 그러한 일을 하는 사람들을 돕는 데 우리의 물질과 돈을 기꺼이 투자한다면?

신체적으로, 언어적으로, 성적으로 학대받고 무시당하며 고통 받고 절망하는, 그리하여 자살로 치닫는 젊은이들의 세대가 온전케 되기를 전심으로 바라게 된다면, 진정 무슨 일이 일어나겠는가?

나는 무슨 일이 일어날지 알고 있다. 그럴 때에 하나님이 성령을 전 세계에 물 붓듯 부으실 것이다. 그리고 우리는 세속 언론에서 뉴스의 머리기사로 나올 만한 획기적인 역사를 보게 될 것이다. 전에도 하나님이 그와 같이 역사하신 적이 있다. 그것은 '예수 운동'(Jesus movement)이라 불렸다. 지금은 그보다 더 큰, 또 한 번의 물결이 일어나야 할 때다. 사탄에게 우리의 젊은이들이 죄를 택하고 죄를 사랑하도록 유혹할 힘이 있다면, 하나님은 그들이 의를 사랑하고 선택하게 할 수 있는 훨씬 더 큰 능력이 있음을 교회와 세상에 보여 주어야 할 때인 것이다. 이것을 바로 부흥이라고 부른다. 이 일은 우리 자녀의 생존을 위해 반드시 일어나야 한다!

모·범·기·도

† 사랑하는 하나님,

주님은 세상의 고통 받고 상처 입은 청소년과 어린이들을 인자한 사랑으로 돌보시며, 근심하고 계십니다. 그리고 주님이 그들을 건져 내어 치유하실 계획을 세우셨다는 사실이 제게 큰 위로와 격려가 됩니다.

제 마음을 아이들을 향한 주의 사랑으로 가득 채워 주십시오. 그리고 주님의 계획을 성취하는 데, 또 그들이 생의 소명을 이루는 데 어떤 방법으로든 주의 뜻대로 저를 사용하여 주소서.

주님의 마음을 품었던 예레미야 선지자를 통한 주의 부르심에 응답하기 원합니다. "초저녁에 일어나 부르짖을지어다 네 마음을 주의 얼굴 앞에 물 쏟듯 할지어다 각 길 어귀에서 주려 기진한 네 어린 자녀들의 생명을 위하여 주를 향하여 손을 들지어다"(애 2:19). 주께서 이 기도에 응답하실 것을 믿고 감사드립니다.

예수님의 전능하신 이름으로 기도합니다. 아멘.

중보기도는
어떻게 이루어지는가?

나는 뉴질랜드에서 태어나고 자랐다. 로렌 커닝햄이 1967년에 우리 집에 방문하여 얼마 동안 머물렀을 때, 나는 1968년부터 그 이듬해까지 7개 나라에서 하나님의 말씀을 가르쳐 달라는 초청을 받았다. 하나님의 분명한 부르심을 받은 나는 1970년 1월에 사랑하는 남편의 완전한 승인과 지지를 받고 사역의 여정을 시작했다.

그해 2월에 스위스에서 열린 YWAM의 전도학교에서, 나는 하나님의 성품과 길을 가르쳤다. 그러던 어느 날, 다음 날 아침 수업에서 이 주제의 어떤 측면을 가르칠지 하나님께 여쭈어 보았을 때, 불현듯 몇 개의 질문이 잘 겨냥된 화살처럼 뇌리에 꽂혔다. 다른 사람을 위해 기도할 때, 나는 무엇을 하여 하나님의 능력이 나타나도록 하는가? 스릴 있고 성취감 넘치는 중보기도의 사역을 할 수 있게 하는 몇 가지 순종의 절차는 무엇인가? 나는 지금 가르치는 것들이 하나님의 말씀에 근거한, 수년 동안의 깊은 개인적 체험에서 비롯된 것임을 잘 알고 있었다.

내 생각이 재빨리 뉴질랜드로 날아갔다. 처음으로 세계의 여러 나라를 위해 홀로 중보기도 했던 시간으로 말이다. 그리고 2년 동안은 사랑하는 기도 동역자 쉘라프 맥알핀(Shelagh McAlpine)과 함께 매주 목요일 오후에 열방을 위해 기도했다. 그가 영국으로 돌아간 후에는 나의 가까운 친구인 헤이즐 엘리엇(Hazel Elliott)과 도로시 레너드(Dorothy Leonard)와 오랫동안 함께 기도했다.

아까의 질문은 계속 뇌리를 맴돌며 대답을 기다렸다. '그래, 네가 무엇을 하여 그 모든 일이 일어나게 되었느냐?' 성령 안에서의 일치, 놀라운 계시의 순간들, 하나님 나라의 확장을 위해 내가 경험한 어떤 기독교 활동보다 더 큰 성취감. 나는 성령의 재촉하심에 어린아이같이 순종하며, 내가 무엇을 했는지 빠르게 적어 내려갔다. 그 순서를 조심스레 회상하면서….

그 결과로 나온 것이 10가지의 간단한 기도 단계였다. 금요일 오전에 하나님은 그 단계를 교실에서 나누라고 지시하셨다. 나는 하나님이 그분의 주권적인 역사로 이것을 내 강의의 여러 부분 중 가장 크게 들어 쓰셔서, 세계 수많은 나라에서 사용하게 하실 거라고는 꿈에도 상상하지 못했다. 이 단계는 여러 언어로 번역되었고, 수많은 책과 정기간행물에 삽입되어 출판되었다. 그렇게 일을 진행하신 이는 오직 하나님이셨으며, 나는 항상 그분의 행사에 놀랄 뿐이다.

생명력 있는 중보기도를 하는 방법은 매우 다양하다. 그래서 나는 다음 원칙이 유일한 방법이라고 주장하지는 않는다. 단지 많은 사람이 하나님의 음성을 듣고서 그분의 생각으로 다른 사람을 위한 기도를 드리는 데 도움이 되었다고 입증한 몇 가지 지침을 나누려고 한다.

효과적인 중보기도를 위한 원칙들

1. 하나님의 하나님 되심을 찬양한다. 하나님의 능력은 특별히 그분을 예배하는 노래를 통해 나타난다.

"그 노래와 찬송이 시작될 때에 여호와께서 복병을 두어…(원수)를 치게 하시므로 그들이 패하였으니"(대하 20:22).

사람들의 행사에 기도로 주 예수님과 협력할 때, 그분의 사역에 참여하는 특권을 주신 하나님을 찬양하라. "이는 그가 항상 살아 계셔서 그들을 위하여 간구하심이라"(히 7:25).

2. 아직 고백하지 않은 숨은 죄가 있는지 보여 주시도록 성령님께 시간을 드림으로써 당신의 마음이 하나님 앞에 정결한지를 점검하라.

"내가 나의 마음에 죄악을 품었더라면 주께서 듣지 아니하시리라"(시 66:18).

"하나님이여 나를 살피사 내 마음을 아시며 나를 시험하사 내 뜻을 아옵소서 내게 무슨 악한 행위가 있나 보시고 나를 영원한 길로 인도하소서"(시 139:23-24).

만일 우리가 하나님 앞으로 가까이 나아가면, 그분 또한 우리의 있는 모습 그대로 받으실 것이라는 약속으로 용기를 얻을 수 있다. 우리가 주님께 경배드리고 기다리며 그분의 얼굴을 구할 때, 주님은 우리를 깨끗하게 하실 것이다.

누구에게든 원망을 품은 일이 있는지 주의 깊게 살피고, 당신에게 잘못을 저지른 이들을 완전히 용서하라.

하나님 말씀에 나타난 능력 있는 기도와 용서의 연관성을 주목하라. 예수님이 '주기도문'이란 이름으로 잘 알려진 기도로, 제자들에게 기도하는 방법을 가르치시는 대목 바로 뒤에 이어지는 장면을 주목하라. 그분은 우리에게 잘못한 자들을 용서해야 할 필요성을 강조하셨다.

서서 기도할 때에 아무에게나 혐의가 있거든 용서하라 그리하여야 하늘에 계신 너희 아버지께서도 너희 허물을 사하여 주시리라 하시니라(막 11:25).

이번에는 기도할 때의 용서와 믿음의 연관성을 주목해 보라. "그러므로 내가 너희에게 말하노니 무엇이든지 기도하고 구하는 것은 받은 줄로 믿으라 그리하면 너희에게 그대로 되리라"(막 11:24).

이러한 진리를 강력하게 상기시켜 주는 또 하나의 말씀이 누가복음 17장 3-5절에 기록되어 있다. "너희는 스스로 조심하라 만일 네 형제가 죄를 범하거든 경고하고 회개하거든 용서하라 만일 하루에 일곱 번이라도 네게 죄를 짓고 일곱 번 네게 돌아와 내가 회개하노라 하거든 너는 용서하라 하시더라 사도들이 주께 여짜오되 **우리에게 믿음을 더하소서** 하니."

나에게 반복적으로 잘못하고 상처를 준 사람을 용서하기란 쉬운 일이 아니기에, 예수님의 가르침을 실천하려면 더 큰 믿음이 필요하다는 사실을 제자들은 알았다. 예수님은 믿음을 자라게 하는 일이 꼭 필요할 뿐 아니라 실현 가능한 일이라고 확인해 주셨다(6절).

친구들을 위해 효과적으로 기도하고자 욥은 먼저 자신들을 향한 친구들의 그릇된 판단을 용서해야 했다(욥 42:10). "믿음은 사랑으로 표현되느니라"(갈 5:6, NIV). 진실한 사랑에는 우리에게 잘못한 사람들을 용서하는 일도 포함된다.

3. 성령님의 도우심과 조명하심 없이는 효과적으로 기도할 수 없음을 인정한다.

"이와 같이 성령도 우리 연약함을 도우시나니 우리는 마땅히 기도할 바를 알지 못하나"(롬 8:26).

말 그대로 당신을 주장해 달라고 성령님께 간구하고, 그분이 그렇게 하실 것을 믿음으로 받아들이고 하나님께 감사하라. "오직 성령으로 충만함을 받으라"(엡 5:18).

성령이 우리의 정결하고 굴복된 삶, 영이 지배하는 삶을 통해 기도하실 때에만 우리는 지속적으로 효과적인 중보기도를 할 수 있다. 기도의 능력은 정결함에서 나온다.

성령의 지시대로 기도함에도 기도를 능력 있게 만들어 주는 성령의 에너지를 거의(또는 전혀) 받지 못하고 기도할 수도 있다. 한번은 영적으로 큰 어려움을 겪고 있는 누군가를 위해 기도를 시작한 적이 있었다. 나는 이 부담감이 하나님께로부터 왔다는 사실과 내가 올바른 말로 기도하고 있다는 사실을 알았다. 하지만 나의 기도가 방의 천장을 넘지 못하고 있다는 느낌을 받았다. 나는 기도를 중단하고 주님께 여쭤 보았다. "하나님, 왜 저의 말에 권세가 없습니까? 저의 기도는 주의 보좌 앞에 도달하지 못하고 땅에 떨어지고 있습니다. 제 삶에 아직 다루어지지 않은 죄에서 말미암은 장애물이 있습니까?"

하나님은 즉시 내 안에 있는 죄를 보여 주셨다. 그것은 매우 명확했다. 성령님은 내가 일생 '과속 운전'을 사랑했으며, 가능할 때마다 법을 위반하는 것에 상관없이 속도 내기를 즐겼음을 보여 주셨다.

전에도 여러 번 그런 식으로 법을 어겼음을 고백했으나, 성령은 그 모든 회개가 참된 것이 아니었다고 보여 주셨다. 회개란 다시는 죄를 범치 않을 만큼, 그 죄를 유감스러워하는 것이다. 그 죄에 대해 생각과 마음과 삶에서 변화가 일어나는 것이다. 또 그에 대해 하나님을 경외하는 마음, 즉 죄를 미워하는 마음을 품는다는 의미다(잠 8:13).

나는 '과속 운전하는 죄'를 사랑하고 있었고, 그래서 그 죄를 자주 저질렀다. 변명할 여지없는 내 선택이었다.

그날 나는 하나님 앞에 깊이 회개하며, 이런 식으로 법을 어긴 것에 대해 하나님을 경외하는 마음을 부어 달라고 기도했다. 또한 그분이 기도한 대로 행하실 것을 믿음으로 취했다. 그분은 그대로 행하셨다. 그리고 정말 획기적인 변화가 일어났다!

그러고서 나는 영적으로 큰 어려움에 처한 그 사람을 위해 다시 기도하기 시작했다. 그제야 하늘에서 새 힘이 공급됨을 느낄 수 있었다. 하나님에게 정결함과 능력은 동의어와 같다.

이 책을 집필하던 중, 여러 해 전에 했던, 중보기도에 관한 강의 원고(위의 일화가 적혀 있는)를 우연히 발견했다. 그 원고를 읽으면서, 하나님이 이 교훈을 의도적으로 떠올리게 하셨다는 사실을 깨달았다. 해가 지나면서 어느새 과속에 대한 내 주의력이 다시 느슨해져 있었던 것이다. 새롭게 회개하는 것 외에 다른 방도가 없었다.

> 여호와의 산에 오를 자가 누구며 그의 거룩한 곳에 설 자가 누구인가 곧 손이 깨끗하며 마음이 청결하며 뜻을 허탄한 데에 두지 아니하며 거짓 맹세하지 아니하는 자로다 그는 여호와께 복을 받고 구원의 하나님께 의를 얻으리니(시 24:3-5).

4. 원수를 강력하게 대적한다. '성령의 검', 즉 하나님의 말씀과 예수 그리스도의 권세 있는 이름으로 공격하라.

> "그런즉 너희는 하나님께 복종할지어다 마귀를 대적하라 그리하면 너희를 피하리라"(약 4:7).

5. 무엇을 위해 기도해야겠다고 생각했던 부담이나 욕망, 그리고 상상을 버린다.

이렇게 해야 할 필요성은 다음 구절들에 분명히 언급되어 있다.

> 너는 마음을 다하여 여호와를 신뢰하고 네 명철을 의지하지 말라(잠 3:5).

> 자기의 마음을 믿는 자는 미련한 자요 지혜롭게 행하는 자는 구원을 얻을 자니라(잠 28:26).

이는 내 생각이 너희의 생각과 다르며(사 55:8).

6. 이제부터 갖게 될 놀라운 기도 시간에 대해 믿음으로 하나님을 찬양한다.

그분은 놀라운 하나님이시며, 그분의 성품에 합당한 일만을 행하실 것이다.

7. 하나님의 인도하심을 기대하며, 잠잠히 그 앞에 귀 기울이며 기다린다.

"내 백성이 내 소리를 듣지 아니하며 이스라엘이 나를 원하지 아니하였도다 그러므로 내가 그의 마음을 완악한 대로 버려두어 그의 임의대로 행하게 하였도다 내 백성아 내 말을 들으라 이스라엘아 내 도를 따르라"(시 81:11-13). "나의 영혼아 잠잠히 하나님만 바라라 무릇 나의 소망이 그로부터 나오는도다"(시 62:5). "오직 나는 여호와를 우러러보며 나를 구원하시는 하나님을 바라보나니 나의 하나님이 나에게 귀를 기울이시리로다"(미 7:7).

8. 순종과 믿음으로, 하나님이 마음속에 주신 생각대로 행하라.

"내 양은 내 음성을 들으며 나는 그들을 알며 그들은 나를 따르느니라"(요 10:27).

우리가 구할 때에 주실 것을 기대하면서, 하나님의 인도하심을 계속해서 구하라. 분명히 인도해 주실 것이다. "내가 네 갈 길을 가르쳐 보이고 너를 주목하여 훈계하리로다"(시 32:8).

하나님이 현재의 초점에 대해 말씀하려는 바를 모두 말씀하실 수 있도록 충분한 시간을 드린 후에 다음 주제로 넘어가야 한다. 특별히 그룹으로 기도할 때 주의하라. 그룹의 모든 사람이 기도 방향에 대한 계시를 받을 필요는 없다. 그러나 그러한 계시가 하나님에게서 온 것임을 각 사람이 성령의 내적 증거를 통해 서로 확인하면서, 인도 받은 지체와 협력하는 일은 매우 중요하다. 특정 사람이 기도를 독점하지 않도록 주의하라.

9. 하나님이 기도의 방향을 말씀으로 인도하시거나 확신을 주시려 할 때를 대비해, 가능한 한 성경을 펴놓고 기도한다.
"주의 말씀은 내 발에 등이요 내 길에 빛이니이다"(시 119:105).

10. 하나님이 기도할 제목을 더 주지 않으시면 "이는 만물이 주에게서 나오고 주로 말미암고 주에게로 돌아감이라 그에게 영광이 세세에 있을지어다 아멘"(롬 11:36)의 말씀을 기억하면서 하나님이 행하신 일에 감사하고 찬양하며 기도를 마친다.

다음은 펜실베이니아에 있는 어느 교회 협동 목사가 위의 성경 원칙을 적용하여, 참으로 괄목할 만한 성과를 얻은 사연을 나에게 적어 보낸 편지 중 일부다.

1981년 겨울부터 1982년 봄까지 저는 이 지역에 성령을 부어 달라고 주님께 간구했습니다. 주님은 지도자 조찬 기도회를 열도록 인도하셨고, 중보기도가 필요하다는 생각을 제 마음에 심어 주셨습니다. 마침 우리 교회 성도 중 한 명이 저에게 당신의 '효과적인 중보기도를 위한 원칙들'이 적혀 있는 책갈피를 전해 주었습니다.

목사와 평신도 리더가 함께 기도하려고 매주 목요일 아침에 모였습니다. 그 두 시간 동안, 우리는 거기에 적힌 원칙을 성실하게 적용했습니다.

    4명으로 시작한 기도 그룹은 시간이 흘러 30명으로 불어났으며, 2년여에 걸쳐 여러 가지 새로운 일이 일어났습니다. 그중 몇 가지는 바로 이렇습니다.

- 펜실베이니아 주에 새로운 교회가 2개 더 세워짐
- 스코틀랜드, 잉글랜드, 네팔, 인도, 과테말라, 멕시코, 그리고 러시아에 선교사를 파송함
- 음란한 무용수들을 고용하던 나이트클럽이 폐업함
- 지역의 강철 산업이 경제적으로 회생함
- 창녀들이 그리스도께 돌아옴
- 주로 저질 영화를 상영하던 극장이 문을 닫음
- 근방 3개 마을의 사업가들이 잘 알려진 교계 리더의 저서를 서로 돌려 봄
- 지역을 대표하는 교회가 수적, 영적으로 성장함

(그는 계속해서 다음과 같이 말했다.)

우리는 우리 중에 역사하사, 주님이 기뻐하시는 일을 행하려는 소원과 힘을 주신 이는 오직 하나님이심을 잘 알고 있습니다. 당신의 중보기도를 위한 원칙들이 우리를 축복의 자리로 인도했음을 꼭 말씀드리고 싶습니다.

모·범·기·도

† 사랑하는 하나님,

제가 최대한 효과적으로 중보기도하기 원하는 만큼 저 자신이 더욱 준비되어야 한다는 사실을 알았습니다. 주께서 저를 가르치시고 행할 힘을 주실 것에 대해 감사드립니다. 예수님의 이름으로 기도합니다. 아멘.

Intercession, Thrilling and Fulfilling

얼마나 큰 비전을 지녔는가?

만일 당신의 비전이 세계를 대상으로 하는 것이 아니라면, 꿈이 너무 작다. "사람들에게는 영원을 사모하는 마음을 주셨느니라"(전 3:11). 국제적으로 큰 비전을 품은 사람들은 그리스도의 몸 안에 많이 있으나, 열방을 대상으로 전 세계적인 비전을 품은 사람들은 상대적으로 드물다. 온 세상에 복음을 전파하고 그리스도의 제자를 일으키는 일에 관하여, 당신의 꿈은 얼마나 큰가? 대답은 단순하고도 명확하다. 당신이 매일의 삶을 통해 이 비전의 성취에 공헌하는 만큼이다.

성경은 '세계 열방'을 수백 차례 이상 언급한다. 하나님이 그토록 강조하시는 일이라면, 우리도 강조해야 마땅하다.

아직 복음이 전파되지 않은 나라의 정보나 전 세계적으로 도움이 필요한 일들의 최근 통계 자료는 상당량을 모으면서도, 개인적으로는 절대 그 일에 관여하지 않을 수 있다. 그러나 그런 일은 신문기자도 할 수 있다. 우리가 사는 나라, 우리가 속한 교단, 선교사의 모임, 교회, 도시, 이웃, 친구, 혹은 가족 중의 잃어버린 영혼에게 복음을 전하고 그들을 제자 삼는 일에 참여하고는 있지만, 여전히 세계를 향한 비전이 마음속에 없을지도 모른다. 비전은 우리의 우선순위를 결정하며, 우선순위는 우리의 운명을 결정한다.

우리는 야베스가 드렸던 기도를 자주 올려 드려야 한다. "주께서 내게 복을 주시려거든 나의 지역을 넓히시고 주의 손으로 나를 도우사"(대상 4:10). '나의 지역을 넓히시고'라는 말은 간단히 말해서, 더 큰 비전을 품게 해 달라는 말이다. 또한 주를 온 땅에 알리도록, 성령의 능력으로 나의 영향력과 능력의 범위를 넓혀 달라는 의미다. 하나님은 이러한 기도에 항상 응답하실 것이다. "하나님이 그가 구하는 것을 허락하셨더라"(대상 4:10).

우리가 하나님께 축복을 구할 때는 그것이 언제나 열방을 향한 복음 전파에 더 효과적이며 그리스도의 제자를 양성하기 위함이어야 함을 진정으로 이해하는가? 그것은 축복을 받기 위한 작은 이유가 아니다. "하나님은 우리에게 은혜를 베푸사 복을 주시고 그의 얼굴빛을 우리에게 비추사 (셀라) 주의 도를 땅 위에, 주의 구원을 모든 나라에게 알리소서"(시 67:1-2). 이것은 또한 조그마한 꿈이 아니다. 여기에는 세계를 품는 비전이 들어 있다.

대체 '개입'이라는 것이 무엇을 의미하는지 살펴보기 전에, 열국에 대한 하나님의 의심할 수 없는 권위, 절대 아무도 도전할 수 없는 권위를 먼저 생각해 보자. "하늘은 기뻐하고 땅은 즐거워하며 모든 나라 중에서는 이르기를 여호와께서 통치하신다 할지로다"(대상 16:31).

TV나 라디오, 또는 신문에서 접하는 뉴스들이 너무 충격적이고 두려운 것이어서 나를 망연자실하게 만들 수도 있지만, 그럼에도 나는 "할렐루야, 주님은 우주를 지배하고 다스리시는 왕이십니다!"라고 말할 수 있다. 그분은 총사령관이실 뿐만 아니라 실제로도 활발히 개입하시는 분이다. "민족들을 커지게도 하시고 다시 멸하기도 하시며 민족들을 널리 퍼지게도 하시고 다시 끌려가게도 하시며"(욥 12:23). 그분의 비할 데 없는 위대하심을 생각해 본다면, 이는 별로 놀라운 일이 아니다. 모든 나라는 그분의 장엄한 위엄 앞에서 소멸하는 점에 불과하다.

우리는 강대국에 대해 이야기하기 좋아하지만, 하나님의 관점은 우리와 아주 많이 다르다. 하나님은 그분과의 관계적인 측면을 기준으로 나라들을 측량하신다. "보라 그에게는 열방이 통의 한 방울 물과 같고 저울의 작은 티끌 같으며 섬들은 떠오르는 먼지 같으니"(사 40:15).

우리가 강대하다 여기던 것들은 모두 하나님의 눈에는 우스꽝스러울 뿐이다! 하나님만이 실제로 가장 크신 유일한 존재다. 모든 사물과 사람은 그분과 비교할 때 미물에 불과하다. 하나님만큼 인상적인 분이 또 있을까! 이러한 개념에 붙잡힐 때에야 비로소 우리 '동기의 건전지'가 충전되고 '믿음의 연료'가 돌게 된다. 그리고 우리가 열방에 개입하는 것이 열매를 거둘 것이라는 사실을 믿게 된다.

세계를 향한 비전은
우리 삶의 세 가지 영역에서 실천을 요구한다

1. 중보기도

우리는 몇몇, 혹은 많은 나라를 위해서가 아니라 모든 나라를 위해 중보기도 해야 한다. 하나님은 이에 대한 우리의 구체적인 책임에 변명의 여지를 남겨 두지 않으신다. 예수님은 성전에 서서 선지자 이사야를 통한 여호와의 말씀을 군중에게 선포하셨다. "이는 내 집은 만민이 기도하는 집이라 일컬음이 될 것임이라"(사 56:7).

하나님은 열방의 역사가 과감히 바뀔 수 있도록 구하라고 지시하셨고, 우리가 순종할 때 그에 상응하는 파격적인 결과를 보여 주겠노라고 약속하셨다. "내게 구하라 내가 이방 나라를 네 유업으로 주리니 네 소유가 땅 끝까지 이르리로다 네가 철장으로 그들을 깨뜨림이여 질그릇같이 부수리라 하시도다"(시 2:8-9).

하나님은 열방을 위한 기도를 매우 중요하게 여기신다. 국가, 국제 차원의 지도자들을 위한 기도보다 우선하실 만큼! 바울은 "그러므로 내가 첫째로 권하노니 모든 사람을 위하여 간구와 기도와 도고와 감사를 하되"(딤전 2:1)라고 촉구한다. 우리가 이를 실천할 수 있는 유일한 길은 세계 모든 나라의 민족을 포함하는 기도 계획을 세우는 일이다.

당신의 교회는 '만민'을 위하여 기도하는 집인가? 전 세계 218개 국가를 위한 기도에 온 성도가 참여하도록 구체적인 기도 계획이 세워져 있는가? 당신의 가정은 '만민'을 위하여 기도하는 집인가?

바람직한 중보기도의 방법

열방을 위한 중보기도의 한 가지 방법은 내가 7장에서 개략적으로 설명한 10단계를 밟아 가면서, 당신이 어느 나라를 위해 기도하기 원하시는지 마음속에 떠올려 달라고 하나님께 간구하는 것이다.

또 하나의 방법은 이 책 맨 뒤에 첨부된 국가 목록을 이용하여 하루나 한 주를 기준으로, 특정 나라나 여러 나라를 목표로 정하여 기도하는 것이다. 또는 하나님이 개인적으로 지시하시는 순서에 따라 체계적, 규칙적으로 기도할 수도 있다. 나는 여러 해 동안 위의 두 가지 방법을 모두 효과적으로 사용했다.

이러한 책임을 다하는 또 다른 효과적인 방법은 날마다 그날 기도할 국가나 족속이 제시된 YWAM의 기도 수첩을 이용하는 것이다. 아니면 '에브리 홈 포 크라이스트'(Every Home for Christ)에서 발간한 기도 계획집을 사용할 수도 있다. 이 책자에는 모든 나라의 목록이 세계지도와 함께 나와 있다.

중요한 점은 만민, 곧 모든 나라를 위해 기도하라는 명령에 순종할 책임이 우리에게 있다는 점이다. 이 책임을 위해 어떤 방식을 몇 가지 택하여 지속적으로 사용해야 하는지 하나님께 여쭤 보라. 물론 이러한 기도를 위한 시간을 충분히 내기가 어렵겠지만, 뜻이 있는 곳에 길이 있다. 우리는 정말로 하고 싶은 일에는 시간을 낸다. 그런데 정말 하나님의 우선순위를 위해 시간을 내는 일이야말로 중요하지 않겠는가!

하나님께 한 명 이상의 기도 동역자를 붙여 달라고 요청하여 그들과 함께 성령의 인도하심을 따라 정기적으로 열방을 위해 중보기도 하라.

그 일은 말할 수 없는 유익을 가져온다. 이러한 기도 시간은 우리가 참여할 수 있는 가장 상쾌하고 흥분되고 영향력 있는 기도회가 된다.

내가 뉴질랜드에 살던 때의 일이다. 나는 기도 동역자였던 도로시 레너드, 헤이즐 엘리엇과 성령의 인도를 받고자 잠잠히 기다렸다. 우리는 그날 열방을 위해 기도하려고 우리 집에 모여 있었는데, 아프리카가 그날 기도의 초점임이 확실해졌다.

그 당시, 1960년대는 콩고에서 심바 족이 들고일어나던 시기였다. 하나님은 기도의 초점이 서서히, 그러나 명확하게 'WEC 국제 선교회' (Worldwide Evangelization Crusade)에 소속된 어느 특정 여선교사로 모이게 하셨다. 보도에 따르면 그는 얼마 전에 활동하던 사역지에서 실종되었으며, 이미 사망한 것으로 추정되고 있었다. 이미 많은 WEC 선교사가 심바 족에게 살해당했기 때문에, 그가 살아 있을 가능성은 아주 희박했다.

그러한 상태에서, 여선교사를 위해 계속 기도하는 일은 물론이거니와 그 이름을 입 밖에 내는 일 자체가 믿음으로 발을 내딛는 행위였다. 그러나 우리가 하나님의 얼굴을 부지런히 구했을 때, 성령이 그 선교사의 생명과 신변 보호를 위해 계속 기도하라면서, 구체적인 성경말씀과 함께 음성을 들려주셨다. 이것을 기반으로, 우리는 희망 없는 보도로 말미암은 추정이나 추측, 소극적인 체념을 몰아내고 기도할 수 있었다. 또 그를 위해 어둠의 세력에 맞서 영적 전쟁을 치렀다.

앞 장에서 내가 제시한 기도의 단계를 이미 충실히 적용하였으므로, 우리 마음에 떠올랐던 생각이 하나님에게서 온 것임을 의심할 여지가 없었다. 우리는 하나님이 그의 생명을 보존하실 것을 믿음으로 찬양하였다. 나중에 하나님은 내가 저녁마다 읽는 〈매일의 빛〉(The Daily Light)이라는 작은 묵상집을 통해, 우리가 성령의 인도를 받고 있다는 것과 그분이 우리 기도를 들으시고 이미 응답하셨음을 확인해 주셨다. 그날의 첫 번째 말씀은 "오직 하나님이 성령으로 이것을 우리에게 보이셨으니"(고전 2:10)였고, 두 번째는 "대답하여 이르시되 천국의 비밀을 아는 것이 너희에게는 허락되었으나"(마 13:11)였다.

그날 저녁, 기도 동역자들과 나는 여선교사가 생존해 있을 거라고 믿음으로 우리 가족에게 이야기했다. 그리고 하나님의 때에 하나님이 보도 내용을 뒤집으실 때까지 잠잠히 기다리고, 다른 사람에게는 아무 말도 하지 말아 달라고 부탁했다. 가족은 두말할 나위 없이 협조했을 뿐 아니라 모두 흥분했다.

다음 날, 신문들은 그 여선교사가 사망했다는 소식을 공표하였으며, 뉴질랜드의 오클랜드에 있는 WEC 본부에 그의 죽음이 통보됐다. 뉴질랜드에 있던 그의 부친도 딸의 사망을 공식적으로 통보받았다. 그리고 수주 후, 사망한 것으로 알려졌던 선교사가 무사히 살아 돌아왔다는 소식이 마침내 콩고에서 뉴질랜드까지 뒤늦게 전달되었다. 신문에는 "죽음에서 되돌아온 선교사"라는 머리기사가 실렸다. 심바 족에게 사로잡힌 선교사를 3명의 수녀가 구출해 주었다고 했다. 그들은 선교사를 숨겨 주고 돌보았으며, 다른 선교사들에게 데려다 주기까지 했다. 그 선교사가 구출된 날은 우리가 기적적인 구원을 위해 기도하던 날과 정확히 일치했다.

사탄과 악한 세력들은 이런 유의 기도 모임이 얼마나 효과적인지 잘 안다. 그러므로 사전에 그들의 훼방에 대비하는 것이 필요하다. 하나님의 말씀을 검으로 사용하여(예를 들어 야고보서 4장 7절과 같은 말씀) 주 예수 그리스도의 이름으로 강력하게 대적하라. 그들이 어떠한 술수를 쓰든지 끝까지 싸울 각오로 나가면, 조만간 그들은 당신을 방해하지 못할 거란 사실을 깨닫고 물러갈 것이다.

열방을 위해 정기적으로 기도한다는 개념이 많은 사람에게는 생소하게 들릴 수도 있다. 당신은 아마도 소속된 교회의 목사님 또는 선교단체나 기도 모임의 인도자에게 적어도 월 1회 이상, 나라들을 위해 중보기도 하는 모임을 하자고 제안할 수 있을 것이다. 이때에는 소그룹으로 함께 기도하는 것이 가장 이상적이다.

중보기도를 일으키는 방법

다음은 가정에서 열방을 위한 중보기도를 해 나가도록 도와주는 몇 가지 실제적인 조언이다.

1. 선교사에 관한 도서나 잡지를 이용하여 세계 선교에 관한 정보를 확보한다. 당신의 가족이 가장 손쉽게 구할 수 있는 선교 잡지는 어떤 것인가? 아래에 제시한 것은 세계 복음화에 관하여 핵심적인 최신 정보를 얻을 수 있는 잡지다.
   - YWAM에서 연 4회 발행하는 '세계 기독교 소식'(*World Christian News*, Youth With A Mission, P.O. Box 26479, Colorado Springs, CO 80936-6479).

- 격월로 출간되는 미국 세계선교센터 소식지 '최전방 선교'(*Mission Frontiers*, 1605 Elizabeth Street, Pasadena, CA 91104).

2. 세계 선교를 위해 일하는 하나님의 종들에게 당신의 가정을 개방하여 접대한다.
3. 미전도 지역에서 복음을 접하게 된 사람들에 관해 당신이 아는 생생한 이야기를, 기회가 있을 때마다 가족에게 들려준다.
4. 가정 예배 시간에, 그동안 여러 방법으로 나누었던 열방의 필요를 위해 개인적으로 기도하는 법을 가족에게 가르친다(자녀가 어릴 때부터 시작하는 것이 좋다). 하나님의 음성을 듣고 성령의 인도하심에 따라 기도할 수 있다고 말해 주고, 성경에 있는 하나님의 약속으로 가족을 격려하라 "양은 그의 음성을 듣나니…그의 음성을 아는 고로 따라오되"(요 10:3-4). "내가 네 갈 길을 가르쳐 보이고 너를 주목하여 훈계하리로다"(시 32:8).
5. 가족 모두 세계 복음화에 직접 참여하도록, 그리하여 그들이 더는 평범하게 살지 않도록 역사해 달라고 하나님께 규칙적으로 기도한다. 짐과 나는 하나님의 은혜로 이 일을 지속적으로 실천했다. 우리 아이들은 1971년 이후 우리와 함께 전임 선교사로서 사역하고 있다.
6. 외국인 학생들을 접대하며 하나님의 사랑을 나눈다. 그들의 구원을 위해 기도하고, 지혜롭게 예수님을 증거하라.

2. 지상대명령에 대한 응답

세계를 향한 비전과 관련하여 우리 삶에서 실천이 필요한 두 번째 영역은 지상대명령(the Great Commission)에 응답하는 것이다.

당신이 얼마만큼 세계적인 비전을 품을 수 있는가는, 다음 명령을 얼마나 진지하게 받아들이는가에 달렸다.

> 그러므로 너희는 가서 모든 민족을 제자로 삼아 아버지와 아들과 성령의 이름으로 세례를 베풀고 내가 너희에게 분부한 모든 것을 가르쳐 지키게 하라 볼지어다 내가 세상 끝날까지 너희와 항상 함께 있으리라 하시니라(마 28:19-20).

> 그의 영광을 모든 민족 중에, 그의 기이한 행적을 만민 중에 선포할지어다(대상 16:24).

위선적인 중보기도자가 되지 않으려면, 우리는 기꺼이 자신의 기도에 응답할 각오를 해야 한다. 지상대명령은 모든 그리스도인에게 선포된 것이다. 여기에는 나이나 학력 제한이 없으며, 건강이나 재물의 소유에 대한 조건도 없다. 누구도 이 말씀을 피할 수 없다. 누구나 "가라"는 명령을 받았다. 이는 단기간이든 장기간이든 거주지의 변화가 있을 수도 있음을 뜻한다. 우리는 예수님이 직접 말씀하신 이 분명한 부르심에 응답하기 전에는 절대 우리 삶을 향한 하나님의 궁극적인 계획을 경험하거나 알지 못할 것이다.

그러면 하나님이 보내시는 곳에 갈 수 있도록, 당신을 준비해 왔는가? 어쩌면 이미 하나님이 보내신다면 언제, 어느 곳이라도 기꺼이 가겠다고 말했을지도 모른다. 그러나 실제로 그러한 하나님의 말씀을 들기 위해 그분의 얼굴을 얼마나 오랫동안 구하며 나아갔는가? 하나님은 그분의 음성에 귀 기울이며 그분을 구하는, 즐거이 헌신하는 준비된 심령에 말씀하신다. 바로 "주께서 '온 세상으로 가라'고 말씀하셨기에, 만일 여기 머무르라고 하시려거든 더 분명한 방향과 더 많은 은혜를 주셔야 합니다"라고 고백하는 심령이다.

외치시는 하나님의 심장 소리를 들어 보라. 왜냐하면 정말 많은 사람이 하나님께 귀 기울이는 시간을 내지 못하기 때문이다.

> 내 백성이 내 소리를 듣지 아니하며 이스라엘이 나를 원하지 아니하였도다 그러므로 내가 그의 마음을 완악한 대로 버려두어 그의 임의대로 행하게 하였도다 내 백성아 내 말을 들으라 이스라엘아 내 도를 따르라(시 81:11-13).

여기에는 너무 늙어서 불순종할 수밖에 없는 나이가 있을 수 없다. 또 너무 늦지도 않았다. 하나님은 여전히 '여호와 하나님을 온전히 좇을 갈렙들'(수 14:8)을 찾으신다. 하와이 코나의 열방대학(U of N)에서 열리는 YWAM의 특수 선교훈련학교 중에 35세 이상을 대상으로 하는 학교(CDTS)가 있는데, 한번은 여기에 여든 살이 넘은 학생이 셋이나 들어왔다. 이들은 가장 열심히 하는 학생에 속했다. 그들은 '늦은 편이 아예 안 하는 것보다 낫다'는 것을 증명해 준 좋은 본보기다.

다른 좋은 예는, 뉴질랜드 출신인 키스 리들과 벨 리들(Keith and Bell Liddle) 부부다. 인도네시아에서 선교 사역을 시작하라는 하나님의 부르심에 응답했을 때, 이들의 나이는 키스가 65세, 아내 벨이 62세였다.

이 부부는 이미 은퇴 후의 삶을 계획해 놓고 있었다. 아름답고 경치 좋은 고장에 집을 짓는 것이었다. 그러나 이들은 선교지로 나가기 위해 이 모든 것을 포기했다. 그리고 10년 후, 그들은 선교사로서 보낸 나날이 모든 면에서 생애 최고의 시간이었다고 간증했다. 이들은 해외 선교의 부르심에 응답하기 전에도 활동적으로 봉사한, 충실하고 생산적인 그리스도인이었다.

60대가 된 후에야 예수님께 돌아온 미국의 한 별난 부부를 만나 매료되었던 적이 있다. 그들은 회심하기 전에 생태학의 여러 분야를 다루는 회사를 발족하여 크게 성공했다. 조앤(Joan)은 경영을 맡고, 톰(Tom)은 과학자로 일했다. 나중에 그들은 회사를 처분하고, 대부분 조앤의 손으로 직접 제작한 13.7m짜리 보트를 타고 세계 곳곳을 돌아다녔다. 그러는 사이 조앤의 결혼반지가 다 닳아서 다시 사야 하기도 했다.

이 부부는 사이언톨로지와 명상을 추구하는 다른 종교 집단에 연루된 적도 있으나 사우스캐롤라이나로 옮겨 간 뒤 작은 침례교회에 출석하면서 예수님을 영접하게 되었다. 어느 기독교 훈련 프로그램에 참석한 기간에, 그들은 앞으로의 삶을 위해 부지런히 하나님의 뜻을 구했다. 하나님은 금식을 시작하라고 지시하셨다. 부부는 12일이 지나면 어느 곳에 선교사로 가야 할지 알게 될 거라는 마음이 들었다. 딱 12일 후에 하나님은 약속하신 대로 두 사람에게 모두 토고에 가라는 말씀을 주셨다. 그때까지 그들은 토고가 어디 있는지조차 몰랐다.

그들이 토고에 가서 언어학교에 입학했을 때, 톰의 나이는 69세, 조앤은 64세였다. 8년 후 1993년이 될 때까지, 그들은 60개 이상의 교회를 세우고 그곳의 기반을 든든히 했다. 톰이 77세, 조안이 72세 때의 일이었다. 그들은 현지인들을 훈련하여 세웠고, 자신들은 토고의 사역을 전반적으로 돌보는 방식으로 일했다. 시간의 절반은 토고에서, 나머지 절반은 미국에서 지냈다. 이들은 진실로 주목할 만한 1등급 갈렙 부부였다.

톰과 조앤이 보여 주듯, 은퇴 후의 기간이 일생 중 가장 스릴 넘치면서도 보람 있고 많은 것을 성취하는 시간이 될 수 있다.

성경은 나이 많은 시민이 가장 많이 열매 맺는 자에 속하며, 하나님의 가장 큰 축복을 누릴 수 있다고 약속했다. "의인은 종려나무같이 번성하며 레바논의 백향목같이 성장하리로다 이는 여호와의 집에 심겼음이여 우리 하나님의 뜰 안에서 번성하리로다 그는 늙어도 여전히 결실하며 진액이 풍족하고 빛이 청청하니 여호와의 정직하심과 나의 바위 되심과 그에게는 불의가 없음이 선포되리로다"(시 92:12-15).

우리는 은퇴 생활의 지루함을 택할 수도 있고, 생의 불을 지피는 모험을 다시 한 번 택할 수도 있다. 나는 이미 한 가지를 택했다.

3. 재정적인 나눔

실천이 필요한 세 번째 영역은 물질을 나누는 일이다. 예수님은 "네 보물 있는 그곳에는 네 마음도 있느니라"(마 6:21)고 말씀하셨다.

세계를 복음화하는 비전을 소유하고 싶다면, 그 일의 성취를 위해 우리가 가진 것을 정기적으로 나누어야 한다. 성경은 우리 마음이 있는 곳에 우리의 보물이 있다고 했다. 하나님의 심장은 열방에 복음이 전해지기를 바라는 열정으로 고동친다. 우리는 우리의 헌금 중(십일조를 제외하고) 얼마를, 복음 전파를 위해 드리고 있는가? 그리고 구체적으로 얼마만큼을 미전도 종족의 복음화를 위해 드리고 있는가?

모·범·기·도

† 사랑하는 하나님,

저의 비전을 넓혀 주신 주님을 찬양합니다. 주께서 저를 자라게 하고 도전하고 또한 감동하게 하시니 감사합니다. 또한 주님의 마음속에 세계 복음화를 위해 저를 새롭게 사용하려는 계획이 있음을 믿게 하시니 감사합니다.

저는 변하고 싶습니다. 저의 삶을 향한 주님의 영원한 목적, 특별히 열방과 관련한 목적을 모두 이루시옵소서.

주님께 무엇을 제안하거나 구실 또는 조건을 내세우지 않겠습니다. 또 저의 불신앙으로 주님을 제한하지 않을 것입니다. 주님은 그 도가 온 땅에, 그 구원이 만민 중에 알려지도록 저를 축복하셨습니다.

주 앞에 서서 저의 삶을 결산하는 날이 오기 전에 "잘 하였도다, 착하고 충성된 종아"라는 주의 음성을 듣고자 제가 해야 할 일이 무엇인지 지금 보여 주소서. 그 성실하심으로 이 일을 이루실 주님께 감사합니다. 예수님의 이름으로 기도합니다. 아멘.

9

열방을 바꾸는 기도의 전략

일생을 살아가는 동안 우리에게 한 번쯤은 역사에 영향을 미칠 기회가 주어진다. 그러나 이것을 깨닫고 그 기회를 포착하는 사람은 드물다. 한 사람의 중보기도자가 나라를 위해 효과적으로 기도할 때마다 하나님의 손이 움직인다. 그렇게 되면, 우주에서 가장 강력한 군대가 동원되어 새로운 역사가 펼쳐진다. 열방을 위해 규칙적으로, 또한 효과적으로 중보기도 하는 이들은 모든 세대에 걸쳐 가장 위대한 역사의 운행에 관여하는 특권을 갖게 된다.

우리가 세계 여러 나라를 위해 기도할 때 중요한 점은, 그러한 각 나라의 그리스도의 몸에 가장 큰 초점을 두어야 한다는 것이다. 하나님은 그분의 백성을 중심으로 역사를 이끌어 오셨고, 오늘날도 정부가 아닌 우리가 열국의 역사를 형성하리라 기대하신다(대하 7:14).

하나님은 장차 교회에 주어질 특권과 책임을 위해 교회를 예비하고 계시다. 우리가 그 책임과 특권을 이해할 때 비로소 현재 세계 여러 나라와 관련된 교회, 곧 하나님 백성으로서의 책임을 이해하게 될 것이다. 하나님은 그분의 신부가 영원한 왕국에서 주권과 권위를 나누어 받아 함께 치리하도록 (신부된) 교회를 예비하고 계신다.

이기는 자와 끝까지 내 일을 지키는 그에게 만국을 다스리는 권세를 주리니 (계 2:26).

나라와 권세와 온 천하 나라들의 위세가 지극히 높으신 이의 거룩한 백성에게 붙인 바 되리니 그의 나라는 영원한 나라이라 모든 권세 있는 자들이 다 그를 섬기며 복종하리라(단 7:27).

고린도 성도들에게 편지를 쓸 때, 바울은 이미 이 비밀을 알고 있었다. "성도가 세상을 판단할 것을 너희가 알지 못하느냐…우리가 천사를 판단할 것을 너희가 알지 못하느냐"(고전 6:2-3). 에베소 교인들에게 편지를 쓸 때에는 그들이 큰 그림을 보게 하고자 애썼다. "여러분의 마음을 밝혀 우리에게 주시려고 예비해 두신 것을 깨닫도록 기도합니다" (엡 1:18, 쉬운성경).

우리가 하나님과 협력하여 열국의 역사를 창조해 나갈 때, 그분은 먼저 우리를 재창조하신다. 우리는 정결하게 되고 변할 것이다. 하나님은 "자기 앞에 영광스러운 교회로 세우사 티나 주름 잡힌 것이나 이런 것들이 없이 거룩하고 흠이 없게 하려 하심이라…그리스도께서 교회를 사랑하시고 그 교회를 위하여 자신을 주심 같이…거룩하게 하시고"(엡 5:27, 25-26), 교회를 단장하신다.

우리 삶이 기도와 일치되려면, 삶이 우리가 드리는 기도에 진정 맞는지를 점검해야 한다. 만일 삶이 그렇지 못하다면, 진실하게 회개하라. 그러면 다시 효과적으로 기도할 수 있게 될 것이다. 의인의 뜨겁고도 효과적인 기도야말로 승리하는 기도다(약 5:16).

다음의 지침은 효과적으로 기도하는 데 도움이 될 만한 항목이다.

1. 이 놀라운 사역을 통해 하나님과 함께 일하는 특권을 주신 것을, 그리고 하나님의 하나님 되심에 감사와 찬양을 올려 드려라. 그러고서 마음속에 떠오른 나라에서 하나님이 이미 행하신 일들을 감사하라.

"너희 구할 것을 감사함으로 하나님께 아뢰라"(빌 4:6).

2. 유례없이 강한 성령의 역사가 임하여 하나님의 백성이 '다시 살게' 되기를 기도하라.

시편 기자는 "우리를 다시 살리사 주의 백성이 주를 기뻐하도록 하지 아니하시겠나이까"(시 85:6)라고 기도했다. 이 기도에 대한 나의 해석과 활용은 다음과 같다.

"오셔서 오직 주님만이 하실 수 있는 능력 있는 일을 우리에게 행하사 우리의 모든 우상숭배, 즉 주님이 우리 최대의 바람이자 우리의 첫 번째 사랑이자 우리가 사는 가장 큰 목적이 되지 못하도록 방해하는 모든 것을 깊이 회개하게 하소서."

이사야는 부흥을 위해 우리가 드릴 수 있는 가장 강력한 기도의 하나를 보여 준다.

원하건대 주는 하늘을 가르고 강림하시고 주 앞에서 산들이 진동하기를 불이 섶을 사르며 불이 물을 끓임 같게 하사 주의 원수들이 주의 이름을 알게 하시며 이방 나라들로 주 앞에서 떨게 하옵소서 주께서 강림하사 우리가 생각하지 못한 두려운 일을 행하시던 그때에 산들이 주 앞에서 진동하였사오니(사 64:1-3).

'우리 생각 밖의 두려운 일'은 진정한 부흥에 대한 완벽한 정의다. 예측 불가능한 일과 비정상적인 일은 위대한 영적 각성의 특징이었다.

부흥이란 하나님의 백성을 무관심과 이기주의와 자기도취에서 흔들어 깨워 자복하고 회개하게 하는, 그리고 뜨겁게 기도하며 늘 찬송하게 하는 그분의 역사다. 하나님의 백성이 오직 그분의 영광을 위한 열정을 갖춘 자로 변하는 것이다. 그들은 잃어버린 자들에 대하여 훨씬 더 큰 부담을 느끼는 백성이 된다. 그러한 일이 있는 후에는, 하나님을 알지 못하던 자들 중에 큰 영적 각성이 일어나며, 수없이 많은 영혼이 하나님 나라로 들어오는 거대한 추수가 일어난다.

참된 부흥의 표징이 현재 플로리다 펜서콜라에 있는 하나님의 성회 교회에서 나타나고 있다. 보고에 따르면, 지난 22개월 동안 86,000명이 넘는 사람이 타락한 생활에서 회개하라는 촉구와 구원의 도와 기름 부음이 넘치는 복음 선포에 응하였다고 한다. 계속해서 밀려오는 수많은 신자와 불신자들의 무리에게 구원의 메시지뿐 아니라, 하나님의 거룩하심과 하나님의 사랑에 대해서도 똑같은 비중으로 강조하는 것이 이 교회 설교의 특징이라고 한다. 나와 친분이 있는 한 훌륭한 목사님은 이 부흥의 근원지를 방문한 후에 나에게 "전기가 통하는 것 같았고, 지금까지 내가 본 예배 중에서 가장 깊이 있었습니다…예배는 몇 시간 동안 계속되었는데, 절정에 이르러 더는 고조될 수 없을 거라고 생각한 순간, 더 높이 올라갔습니다"라고 적어 보냈다.

모임 중에 매우 분명히 나타난 하나님의 놀라운 임재로, 목사와 평신도를 포함하여 수천 명의 삶이 변화되었다. 이처럼 놀라운 성령의 역사가 일어난 것은 부흥을 위해 성도들이 2년 동안 함께 모여 집중적으로 간절히 기도했기 때문이다. 위에 언급한 부흥 집회는 매주 나흘 밤 동안 계속되며, 저녁 집회에 앉을 자리를 맡고자 사람들은 아침 8-10시부터 벌써 그 장소에 도착한다. 많은 사람이 이러한 하나님의 역사가 지속되도록, 또 초원의 불길처럼 확산되기를 기도하고 있다.

각 나라에 있는 주의 백성이 깨어나 부흥의 비전을 바라보고, 이 일이 얼마나 절실히 필요한지를 알며, 그 무엇도 부흥의 대용품이 될 수 없음을 깨닫도록 하나님께 기도할 필요가 있다. 또한 우리는 하나님의 백성이 인내하며 부흥을 위해 끈기 있게 중보기도 할 수 있게 해 달라고 기도해야 한다. 이를 위하여 그들을 준비시켜 달라고, 부흥의 때에 쓰이도록 해 달라고 기도해야 한다.

지치지 않고 기도할 때에 전 세계적인 부흥을 주시겠다고 하나님은 말씀으로 약속하셨다. 이를 믿는 믿음이 필요하다. 다음은 그러한 많은 약속의 하나다.

땅이 싹을 내며 동산이 거기 뿌린 것을 움 돋게 함 같이 주 여호와께서 공의와 찬송을 모든 나라 앞에 솟아나게 하시리라(사 61:11).

3. 그리스도의 몸이 하나 되기를 기도한다.

예수님의 기도에 따르면, 연합이야말로 잃어버린 영혼이 그리스도께 돌아오도록 영향을 주는 가장 중요한 요소다.

곧 내가 그들 안에 있고 아버지께서 내 안에 계시어 그들로 온전함을 이루어 하나가 되게 하려 함은 아버지께서 나를 보내신 것과 또 나를 사랑하심 같이 그들도 사랑하신 것을 세상으로 알게 하려 함이로소이다(요 17:23).

백성을 서로 분리되게 하는 교만과 편견이 밝히 드러나도록 기도하라. 또 하나 되지 않고는 패망할 수밖에 없음을 백성이 깨닫게 되도록 기도하라. "예수께서 그들의 생각을 아시고 이르시되 스스로 분쟁하는 나라마다 황폐하여질 것이요 스스로 분쟁하는 동네나 집마다 서지 못하리라"(마 12:25).

또한 우리에게 겸손의 영을 부어 주셔서, 서로 얼마나 필요한 존재인지 깨닫게 해 달라고 구하라.

세계 곳곳에서 '국제 화해 연맹'(International Reconciliation Coalition)을 통해 일어나고 있는 역사적인 일들은 현재 하나님이 화해와 연합을 얼마나 강조하고 계시는지 잘 보여 준다.

하나님은 전 세계 기독교 지도자들이 겸손히 자신을 낮추고 분열이 처음 시작된 시점으로 돌아가 선조의 죄를 자신의 죄로 자백하고 사죄하는 회개의 행위에 앞장서기를 요청하신다.

'화해의 걸음' 행진을 통해 믿는 자들이 1997년부터 3년에 걸쳐 2백만의 무슬림과 유대인들에게 900년 전 십자군이 그들에게 하나님의 성품을 엄청나게 왜곡한 방식에 대해 용서를 구하며 사과했다. 이 행진은 십자군들이 다녔던 여정을 따라서 이루어졌다.

성령은 많은 종족 혹은 그룹의 관계 안에서 수세기 동안 가로막혔던 담을 허무셨다.

- 유대인과 이방인(유대인 이외의 사람들, 특히 그리스도인)
- 아랍인과 유대인
- 예수를 메시아로 믿는 유대인과 이방의 신자들
- 가톨릭과 개신교
- 여러 종족
- 남자와 여자
- 구세대와 신세대
- 토착민과 나중에 영토를 차지한 침입자들
- 무슬림과 그리스도인
- 무슬림과 유대인, 그리고 그리스도인

그리스도의 몸이 분열되었다면, 언제든지 요한복음 17장 22절에 약속된 하나님의 영광이 그 백성에게 나타나기 전에 반드시 성경적 수준의 화해와 연합(요 17:21, 23)이 일어나야 한다.

그만한 깊이의 연합을 추구하는 일은 우리의 모든 관계와 사적, 공적인 중보기도에서 우선순위가 되어야 한다.

   그리스도의 몸이 서로 격려하고 지지하고 중보기도 하고 기꺼이 함께 일하며, 무엇보다 서로 배우게 되기를 기도하라.

4. 우리는 하나님 앞에 우리 자신을 겸손히 낮추고 각 나라에 있는 그리스도의 몸이 우상숭배, 냉담함, 이미 계시된 진리에 대한 불순종, 그리고 거기에 침투한 이 세상의 영으로 마땅히 심판받아야 함을 인정해야 한다.

   느헤미야처럼 하나님 백성의 죄를 우리 죄로 여기며, 각 나라의 이름을 이스라엘 대신에 넣어 기도하라.

   "이제 종이 주의 종들인 이스라엘 자손을 위하여 주야로 기도하오며 우리 이스라엘 자손이 주께 범죄한 죄들을 자복하오니 주는 귀를 기울이시며 눈을 여시사 종의 기도를 들으시옵소서 나와 내 아버지의 집이 범죄하여 주를 향하여 크게 악을 행하여 주께서 주의 종 모세에게 명령하신 계명과 율례와 규례를 지키지 아니하였나이다"(느 1:6-7).

   긍휼을 베풀어 달라고 하나님께 부르짖으라.

> 여호와여 내가 주께 대한 소문을 듣고 놀랐나이다 여호와여 주는 주의 일을 이 수년 내에 부흥하게 하옵소서 이 수년 내에 나타내시옵소서 진노 중에라도 긍휼을 잊지 마옵소서(합 3:2).

   뒤로 물러서지 않고 끝까지 기도한다면, 하나님의 때에 결실을 볼 것이다. 하박국 3장 3-6절을 읽고 용기를 얻으라. 하나님은 거룩함과 영광과 위엄, 심판과 놀라운 권능 가운데 강림하셨다.

5. 지도자를 위해 기도하라.

첫째, 하나님이 에베소서 4장 11절에서 언급하신 다섯 가지 사역에서 영적 지도자들을 일으켜 달라고, 그리고 그들이 여호와를 경외하며 하나님의 길과 성품에 따라 행하는 흠 없이 순전한 사람이 되게 해 달라고 기도한다. 지도자에게 하나님 나라의 확장을 위한 국가적인, 또 국제적인 규모의 비전을 달라고 기도하라.

둘째, "권세는 하나님으로부터 나지 않음이 없나니 모든 권세는 다 하나님께서 정하신 바라"(롬 13:1)는 말씀을 기억하며 현 국가 지도층을 위해 기도한다(딤전 2:1-2). 지도자를 권위 있는 위치에 두신 하나님의 주권적인 섭리를 수용하고서, 기도할 때는 하나님의 행하심을 믿으며 사랑의 마음으로 기도해야 한다. "(효력이 있는 것은 오직) 사랑으로써 역사하는 믿음뿐이니라"(갈 5:6).

언젠가 어떤 회의석상에서 모 국가 출신의 대외 연설 원고 작성을 담당하는 한 그리스도인에게 반가운 이야기를 들었다. 그 나라의 한 국회의원이 다른 도시로 여행하게 되었는데, 그는 그곳에 있는 음란물을 취급하는 상점과 스트립쇼를 하는 술집에 들르려고 계획했다. 떠나기로 한 날 아침에 그는 우편함에서 세 통의 편지를 발견했는데, 세 통 모두 그를 위해 규칙적으로 기도하는 사람들(편지에 그렇게 쓰여 있었다)에게서 온 것이었다. 결국 그는 아내와의 신의를 저버리지 않기 위해, 앞서 말한 상점과 술집에 가지 않기로 했다고 한다.

하나님이 의로운 지도자를 높이 드셔서 이들이 교회, 정부, 사법기관, 교육기관, 산업과 상업 분야, 의료, 언론, 스포츠, 예술, 연예의 모든 분야에서 영향력과 권위를 발휘하는 위치에 오르게 되도록 기도하는 일도 중요하다. "나라는 죄가 있으면 주관자가 많아져도 명철과 지식 있는 사람으로 말미암아 장구하게 되느니라"(잠 28:2).

6. 하나님의 말씀이 공정한 법 제정의 기초로, 또 윤리적인 가치와 행동의 기준으로 합당한 위치를 되찾을 수 있도록 기도하라.

"그들이 주의 법을 폐하였사오니 지금은 여호와께서 일하실 때니이다"(시 119:126)라는 말씀을 붙잡고 하나님께 부르짖으라. 가정의 영적 가장이 자신의 위치를 포기하지 않고, 자녀를 성경으로 양육하고 함께 가정 예배를 드리는 책임을 다하도록 기도하라. 그리고 성경이 모든 종족의 언어로 번역되어 출판되고 배포되도록 기도하라. 또한 그들이 날마다 성경을 읽고 이해하고 믿고, 그리하여 순종하게 되기를 기도하라 (시 119:130).

7. 하나님의 백성이 각성하여 순종하는 것이야말로 우리 삶의 열쇠라는 것을 깨닫게 되기를 기도하라.

다음의 일들을 실천하여 하나님의 우선순위가 날마다 우리의 우선순위가 되기를 기도하라.

1) 예배의 삶이 우리가 하는 모든 일의 기초가 되게 하는 것. 그렇게 하지 않으면, 반드시 우상숭배가 틈타게 된다(마 4:10).

2) 하나님과 둘만의 시간을 보내는 것.
- 다른 이들을 위해 중보기도 하면서
- 말씀에 나타난 하나님의 성품과 도를 공부하며 그분을 알아 가고자
- 하나님의 인도하심을 기다리고자 "내 백성이 내 소리를 듣지 아니하며 이스라엘이 나를 원하지 아니하였도다 그러므로 내가 그의 마음을 완악한 대로 버려두어 그의 임의대로 행하게 하였도다"(시 81:11-12).

3) 복음을 증거하지 않고는 견딜 수 없을 만큼의 잃어버린 영혼에 대한 부담으로, 우리가 주 예수께 사람들을 인도할 것을 기대하기. "말씀하시되 나를 따라오라 내가 너희를 사람을 낚는 어부가 되게 하리라 하시니"(마 4:19). 만일 성령이 말씀하시는데도 복음을 증거하지 않고 있다면, 우리는 예수를 따르는 것이 아니다.

4) 성령의 능력을 입고자 요구되는 조건을 채워야겠다고 마음먹기. "술 취하지 말라 이는 방탕한 것이니 오직 성령으로 충만함을 받으라"(엡 5:18).

위에 열거한 네 가지 우선순위는 하나님의 계명이 준행될 때에만 가능하다는 사실과 주님이 힘을 주시지 않으면 우리의 모든 봉사가 아무 능력(영향력)도 없다는 사실을 계시해 달라고 하나님께 기도하라.

8. 모든 믿는 자에게 여호와를 경외함이 충만해지기를 기도하라. 여호와를 경외하는 마음이 곧 지혜와 지식의 근본이며, 악을 미워하는 것이기 때문이다(잠 8:13).

초대교회에서처럼 거룩함에 대한 열정이 믿는 자의 마음을 사로잡

도록 기도하라. 초대교회 성도들은 모든 것을 하나님을 경외함으로 했다. "거룩함을 온전히 이루어 육과 영의 온갖 더러운 것에서 자신을 깨끗하게 하자"(고후 7:1). 정결한 삶은 지속적인 능력을 발휘하는 데 필수이며, 그러한 능력은 사람들의 필요를 위해 성령이 역사하시는 통로가 된다.

9. 어린이와 청소년을 위해 기도하라.
1) 그들이 태어날 기회를 박탈당하지 않도록, 그리고 복음을 듣도록, 그리하여 많은 수가 복음을 받아들이도록
2) 하나님이 어린이와 청소년 사역을 점점 더 많이 일으키시도록
3) 어린 세대가 하나님의 성품과 법도를 배우게 되기를
4) 그들 가운데 부흥이 일어날 수 있기를
5) 학대받고 돌봄 받지 못한 많은 어린이에게 구원과 치유가 임하도록
6) 하나님이 젊은이들에게 주권적으로 그분 자신을 계시하시도록, 그리고 하나님이 그들을 사랑하시며 그들의 고통 때문에 근심하고 계심을 그들이 알게 되도록

10. 하나님이 모든 나라에서 일꾼을 일으키사 그들을 모든 나라로, 희어진 세계의 추수밭으로(마 9:38) 보내시기를 기도하라(마 28:19-20).

    기도는 여전히 지상대명령을 성취하기 위하여 일꾼을 모으는 가장 큰 힘이다. 믿는 사람 모두 '모든 족속(열방)에게 가라'는 명령에는 예외가 없음을 깨닫도록 기도하라. 그리하여 모든 사람은 마땅히 가기

위해 준비하고 파송받기를 기대하고, 가고자 소원해야 한다. 만일 주의 은혜가 필요해서 고향에 머물러야 한다면, 하나님이 분명히 지시하실 것이다.

11. 영적 지도자들이 분발하여, 가난하고 궁핍한 사람들의 어려움에 동참해야 할 필요성을, 성경을 기반으로 하여 사람들에게 가르치게 되도록 기도하라.

성경은 상처 입은 자들과 함께할 것을 명령하며, 불순종할 때 내릴 하나님의 심판을 여러 번 경고한다. 그런 경고의 하나가 "귀를 막고 가난한 자가 부르짖는 소리를 듣지 아니하면 자기가 부르짖을 때에도 들을 자가 없으리라"(잠 21:13)이다. 바울은 우리에게 믿음을 지키다가 핍박받고 옥에 갇힌 자들을 위해 잊지 말고 기도하라고 권한다(히 13:3).

12. 믿지 않는 자들에게 거대한 영적 각성이 일어나, 그들이 하나님을 찾게 되도록 기도하라.

권위와 영향력을 발휘하는 위치에 있는 의롭지 못한 지도자들이 구원받기를 기도하라. 그러고서 가장 회심하기 어려워 보이는 사람을 위해 기도하라. 하나님께 이 범주에 속하는 개인이나 그룹을 구체적으로 지시해 주시도록 구하고, 주님이 지시해 주실 때 그들을 위해 기도한다. 이 기도의 응답으로 그들의 인생이 송두리째 바뀌는 진짜 결신자를 주시도록, 그리고 강력한 국가적 규모의, 또 국제적 규모의 사역이 나타나기를 기도한다.

당신의 기도가 이미 응답되고 있음을 굳게 믿으라!

주의 약속은 어떤 이들이 더디다고 생각하는 것 같이 더딘 것이 아니라 오직 주께서는 너희를 대하여 오래 참으사 아무도 멸망하지 아니하고 다 회개하기에 이르기를 원하시느니라(벧후 3:9).

또 요한복음 14장 13-14절과 16장 24절을 참고하라.

13. 하나님께 나라와 도시를 장악한 주된 정사의 영이 무엇인지 알려 달라고 요청하고 성령이 인도하시는 대로 영적 전쟁을 치른다.

14. 하나님의 약속에 대한 믿음을 선포하며 하나님을 찬양함으로 기도를 마친다.

"이에 뭇 나라가 여호와의 이름을 경외하며 이 땅의 모든 왕들이 주의 영광을 경외하리니 여호와께서 시온을 건설하시고 그의 영광 중에 나타나셨음이라"(시 102:15-16). 모든 중보기도의 목적이 "천하만국이 주 여호와가 홀로 하나님이신 줄"(왕하 19:19) 알게 하기 위해서라는 사실을 소리 내어 말하라.

15. 인내하며 계속 중보기도 하라. 절대 중단하지 마라.

"파수꾼이 이르되 아침이 오나니 밤도 오리라 네가 물으려거든 물으라 그러나 너희는 다시 돌아올지니라"(사 21:12).

모·범·기·도

† 사랑하는 하나님,

세계 모든 나라에서 주님이 놀랍게 일하고 계심을 보여 주는 많은 증거로 주님을 찬양하기 원합니다. 주의 백성 안에 나타나는 연합의 움직임과 복음을 듣지 못한 자들에게 복음을 전하려는 주의 백성의 전에 없던 비전과 헌신으로 말미암아 주의 이름을 찬양합니다. 할렐루야!

주님의 백성을 위해 규칙적으로 기도하는 것이 열방의 역사를 빚어갈 뿐 아니라 영원히 주와 함께 통치하도록 예비하는 데 얼마나 중요한지 더 큰 비전과 깨달음을 주시기를 구합니다. 제게 큰 그림을 보여 주시고, 좁은 생각과 이상에서 건져 주옵소서. 그렇게 하실 주님을 믿고 감사드립니다.

예수님의 이름으로 기도합니다. 아멘.

INTERCESSION, THRILLING AND FULFILLING

영적 지도자를 위한 기도

영적 지도자를 위한 기도의 중요성을 이해하려면, 말씀에 나타난 하나의 원리를 알 필요가 있다. 하나님은 최선의 목적을 이루시고자 언제나 그분이 세우사 기름부으신 지도력을 통해 역사하신다. 하나님은 사사기 5장 2절과 시편 110장 3절에서 사람들이 그러한 지도력을 따를 것을 기대하도록 당신을 격려하신다. 하나님 나라를 확장하겠다는 영적 야망이 당신에게 있다면, 이번 장을 진지하게 받아들여 적용할 필요가 있다.

하나님이 그의 백성, 곧 교회를 중심으로 역사를 형성해 오셨듯, 그분은 오늘도 교회가 각 나라의 역사를 빚어 갈 수 있기를 기대하신다. 그러므로 지도자들을 위한 기도의 첫 번째 초점은 항상 영적 지도자에게 있어야 한다. 사탄의 군대는 이 일의 중요성을 이해하고 있기에 영적 지도자를 특별한 공격 대상으로 삼는다. 그러나 우리의 기도는 원수의 훼방을 무력화할 수 있으며, 그 궤계를 파하는 데에 큰 힘을 발휘할 수 있다.

지도자라는 위치에는 큰 특권과 책임이 따른다. 야고보서 3장 1절을 보면, 선생들에게는 큰 영향력이 있기 때문에 그들은 더 엄하게 심판받는다고 명시되어 있다. 선생은 그들과 닮은 제자들을 양성하는데, 하나님은 위조품이 배가되는 것을 원치 않으시기 때문이다. 그러한 부담과 책임이 있기에, 공의로우신 하나님은 영적 지도자가 다른 이들보다 더 많은 기도의 후원을 받게 하셨다.

어떤 영적 지도자가 오류를 행하거나 기대에 못 미치는 모습을 보이면, 일반적인 규칙인 '말하지 말고 기도하라'는 원칙을 따르라. 문제를 떠벌릴 수 있는 사람들 대신에 문제를 바로잡을 수 있는 하나님 앞으로 나아가 이야기하라.

영적 지도자를 위해 기도하기 전에, 그들을 위해 효과적으로 기도하는 것을 가로막는 요소가 마음속에 있는지 보여 달라고 기도하는 것이 필요하다(시 66:18). 효과적으로 기도하려면, 용서의 영과 인자한 마음이 꼭 필요하다(갈 5:6).

지도자를 향한 판단의 영이나 원망하는 마음을 경계해야 한다. 우리 마음이 하나님의 사랑으로 넘치게 되기를 구하고, 믿음으로 그 사랑을 받아들이라(롬 5:5).

영적 지도자를 위해 날카롭고 영향력 있게
기도하기 위한 몇 가지 지침

영적 지도자의 짐을 덜어 주는 기도

1. 영적 지도자에 대해 감사하고, 그가 지도자가 되기까지 치른 값비싼 대가에 대해 하나님께 감사드리라. 그러한 대가지불은 언제나 크다.

성경은 우리에게 영적 지도자를 존경하라고 가르친다. "잘 다스리는 장로들은 배나 존경할 자로 알되 말씀과 가르침에 수고하는 이들에게는 더욱 그리할 것이니라"(딤전 5:17).

2. 영적 지도자를 위로하고 격려하며 그의 상처받은 영혼과 아픈 마음을 치료해 달라고 하나님께 기도한다(시 147:3).

영적 지도자는 단지 선두에 선다는 이유만으로 잦은 비난의 화살과 여러 가지 오해, 그리고 사실무근의 이야기로 매우 많은 고통을 받는다. 이는 지도자가 치러야 할 대가의 일부다. 하나님이 지도자에게 견뎌 낼 은혜와 용기를 주시도록 기도하라.

바울은 "우리가 환난 당하는 것도 너희가 위로와 구원을 받게 하려는 것이요 우리가 위로를 받는 것도 너희가 위로를 받게 하려는 것이니 이 위로가 너희 속에 역사하여 우리가 받는 것 같은 고난을 너희도 견디게 하느니라 너희를 위한 우리의 소망이 견고함은 너희가 고난에 참여하는 자가 된 것 같이 위로에도 그러할 줄을 앎이라"(고후 1:6-7)라고 했다. 여기서 '견디다'라는 말에 쓰인 헬라어는 '아래서 꼿꼿이 남아 있음'이라는 의미다.

우리 집 정원에 있는 식물은 뜨거운 여름날 오후의 볕에 시들었다가도 내가 물을 주면 곧 생생해져 계속되는 열기에서도 살아남는다. 이처럼 우리가 기도할 때, 성령은 지도자의 위축된 심령을 만지신다. 그래서 계속되는 불화살의 열기에도 그들은 똑바로 서 있을 수 있게 된다. 다음 말씀은 우리가 기쁨으로 인내할 수 있음을 보장한다.

> 그의 영광의 힘을 따라 모든 능력으로 능하게 하시며 기쁨으로 모든 견딤과 오래 참음에 이르게 하시고 우리로 하여금 빛 가운데서 성도의 기업의 부분을 얻기에 합당하게 하신 아버지께 감사하게 하시기를 원하노라(골 1:11-12).

낙심은 영적 지도자를 공격하는 사탄의 가장 강력한 무기의 하나이므로, 특별히 이 점을 염두에 두고 늘 깨어 기도해야 한다. 만일 이 글을 읽는 이들 모두 지금 잠시 책을 접어 두고 "사랑하는 하나님, 저를 통해 격려하고 싶으신 지도자들의 이름을 제 마음속에 떠올려 주십시오. 그렇게 하실 줄로 믿고 주님께 감사드립니다"라고 기도한다면, 얼마나 놀라운 일이 일어날 것인가. 그분이 말씀하실 시간을 드리라. 당신과 지도자들 모두 축복받을 것이다.

3. 영적 지도자에게 그분의 초자연적인 인내와 은혜를 부어 달라고 간구한다.

지도자는 대부분 여러 가지 과중한 책임 때문에 심한 압박을 받고 있다. 우리는 그 같은 중압감의 괴로움이 어떤 것인지 보여 달라고 하나님께 청할 수 있다. 그래서 실제로 지도자의 고통을 느끼며 중보기도 할 수 있다. 이는 그의 고통에 동참한다는 의미이며, 이는 그에게 불필요한 압박감을 가중하지 않도록 우리 자신을 도울 것이다.

또한 로마서 8장 11절에서 모든 신자에게 약속한 대로, 지도자에게 어려움을 견딜 육체적 힘을 공급해 달라고 하나님께 구하는 것이 필요하다. 더불어 겸손이야말로 압력에 대처하는 기본적인 열쇠라는 성경 진리를 지도자가 이해하고 적용할 수 있도록 기도하라. "하나님이 교만한 자를 물리치시고 겸손한 자에게 은혜를 주신다 하였느니라"(약 4:6). 마태복음 11장 25-30절은 예수님의 온유와 겸손에서 배우는 것이야말로 우리가 수고하고 무거운 짐을 지게 될 때, 정말로 그분의 멍에가 쉽고 그분의 짐이 가볍다는 진리를 체험하는 길이라고 말한다.

4. 하나님의 말씀에 순종하며 살아갈 때, 우리가 겪는 모든 시련과 시험에 숨겨진 목적은 주 예수의 형상을 더욱 닮기 위함임을(롬 8:29) 지도자가 명확히 이해할 수 있도록 기도한다.

하나님이 지도자에게 긍휼을 베푸시도록, 또 고난의 시기에도 그를 향한 하나님의 측량할 수 없는 사랑과 절대적인 공의, 흔들리지 않는 성실하심에 대해 더 큰 계시를 받게 되도록 기도한다(신 32:4).

5. 방자하고 타락한 지도자가 겸손하고 뉘우치는 자세로 훈련받을 뿐 아니라 적합한 시기에 온전히 회복되어 사용될 것을 믿음으로 기도한다.

다윗은 "의인이 나를 칠지라도 은혜로 여기며 책망할지라도 머리의 기름같이 여겨서 내 머리가 이를 거절하지 아니할지라"(시 141:5)라고 기도했다.

지도자가 경책과 권면을 주고받을 때, 다윗의 기도로 마음이 움직여지기를 기도하라.

내가 주를 바라오니 성실과 정직으로 나를 보호하소서(시 25:21).

또한 다음에 제시된 자질이 지도자에게서 나타나게 되기를 기도하라.

사람아 주께서 선한 것이 무엇임을 네게 보이셨나니 여호와께서 네게 구하시는 것은 오직 정의를 행하며 인자를 사랑하며 겸손하게 네 하나님과 함께 행하는 것이 아니냐(미 6:8).

영적 지도자의 개인적인 삶에 관한 기도

1. 영적 지도자가 사역의 성취보다는 주님과 친밀한 관계를 맺는 데서 더 큰 보람을 느끼게 되기를 기도한다.

주님을 경배하고 찬양하는 것이 그의 삶에서 절대 뗄 수 없는 일부가 되기를 기도하라. 지도자가 사람을 섬기는 일보다 주님을 섬기는 일에 우선순위를 두도록 기도하라(눅 4:8).

하나님 안에서 능력을 유지하는 첩경은 곧 인격이신 성령께 온전히 굴복하고 지속적으로 순종하는 것임을 깨닫도록 기도한다(엡 5:18).

2. 하나님을 경외하는 마음이 영적 지도자에게 임하기를 기도한다.

"여호와를 경외하는 것은 악을 미워하는 것이라"(잠 8:13). "여호와를 경외함으로 말미암아 악에서 떠나게 되느니라"(잠 16:6).

죄에 매료되는 것이나 죄를 합리화하는 것 모두 죄를 미워하는 마음이 결여된 데서 나온다. 우리는 기본적으로 두 가지 이유 때문에 죄를 짓는다. 죄를 사랑하기 때문에 죄를 범하기로 선택하는 것이다.

성경은 여호와를 경외함이 지혜와 지식의 근본일 뿐 아니라 '지혜의 훈계'라고 말한다(잠 15:33). 성경은 또한 성공적인 지도력을 발휘하려면 절대적으로 지혜가 필요하다고 이야기한다. "지혜가 지혜자를 성읍 가운데에 있는 열 명의 권력자들보다 더 능력이 있게 하느니라"(전 7:19).

여호와를 경외하는 것은 의심할 여지없이 영적 지도자에게서 발견되는 모든 부도덕함에 대한 최고의 교정 수단이다. 그러므로 그들의 생각과 말과 행동에서 거룩함에 대한 열정이 자기만족을 사랑하는 마음을 대신하게 되도록 기도하자.

영적 권위를 제대로 행사하지 못하게 만드는 사람에 대한 두려움이라는 함정에서 영적 지도자를 구할 수 있는 길은 오직 하나님을 경외하는 마음뿐이다. 다윗의 마지막 말은 지도자의 위치에 있는 이들에게 매우 의미심장하다.

> 여호와의 영이 나를 통하여 말씀하심이여 그의 말씀이 내 혀에 있도다 이스라엘의 하나님이 말씀하시며 이스라엘의 반석이 내게 이르시기를 사람을 공의로 다스리는 자, 하나님을 경외함으로 다스리는 자여 그는 돋는 해의 아침 빛 같고 구름

없는 아침 같고 비 내린 후의 광선으로 땅에서 움이 돋는 새 풀 같으니라 하시도다 (삼하 23:2-4).

이것은 죄를 미워하는 마음이 한 지도자의 생애를 다스릴 때, 그 삶이 깨끗하고 상쾌하고 빛과 생명과 아름다움으로 충만하며 생산적인 삶이 된다는 것을 뜻한다.

3. 영적 지도자가 자신의 삶, 지도력, 그리고 가르침의 기반으로, 말씀에 나타난 하나님의 성품과 그분의 길을 주의 깊게 연구해야 할 필요성을 느끼게 되도록 기도하라. 이러한 계시가 없으면, 지도자는 결국 진리를 왜곡하고 어리석게 행동하게 된다.

그들이 소유한 모든 학문과 신학의 지식으로 이 지름길 없는 훈련의 과정을 대신할 수 없다는 것을 깨닫게 되도록 기도하라. 하나님의 성품과 길을 공부하는 일에는 상당한 시간과 노력이 요구된다. 잠언 2장 1-6절에는 이 같은 우선순위에 대한 하나님의 관점이 뚜렷이 나타난다. 이 말씀을 진지하게 묵상해 보기를 권한다.

지도자의 영적인 문제는 대부분 하나님의 성품이나 그분의 길에 대한 지식의 부족, 또는 그에게 계시된 진리에 불순종함으로 말미암아 생긴다. 어떤 지도자는 하나님을 개인적으로 알고 그분을 이해하는 데 시간을 투자하지 않으면서 다른 사람에게 하나님을 알리려고 시도한다. 우리는 오직 누군가의 성품을 아는 데 시간을 투자한 만큼만 그를 이해할 수 있다. 그리고 다른 이에게도 이해한 만큼만 설명할 수 있다. 이것은 하나님에 대해서도 마찬가지다(렘 9:23-24).

4. 지도자가 하나님을 대신하여 사람들에게 말하는 것보다 사람들을 위해 하나님께 말씀드리는 것이 더 효과적이라는 사실을, 영적 지도자가 확실히 알게 해 달라고 성령께 간구한다.

우리가 이렇게 기도하면, 영적 지도자는 중보기도라는 제사장의 직분을 다하게 될 것이다. 또 지도자 사무엘이 깨달았듯이 중보기도 하지 않는 것은 여호와 앞에 죄짓는 일임을 자각하게 될 것이다. "나는 너희를 위하여 기도하기를 쉬는 죄를 여호와 앞에 결단코 범하지 아니하고"(삼상 12:23).

순종한 지도자에게 주님이 하실 말씀은 '잘 말했다'가 아니라 '잘했다'인 것이다. 내가 아는 한, 지도자이신 예수님의 기도 생활을 상세히 연구하는 것이야말로 중보기도 사역에서 가장 큰 깨달음과 도전을 얻는 길이다.

5. 모든 영적 지도자가 전 세계적인 부흥과 세계 복음화에 대한 비전을 품고 이 두 가지를 위한 중보기도를 시작하게 되도록 기도하라.

부흥이 일어날 때 필연적으로 따라오는 성령의 두려운 현현을 위해 간구하고, 마지막 때 영혼의 큰 추수를 위해 지도자가 준비되기를 기도하라. "여호와께서 열방의 목전에서 그의 거룩한 팔을 나타내셨으므로 땅 끝까지도 모두 우리 하나님의 구원을 보았도다"(사 52:10).

지도자가 부흥의 때에 성령님의 방법을 더 깊이 이해하여 특별히 흔히 볼 수 없는 일, 예상치 못했던 일이 일어날 때에도 성령의 역사에 저항하지 않도록 기도하라.

6. 영적 지도자의 진실성을 간절히 소원하며, 그가 위선에 대한 거룩한 증오를 품게 해 달라고 기도한다.

지도자가 스스로 투명하고 정직하기를 원하여, 하나님이 아시는 모습과는 다른 모습으로 가장하지 않기를 기도하라. 지도자가 자신은 그렇게 살지 못하는 삶을 다른 사람에게 설교를 통해 강요하지 않겠다고 선택하도록, 즉 자기 입술에서 나온 말을 삶을 통해 그대로 증거하게 해 달라고 기도하라. 바울은 로마서 1장 21-27절에서 지도자에게 위선을 경고한다.

에스라는 가르치는 자들의 올바른 우선순위를 보여 준다.

> 에스라가 여호와의 율법을 **연구**하여 **준행**하며 율례와 규례를 이스라엘에게 **가르치기**로 결심하였더라(스 7:10).

우리가 진리를 전할 때, 그것을 알고 믿는 것으로는 충분하지 않다. 우리 삶이 그 진리를 증명해야 한다. 바울의 증거 또한 정직하다.

> 이로 말미암아 내가 주 안에서 내 사랑하고 신실한 아들 디모데를 너희에게 보내었으니 그가 너희로 하여금 그리스도 예수 안에서 나의 행사 곧 내가 각처 각 교회에서 가르치는 것을 생각나게 하리라(고전 4:17).

내 식으로 풀어쓴다면, 바울은 "나를 가장 잘 아는 이에게서 내 삶에 대해 들어 보십시오. 그러면 내가 어떻게 나의 가르침대로 사는지 알게 될 것입니다"라고 이야기하는 것이다.

또한 정직하지 않고 진실하지 않은 모든 자를 엄하게 책망하사 회개로 이끌어 달라고 하나님께 기도하라. 그리고 그분의 책망에 저항하는 이들은 밝히 드러나도록 기도하라. "감추인 것이 드러나지 않을 것이 없고 숨긴 것이 알려지지 않을 것이 없나니"(눅 12:2). "하나님은 모든 행위와 모든 은밀한 일을 선악 간에 심판하시리라"(전 12:14).

비그리스도인의 눈에, 위선적인 영적 지도자만큼 하나님의 성품을 왜곡되게 보여 주는 사람은 없다. 실제로 세상이 그리스도인의 다른 모든 죄는 넘어간다 해도, 위선만은 용서하지 않을 것이다. 예수님도 용납하지 않으실 것이다. 사실 예수님이 종교 지도자에게 가장 심하게 질책하신 부분도 바로 이 점이었다(마 23:27-32).

7. 하나님은 영적 지도자가 마음과 행동으로(하나님에게나 사람에게나) 위에 있는 권위에 진실로 순복할 때에만, 그가 권위 있게 사람들을 이끌고 가르치도록 기름부으실 것이다. 그때에야 사람들도 그의 권위에 순복하게 될 것이다. 하나님이 영적 지도자에게 이와 같은 진리를 계시하여 주시고, 또한 그의 마음속에 그렇게 행하려는 마음을 일으켜 달라고 기도한다(롬 13:1-6).

"그리스도를 경외함으로 피차 복종하라"(엡 5:21). "너희를 인도하는 자들에게 순종하고 복종하라"(히 13:17).

8. 최고의 지도자이신 예수님을 닮기 원하는 뜨거운 소원과 영적인 야망을 지도자가 품게 되기를 기도한다.

예수님이 이 땅에 오신 첫 번째 이유는 잃어버린 자들을 찾아서 구원하기 위해서였음을 지도자가 절대 잊지 않도록 기도하라. 잃어버린 영혼을 향해 성령의 능력으로 나아가야 한다는 기도의 부담이 지도자의 마음 가운데 넘쳐 나도록, 하나님이 이에 대한 더 큰 비전을 주시도록 기도하라(슥 4:6).

지도자가 진실로 다른 영적 지도자(성경의 인물이든 아니든)가 아닌 오직 주 예수 그리스도를 본으로 삼게 해 달라고 기도하라. 그리고 자신의 권위 아래 있는 사람들이 예수 그리스도 대신에 자신을 따르도록 부추기고 싶은 은밀한 유혹을 거부하게 해 달라고 기도하라.

유럽의 어느 훈련학교에서 가르치고 있을 때, 밤중에 성령이 나를 깨우셨다. 성령은 다음 날 아침에 어느 남학생에게 전달할, 간단하지만 단호한 메시지를 주셨다. 그는 보통 이상의 지도력이 잠재된 학생이었다. 유력한 지도자인 한 사람이 그를 훈련하고 있었다.

성령이 내게 주신 메시지는 다음과 같았다.

> 오직 성자 하나님이신 예수님만을 네 생애의 본으로 삼아라. 만일 이 땅의 지도자를 본받는다면, 너는 그의 강점뿐 아니라 약점에도 영향 받을 것이다. 오직 예수님만이 흠 없는 지도자시다.

그 학생은 이 메시지를 마음에 잘 새겼으며, 오늘날 많은 사람을 이끄는 견고한 지도자로 쓰임 받고 있다.

예수님을 닮아야만 유다 사자의 힘과 하나님 어린 양의 온유함을 때에 맞게 발휘할 수 있을 것이다. 두 가지 면이 모두 필요하며, 이는 오직 성령께 끊임없이 순복하고 복종할 때에만 이루어진다.

9. 영적 지도자가 자신을 다른 지도자나 다른 사역에 비교하는 어리석음을 저지르지 않도록 기도하라.

"그들이 … 자기로써 자기를 비교하니 지혜가 없도다"(고후 10:12). 남과 비교하는 일은 단지 그들을 교만과 경쟁, 질시, 비판이나 모방, 그리고 불안으로 이끌 뿐이다. 이것을 지도자들에게 보여 달라고 간구하라.

10. 지도자라는 위치에 있기에 치러야 할 대가 때문에 하나님이나 사람들에게 품고 있을지도 모르는 원망이나 분노를 밝히 드러내 달라고 기도하라.

지도자에게 하나님의 절대적인 공의를 계시하여 달라고 구하라(신 32:4). 지도자의 영혼에 숨겨진 쓴 뿌리가 무엇이든, 그것을 품고 있는 한 다른 사람들 앞에서 명백히 드러날 것이다. 그러한 쓴 뿌리가 자신의 지도력에 큰 타격을 줄 거라는 사실을 지도자가 깨달을 수 있도록 기도하라. "너희는 하나님의 은혜에 이르지 못하는 자가 없도록 하고 또 쓴 뿌리가 나서 괴롭게 하여 많은 사람이 이로 말미암아 더럽게 되지 않게 하며"(히 12:15).

해결되지 않은 분노를 품은 지도자는 평안과 기쁨을 나타내지 못하고, 하나님의 성품을 왜곡해서 드러낸다.

노하기를 더디 하는 자는 용사보다 낫고 자기의 마음을 다스리는 자는 성을 빼앗는 자보다 나으니라(잠 16:32).

11. 영적 지도자의 동기를 정결하게 해 달라고, 지도자가 모든 상황에서 오직 하나님의 영광을 위한 열정만을 나타내게 해 달라고 간구하라.

지도자가 자신에 명성에 온전히 죽은 바 되어, 시편 기자가 "여호와여 영광을 우리에게 돌리지 마옵소서 우리에게 돌리지 마옵소서 오직 주는 인자하시고 진실하시므로 주의 이름에만 영광을 돌리소서"(시 115:1)라고 표현했던, 순전하고 깊은 영혼의 갈망을 지니도록 기도하라.

말라기 2장 1-2절은 만일 제사장들이 하나님의 이름에 영광을 돌리는 일을 중요하게 여기지 않는다면, 하나님이 이미 축복하신 일에 저주를 내리실 것이라고 강력하게 경고한다. 이것은 우리가 진지하게 되새겨 보아야 할 경고다!

12. 영적 지도자가 성경의 기준을 좇아 필요한 대로 경책하고 훈련하되, 단호하면서도 겸손과 자비와 긍휼히 여기는 마음으로 균형 있게 하도록 기도하라.

"오래 참음과 가르침으로 경책하며 경계하며 권하라"(딤후 4:2). "형제들아 사람이 만일 무슨 범죄한 일이 드러나거든 신령한 너희는 온유한 심령으로 그러한 자를 바로잡고 너 자신을 살펴보아 너도 시험을 받을까 두려워하라"(갈 6:1).

또한 지도자가 겸손한 마음과 회개하는 자세로 필요한 질책과 훈련을 받아들이도록 기도하라.

영적 지도자의 사역에 관한 기도

1. 하나님의 넘치는 사랑이 영적 지도자를 통해 그들의 배우자와 자녀, 손자, 그 외의

친척에게 더 많이 흘러가기를 구하라.

애정 넘치는 친밀한 가족 관계를 유지하는 것이 중요하다는 사실을 지도자가 깨닫게 되도록 기도하라. 또한 다른 사람을 섬긴다는 이유로 자신의 가족에게 소홀해서는 안 된다는 사실을 알 수 있도록 기도한다. 우리 어머니는 종종 "달리아 꽃을 붙잡으려고 데이지 꽃을 밟지 않도록 해라"고 말씀하셨다. 인생에서 그리 화려하지 않은 것에도 그에 합당한 가치와 우선순위를 두어야 한다는 멋진 충고가 아닌가!

예수님의 생명과 사랑으로 가족을 섬기는 일이야말로 가장 위대한 특권이요, 기회요, 책임이요, 도전이요, 성취라는 사실을 지도자에게 보여 달라고 간구한다(딤전 5:8). "네 양 떼의 형편을 부지런히 살피며 네 소 떼에게 마음을 두라"(잠 27:23). 지도자가 자신의 우선적인 책임은 자기 가족을 위해 규칙적으로 중보기도 하는 것임을 깨닫게 되도록 기도하라.

2. 영적 지도자가 사역에서 자신이 담당하는 부분은 많은 직임의 하나일 뿐이라는 사실을(에베소서 4장 11절에 그러한 직임 중 몇 가지가 언급되어 있다) 알 수 있도록 기도하라. 또 모든 일을 다 해내도록 부름 받은 것이 절대 아님을 인정할 수 있는 겸손을 갖추게 해 달라고 기도한다.

지도자가 자신의 사역을 돕는 다른 사람에게 기꺼이 사역을 위임할 수 있는 믿음을 소유하게 되도록 기도하라(롬 12:3-8). 능력을 갖추는 것보다 훨씬 귀한 것은 다른 이의 능력을 인정하고 그들이 일할 자리를 내어 주는 것이다.

3. 영적 지도자가 그리스도의 몸에서 하나 되게 하는 자가 되는 데 헌신하도록 기도하라. 또한 지도자를 하나 되게 하는 자로 크게 사용해 달라고 구하라.

요한복음 17장 23절에 따르면, 연합은 세계 복음화의 중대한 열쇠다. 시편 133장 1-3절은 우리가 성경적 수준의 연합을 경험할 때 하나님이 복을 주시겠다고 약속하셨다고 말씀한다.

1992년 로스앤젤레스 폭동이 있은 지 얼마 되지 않았을 때, 당시 할리우드 장로교회의 목사였던 로이드 오글비 박사(Dr. Lloyd Ogilvie)와 폭동으로 큰 타격을 입은 지역에 있는 '페이스 미셔너리'(Faith Missionary) 침례교회의 켄 울머(Ken Ulmer) 목사와 몇몇 신도는 주일 밤 예배를 드리려고, 캘리포니아 밴누이스에 있는 '처치 온 더 웨이'(The Church on The Way)에 모여 잭 헤이포드(Jack W. Hayford) 목사와 회중에 합류했다. 그때 체험한 하나님의 임재는 매우 놀라웠다. 나는 이 일이 일어날 수 있던 것은 오랜 세월 친한 친구로 지낸 세 영적 지도자가 서로 깊은 겸손과 사랑, 위탁을 공공연히 표현했기 때문이라고 믿는다. 회중은 새로운 수준의 연합을 체험했다. 모임을 기뻐하시는 하나님의 임재가 몹시 강하게 느껴져서 나는 예배가 영원히 계속되기를 바랐다.

우리는 성령이 겸손과 사랑, 화해의 영으로 임하셔서 모든 인종, 교파, 성별, 그리고 문화의 장벽을 무너뜨리시기를 기도해야 한다. 하나님이 순결하신 사랑으로 분위기를 정화하시면, 교만과 편견, 분파주의는 살아남을 수 없다. 많은 기도의 응답으로, 현재 세계 곳곳에서 지도자들 사이에 혁명이라 말할 수 있을 만큼 실제적인 화해가 많이 일어나고 있다.

4. 하나님이 영적 지도자에게서 모든 추측하는 죄를 드러내시도록 기도한다.

지도자로 있는 동안, 다윗은 여러 번이나 하나님을 기다리지 않고 자기 생각대로 움직여서 자신이 이끄는 사람들에게 혼란과 고통을 주었다. 우리는 다윗의 의미심장한 기도를 본다. "또 주의 종에게 고의로 죄(추측하는 죄)를 짓지 말게 하사 그 죄가 나를 주장하지 못하게 하소서 그리하면 내가 정직하여 큰 죄과에서 벗어나겠나이다"(시 19:13).

예수님이 이 땅에 오신 목적의 하나는 우리가 어떻게 살아야 하는지 보여 주기 위해서였음을 기억하라(요일 2:6). 그분은 절대 아버지와 독립적으로 무언가를 하지 않으셨다(요 5:19, 30, 8:26, 38). 크든 작든 모든 일에 있어서 (현장에서 성령의 즉각적인 내적 증거를 받지 않는 한) 지도자가 하나님의 지시를 겸손히 기다릴 수 있도록 기도하라. 또한 성령의 명확한 지시 없이는 강의 청탁이나 어떤 계약도 수락하지 않도록 기도하라.

하나님이 보내신 이는 하나님의 말씀을 하나니(요 3:34).

또한 그들이 말씀을 전하고 가르칠 때 주님이 주신 말씀 외에는 절대 다른 말을 전하지 않도록 기도하라.

"누가 여호와의 회의에 참여하여 그 말을 알아들었으며 누가 귀를 기울여 그 말을 들었느냐…이 선지자들은 내가 보내지 아니하였어도 달음질하며 내가 그들에게 이르지 아니하였어도 예언하였은즉 그들이 만일 나의 회의에 참여하였더라면 내 백성에게 내 말을 들려서 그들을 악한 길과 악한 행위에서 돌이키게 하였으리라 여호와의 말씀이니라

나는 가까운 데에 있는 하나님이요 먼 데에 있는 하나님은 아니냐"(렘 23:18, 21-23).

또한 우리는 지도자에게만 모든 책임을 떠맡기거나 당연히 그들이 주님의 말씀을 빠르고 수월하게 얻을 것이라 여기지 말고, 그들에게 주님의 말씀이 임하도록 중보기도 하는 책임을 다해야 한다.

5. 어둠의 세력에 대항하여, 영적 지도자를 위해 결렬된 틈에 서라.

우리가 하나님께 올려 드리는 극진한 찬양은 원수를 몰아내며 그 힘을 약화시킨다(대하 20:22; 시 149:5-9). 지도자에 대한 공격을 중단하라고 어둠의 군대에게 명하며 영적인 전투에 들어가라.

- 주 예수 그리스도의 이름으로(빌 2:9-11)
- 성령의 검, 곧 하나님의 말씀을 사용하며(엡 6:17; 요일 3:8)
- 우리 입술의 증거하는 말과 주 예수의 흘리신 보혈을 힘입어(계 12:11)
- 성령의 능력으로(슥 4:6)

하나님이 지도자에게 원수의 책략을 보여 주사, 원수가 역사하는 곳마다 밝히 드러나도록 기도한다.

6. 마지막으로, 영적 지도자에게 중요한 것은 '끝마치는 방법'임을 깨닫게 해 달라고 하나님께 간구하라.

하나님과의 친밀한 사귐과 사역의 지속적인 기름부으심에는 값비싼 대가 지불이 있다. 그것은 바로 순종이다. 그러나 이에 대한 하나님의 보상은 더욱 값지다. 이러한 사실을 지도자가 깨닫도록, 그리고 지도자의 마음속에 주 예수를 향한 뜨거운 사랑으로 기꺼이 대가를 치르려는 소원이 생겨나도록 기도하라.

모·범·기·도

† 사랑하는 하나님,

제가 이번 장의 내용을 지속적으로 적용할 때, 다가올 그날에 열방의 영적 지도자들이 "잘하였도다 착하고 충성된 종아, 들어와 네 주인의 즐거움에 참여할지어다"라는 주님의 말씀을 듣게 되기를 기도합니다. 주께서 주님의 크신 이름을 위하여 그렇게 행하시리라 믿고 감사드립니다. 아멘.

INTERCESSION, THRILLING AND FULFILLING

권위와 영향력을 발휘하는 지도자의 회심을 위한 기도

전 장(章)에서는 기도의 우선순위가 되어야 할 영적 지도자에 대하여 다루었으므로, 이제는 다른 중요한 지도자를 살펴보겠다.

지도자는 크게 권위와 영향력이라는 두 가지 영역에서 기능을 발휘하며, 사람들은 양쪽을 다 추종한다. 한 나라의 대통령이나 수상은 큰 권위를 지닌 반면, 연예계 스타는 큰 영향력이 있다. 일반적으로 대중매체는 사람들의 생각과 행동을 형성하는 데 엄청난 영향력을 발휘한다. 하나님이 원하시는 바는 두 영역에서 의로운 지도자가 서는 것이다. 우리가 이 사실을 이해한다면, 하나님과 함께하는 특별하고도 흥미진진한 기도의 모험에 기꺼이 뛰어들 것이다.

하나님이 한 국가에 의로운 지도자를 세우시는 일을 얼마나 기뻐하시는지 성경의 여러 곳에서 찾아볼 수 있다. 그래서 우리에게는 세계 여러 나라의 권위와 영향력이 있는 위치에, 의로운 지도자가 빛과 소금으로 세워지기를 지속적으로 기도할 책임이 있다. 하나님은 나라의 역사를 바꾸는 데 다음 지도자들을 강력하게 사용하셨다.

요셉은 이집트에서 바로의 다음가는 권력자가 되었고, 자기 위에 있는 지도자에게 지혜롭게 할 바를 지시했다.

다니엘은 바벨론에서 군주 다음으로 셋째 가는 지도력이 있었으며, 네 명의 왕 밑에서 선지자적 사역을 감당했다.

하나님은 위의 두 사람 모두 어린 시절부터 권세 있는 직책을 위해 준비시키셨다.

모르드개는 페르시아 왕 다음가는 권력자가 되었다.

느헤미야는 이스라엘 역사의 중요한 시점에 하나님의 백성을 인도하라는 하나님의 명령을 이루고자 아닥사스다 왕에게서 궁전 결석 허가를 받았다.

드보라는 사사와 여선지자로서 의로운 권위로 이스라엘을 인도했다.

왕비 에스더는 페르시아 왕의 아내로서 나라에 경건한 영향력을 크게 발휘했다.

하나님은 언제나 택하신 사람을 적당한 때에 적당한 자리에 배치하신다. 그러면 국가에 권위와 영향력을 행사하는 불의한 지도자는 어떠한가? 하나님은 그들에게도 관심을 가지시는가? 중보기도자로서, 그들의 삶이 역전되는 데에, 그들이 고유의 소명을 이루는 데 우리가 해야 할 역할이 있는가? 기도의 모험은 바로 여기에서 시작한다.

리처드 닉슨(Richard Nixon)이 미국 대통령이었을 당시, 찰스 콜슨

(Charles Colson)은 대통령의 측근 사이에서 '호전가'로 널리 알려졌다. 불신자였던 콜슨은 별명에 잘 어울릴 만큼 적극적이고 잘 나가는 변호사였다. 그는 워터게이트 사건에 연루되어 1년 넘게 감옥 생활을 했다. 정말로 그 당시 가장 거듭나기 어려워 보이는 미국인 중 하나였다.

그러나 감옥에 들어가기 전에 콜슨은 워싱턴 시의 어떤 그리스도인 단체에서 진실한 사랑과 순수한 교제를 경험하고 기도를 받으며, 지속적인 복음의 증거를 들었다. 시간이 지나면서 콜슨은 성령의 강한 도전에 더는 저항할 수 없음을 느꼈다. 어느 날 밤, 그는 자기 차의 바퀴 뒤에 앉아서 하나님 앞에 무너져 내려 엉엉 울었다. 그러고는 독립적으로 행할 권리를 포기하고, 새로운 총사령관이신 하늘과 땅의 대통령께 항복했다! 콜슨의 첫 번째 책인 《백악관에서 감옥까지》(홍성사 역간)에 그의 놀라운 회심과 삶의 이야기가 자세히 나와 있다.

그는 다른 많은 뛰어난 서적을 저술했을 뿐 아니라, 여러 나라에서 죄수에게 복음을 전하고 성경을 가르치며 교제하는 단체인 교도소 선교회(Prison Fellowship)를 세웠다.

1970년대 초에 짐과 내가 일주일에 한 번씩 미국을 위해 함께 기도하는 시간을 보낼 때, 성령은 미국 정부의 최고 관료 중에 워싱턴에서 일하는 뛰어나고 영향력 있는 한 남자의 회심을 놓고 기도하라고 지시하셨다. 우리는 그 사람이 누구인지 전혀 몰랐다. 우리의 기대에 찬, 간절하고도 끈질긴 기도는 금방 응답되지 않았으나 열방에 영향을 미칠 '대어'(大魚)를 낚고자, 또 하나님의 얼굴을 구하고자 우리는 조금도 고삐를 늦추지 않았다.

우리는 콜슨이 바로 그 사람(하나님이 흥미로운 작전명령에 관한 소망과 부담감을 주셨을 때 말씀하신 사람)임을 믿어 의심치 않는다. 같은 기간에 다른 중보기도자도 그러한 기도를 하도록 인도를 받았다면, 그것 또한 하나님의 방법에 들어맞는 일이다.

여기 다른 면에서 사회적 관심을 끌 만한 이야기가 있다.

어느 기독교 TV 프로그램에서 인터뷰를 마치고서, 나는 다음번 인터뷰할 사람이 내가 들어 본 사람 중에 가장 놀라운 회심을 체험한 전직 마피아 두목이라는 사실을 알고서 몹시 흥분했다. 조 드 나토(Joe de Nato)의 이야기는 《마피아에게 말하라》(Tell It to the Mafia)라는 매력적인 책에서 자세히 읽을 수 있다.

후에 나는 그에게 물어보았다. "조, 당신을 위해 기도한 사람이 누구인가요? 그러한 놀라운 회심을 체험한 걸 보면, 누군가 당신을 위해 기도해 온 것이 틀림없군요. 할머니인가요?"

"아닙니다. 우리 가족은 저에게 기독교적 영향을 끼친 적이 없습니다. 제가 알기에 지구상에서 저를 위해 기도할 만한 사람은 없었습니다."

나는 계속 주장했다. "조, 자연적 출산에는 언제나 산고가 따르듯이, 영적인 출산에도 반드시 산고가 따른다는 영적인 법칙이 있어요. 분명히 누군가 당신을 위한 기도에서 승리를 취했을 겁니다."

그때 성령이 나를 쿡 찌르며, 그가 회심한 때가 언제인지 물어보라고 말씀하셨다.

"조, 당신이 살아 계신 그리스도와 만난, 그 믿기 어려운 변화를 체험한 때가 언제인가요?"

"한 5년 전입니다."

나는 기억을 더듬어 보았다. 정확히 5년 전 미국을 위한 중보기도 시간에, 성령은 처음으로 마피아 지도층의 사람들을 위해 기도하도록 인도하셨다. 나는 하나님의 사랑이 절실히 필요한 그들을 위해 계속해서 중보기도를 했다. 그런데 하나님은 범죄로 얼룩진 생활에서 돌이켜 거듭된 그리스도인이 되었을 뿐 아니라 만나는 모든 사람에게 주님의 빛을 비추며 그리스도의 생애와 사랑을 전하는 전임 전도자가 된 마피아 두목 조 드 나토를 만나게 해주셨다.

다음 날 아침, 나는 어느 레스토랑에서 종업원 아가씨에게 하나님의 사랑을 증거하는 조를 발견했다. 미처 주문도 받기도 전에 말이다! 나는 잃어버린 영혼을 향한 나의 부담감에 새로운 도전을 받았다. 이 형제에게 있는 리더십은 이제는 많은 사람을 의의 길로 향하게 하는 통로가 되어 있었다. 그래서 전에 악한 길로 사람들을 이끌었던 것보다 훨씬 더 큰 영향을 끼치고 있었다.

몇 해 전에, 나는 이와 비슷한 일을 다시 한 번 경험했다. 그때 역시 미국을 위하여 중보기도를 하던 중이었다. 하나님은 동성연애자의 지도자격인 사람들을 위해 기도하라고 인도하셨다. 10월 마지막 주 토요일 밤이었다. 그 후 2년이 지나고 나서, TV에서 강의하던 도중에 나는 주님이 동성연애자들에 대한 부담을 주셨던 일을 나누었다. 그런데 TV를 보고 있던 한 젊은 여성이 그날 밤 내가 강의하는 장소를 알아내어 직접 그곳으로 찾아와서는, 모임이 끝난 후 나에게 자신의 이야기를 들려주었다.

서른한 살인 그 여성은, 전에는 그야말로 눈에 띨 만한 레즈비언이었다고 한다. 그 여성과 상대는 동성애자 동료 사이에서 모범적인 관계로 떠받들어졌다. 거리에 나다닐 때마다 "봐, 잘 되잖아. 저 커플이 증거라니까" 하는 말을 늘 들었다. 그러다가 이 여인은 매우 놀라운 방법으로 복음을 듣고서 회심했다.

수개월 동안 참을성 있게 애정 어린 상담을 받고, 많이 기도한 끝에 그의 영과 혼과 육, 그리고 정서가 온전히 치유되었고, 13년 동안 그 여성을 묶어 왔던 성적 왜곡에서 자유롭게 되었다.

"언제 회심하게 되었습니까?" 내가 물었다.

"2년 전입니다."

"몇 월이었지요?"

"10월이었습니다."

"혹시 몇째 주였는지 기억하세요?"

"마지막…."

그 시기는 하나님이 처음으로 내게 미국 동성연애자들을 이끄는 자들을 위해 기도하도록 부담을 주신 시기와 정확히 일치했다. 이 여인은 전적으로 주님을 섬기기 시작했고, 많은 사람에게 그리스도의 복음을 전하는 데 쓰였다.

하나님은 그분의 때에 이러한 일로 우리를 격려해 주는 일을 아주 기뻐하신다. 제자들이 예수님께 "그렇다면 누가 구원을 얻을 수 있으리이까?"라고 물었을 때, 예수님은 "사람으로는 할 수 없으나 하나님으로서는 다 하실 수 있느니라"고 대답하셨다(마 19:25-26).

겉보기에는 결코 돌이킬 것 같지 않은 사람일지라도, 우리는 언제나 제자들의 질문에 답하셨던 예수님의 말씀을 기억해야 한다. 사마리아의 한 도시에 복음이 전해진 것은 부정한 과거가 있는 한 여인의 회심을 통해서였다(요 4:1-42). 어느 부정직한 세금 징수원은 예수님의 제자가 될 만한 후보자가 전혀 아니었다(눅 19:8-10). 귀신 들렸다가 구원받은 사람의 간증은 열 개의 도시에 복음을 퍼뜨리는 데 쓰였다(막 5:20).

예수님이 다른 사람보다 복음을 받아들이기가 어렵다고 말씀하신 유일한 범주는 부유한 자였다. 내 생각에, 슬프게도 우리는 그들의 잃어버린 영혼에 더 많은 관심과 기도, 사랑을 쏟지 못한다. 대신, 그들을 가장 소홀히 여기는 경향이 있다.

부자는 대부분 마음 놓고 신뢰할 사람이 누구인지를 확신하지 못한다. 그래서 세상에서 가장 불안정한 곳에 속한다. 이는 진지하게 중보기도하는 자들을 도전하는 이야기다. 하나님께 부유한 사람을 마음속에 떠올려 달라고 요청하고, 그 사람의 회심을 위해 지속적으로 기도해 보지 않겠는가?

분명히 하나님은 그분 자신을 사람에게 계시하시는 일을 어려워하지 않으신다. 하나님은 우리가 감히 상상하지 못할 수많은 방법을 사용하신다.

하나님은 "공의는 나라를 영화롭게 하고"(잠 14:34)라고 말씀하셨다. 따라서 교회, 정부, 사법기관, 교육, 산업과 상업 분야, 의료계, 언론 매체, 스포츠, 예술, 그리고 연예(오락) 등 각 분야에 의로운 지도자가 일어나기를 정기적으로 기도해야 한다. 이 일에 당신 자신을 드리겠는가?

"무릇 높이는 일이 동쪽에서나 서쪽에서 말미암지 아니하며 남쪽에서도 말미암지 아니하고 오직 재판장이신 하나님이 이를 낮추시고 저를 높이시느니라"(시 75:6-7).

하나님께 도저히 돌이킬 것 같지 않은 지도자를 떠올리게 해 달라고 요청하고, 그분이 그들을 구원하실 것을 신뢰하라. 만일 그렇게 한다면, 당신은 이 일로 영원한 목적을 볼 시야를 얻을 것이며, 그 어느 것에도 비할 수 없는 흥분을 경험하게 될 것이다.

12

미전도 종족을 위해 기도하기

다른 모든 중보기도와 마찬가지로, 미전도 종족을 위해 기도할 때에도 출발점은 바로 하나님이다. 우리는 하나님의 생각과 하나님의 심장, 반응, 목적, 그분의 관점을 가지고, 복음을 들어 보지 못한 수억의 사람들을 바라보아야 한다. 하나님은 넘치는 사랑과 긍휼로 복음의 손길이 닿지 않은 곳에 버려진 자들을 돌이킬 계획을 세우시며, 그들과 사귀게 될 날을 손꼽아 기다리신다.

하나님은 인간을 그분의 형상대로 지으셨기에 아직 복음을 접하지 못한 사람들과 하나님을 예배하고자 하는 그들의 갈망이 잘못 제시된 진리로 말미암아 어그러졌음을 잘 알고 계신다. 또한 그들 대부분이 참된 진리를 보지 못하고 있으며, 영혼의 원수인 사탄에 의해 광신적 신앙과 두려움으로 묶여 있음을 잘 아신다. 미전도 종족의 많은 수가 사탄의 밀사 중에서도 가장 간교한 영, 곧 종교적 정사의 지배나 영향력 아래에 있다.

그러나 하나님은 복음을 듣지 못한 12억 5천만의 사람들을 잡고 있는 사탄의 권세나 계획에 눈 하나 깜짝하지 않으신다. 주님은 이미 그들에게 구원과 자유를 주기 위한 대가를 모두 치르셨고, 압제자를 십자가에서 이기셨다.

하나님은 성령의 능력이 종교적 영들의 세력보다 무한히 크다는 사실을 아신다. 사실, 주님은 아직 회심하지 않은 사람들에게 자신을 계시하실 때, 우리가 들어 보지도, 생각해 보지도 못한 무수한 방법을 사용하신다.

극렬 무슬림 거주 지역인 서아프리카의 어느 나라에서, 남성 열 명이 둥글게 모여 앉아 알라의 이름을 주문처럼 중얼거리며 무아지경에 빠지기를 기다렸다. 그들은 원 한가운데 펼쳐 놓은 헝겊 조각에 모하메드의 영혼이 내려와 앉을 것이라고 믿었다. 그런데 막상 일어난 일은 그들의 기대와 달랐다. 헝겊이 사라지고 다음과 같은 음성이 들린 것이다.

"이것은 틀린 방법이다. '나'를 따라오너라."

큰 충격에 휩싸인 그들은 강신술 모임을 급작스럽게 마치고는 각자 집으로 돌아갔다. 그리고 후에 열 명 모두 예수님의 환상을 보았다. 그들은 다 함께 그 지역에 있는 목사에게 찾아가 예수 그리스도를 가르쳐 달라고 부탁했다.

〈카리스마와 그리스도인의 삶〉(Charisma and Christian Life)이라는 잡

지에 실린 조지 오티스 주니어(George Otis, Jr.)의 글, "세계에서 일어나는 성령의 역사"(The Holy Spirit around the World)에서 발췌한 또 하나의 흥미 있는 실화가 있다.

사하라 사막의 고립된 지역에 거주하는 어떤 사람들이 예수님의 환상을 계속해서 보고는, 그리스도를 더 알 수 있도록 성경을 보내 달라고 요청하고 있다.

이집트에서는, 군대의 고위 관료이며 헌신적인 무슬림인 한 사람이 꿈에 자신을 찾아온 예수님을 만났다. 깨어나자마자 그는 혹시 성경을 얻을 수 있는지 알아보고자, 즉시 그의 부대에 그리스도인이 있는지 알아보았다. 수하에 있는 군단에서 단 한 명의 신자를 찾아낸 그는, 조용히 그 사람에게 찾아가 성경을 좀 빌릴 수 있겠느냐고 물었다. 아나니아가 주저하며 사울에게 손을 얹었던 것과 비슷한 태도로, 놀란 그리스도인 병사는 이 무슬림 장교의 요청에 조심스럽게 그러겠다고 동의했다. 그리하여 여러 날 동안 복음서를 탐독한 끝에 그 장교는 예수의 제자가 되기로 했다. 그 후 몇 달 안에 이 사람은 (카이로에서 온 소식에 따르면) 사울/바울이 그 눈에 가린 것이 벗겨진 후에 그러했던 것 같이 담대한 증인이 되었다.

하나님은 한 번도 복음을 들어 보지 못한 수많은 사람이 복음을 들을 기회를 얻기까지 아들의 재림을 허락하지 않으실 것이다. 하나님은 모든 사람에게 하나님 나라에 들어올 기회를 주기로 작정하셨기 때문이다. "이 천국 복음이 모든 민족에게 증언되기 위하여 온 세상에 전파되리니 그제야 끝이 오리라"(마 24:14).

하나님의 주요한 전략은 바로 주의 백성이 복음화되지 않은 민족에 대해 하나님처럼 생각하고 반응하게 하는 것이다. 우리가 하나님의 생각에 동의할 때, 주님에 대한 사랑 때문에 우리는 자연스럽게 미전도 종족을 위해 기도하게 된다. 또 그들을 복음화하며 제자 삼는 주님의 계획에 협력하게 된다.

그들은 누구인가? 그리고 그들은 어디에 있는가?

전 세계의 복음화되지 않은 사람들은 주로 서아프리카에서 아시아까지 북위 10도와 40도 사이의 지역을 뜻하는, '10/40창문'이라 불리는 곳에 거주하는 무슬림, 힌두교도, 그리고 불교도들이다. 이 지역에는 다음과 같은 나라가 포함된다.

- 아프가니스탄, 사우디아라비아, 이란, 이라크, 쿠웨이트 등의 나라가 있는 중동
- 리비아, 알제리, 모리타니아 등의 나라가 있는 북아프리카
- 파키스탄, 인도 등의 나라가 있는 아시아

이 지역에 있는 62개 국가 중 55개국이 세계에서 가장 복음화되지 못한 나라에 속한다. 또한 하나님 구원의 계획을 한 번도 들어 보지 못한 12억 5천만 인구의 95%가 이 지역에 살고 있다.

복음화되지 않은 민족을 구원하기 위한 하나님의 최우선 전략은 그분의 백성을 연합된 기도로 동원하는 것이다. 우리는 말씀에 나타난 주님의 길과 뜻을 좇아, 정결한 마음과 믿음, 성령의 능력으로 기도해야 한다.

최근 몇 해 동안, 그 유래를 찾아볼 수 없을 만큼 많은 전 세계 그리스도의 백성이 그분의 계획에 동참하는 일이 일어났다. 1996년에는 35,367,122명의 중보기도자들이 '10/40창문' 지역의 미전도 종족에 초점을 맞춘 대규모의 집중적인 기도 운동 '제2회 창문을 통한 기도'(Praying through the Window II)에 참여한 것으로 집계되었다. 여기에는 143,447개 교회와 8,146개의 사역도 동참한 것도 포함되었다. 실제로 현장에서 기도하기 원하는 사람들을 통해 607번의 기도 여행이 10/40 지역에서 이루어졌다. 더 많은 사람이 1997년 '제3회 창문을 통한 기도' 프로젝트에 참여하도록 전 세계적으로 동원되고 있다(이 책이 저술되던 당시에는 아직 1997년의 통계가 나오지 않았음 – 역주).

미전도 종족을 위해 기도할 때는 크게 세 가지의 영역을 포함한다.

첫 번째 기도의 초점은
전 세계에 있는 하나님의 백성이다

1. 복음화되지 않은 나라에서 하나님이 이미 행하신 일을 감사하고 경배와 찬양을 올려 드리라. 찬양은 하나님의 능력이 나타날 수 있도록 길을 열어 준다.

하나님의 위치와 권능, 그리고 그분의 목적과 계획을 항상 바라보는 것은 우리가 "너희 안에 계신 이가 세상에 있는 자보다 크심이라"(요일 4:4)는 사실을 믿는 데 도움이 된다. 요한1서 4장 4절 말씀과 다음 다섯 구절을 묵상하는 데 시간을 투자한다면, 우리의 믿음이 크게 성장할 것이다.

- 미전도 국가에 대한 하나님의 **위치**: "지존하신 여호와는 두려우시고 온 땅에 큰 왕이 되심이로다…하나님이 뭇 백성을 다스리시며 하나님이 그의 거룩한 보좌에 앉으셨도다"(시 47:2, 8).

- 미전도 국가에 대한 하나님의 **권세**: "민족들을 커지게도 하시고 다시 멸하기도 하시며 민족들을 널리 퍼지게도 하시고 다시 끌려가게도 하시며"(욥 12:23).

  "여호와께서 열방의 목전에서 그의 거룩한 팔을 나타내셨으므로 땅 끝까지도 모두 우리 하나님의 구원을 보았도다"(사 52:10).

- 미전도 국가들을 향한 하나님의 **목적과 계획**: "새 노래를 불러 이르되 두루마리를 가지시고 그 인봉을 떼기에 합당하시도다 일찍이 죽임을 당하사 각 족속과 방언과 백성과 나라 가운데에서 사람들을 피로 사서 하나님께 드리시고"(계 5:9).

  "땅의 모든 끝이 여호와를 기억하고 돌아오며 모든 나라의 모든 족속이 주의 앞에 예배하리니 나라는 여호와의 것이요 여호와는 모든 나라의 주재심이로다"(시 22:27-28).

2. 하나님 앞에 자기 자신을 낮추고, 복음을 들어 보지 못한 수억의 사람을 태만함으로 대했던 그리스도 몸의 죄를 자신의 죄로 여기라.

다니엘처럼 "나와 내 백성이 범죄하였습니다"라고 고백하라. 미전도 종족에 무지하고 사랑 없음을, 하나님과 분리되어 결박되고 가려진 그들의 곤고한 상태에 관심이 부족했음을, 이러한 마음에 자연히 수반되는 기도를 하지 않은 죄를 고백하라. 만일 그 죄가 개인적으로도 적용된다면 회개하라. 그리고 복음을 듣지 못한 이들을 위해 규칙적으로 기도하기로 작정하라.

3. 하나님께서 우리와 주의 백성을 긍휼히 여기시기를 구하라(합 3:2).

4. 연합은 잃어버린 영혼들이 그리스도께 삶을 맡기도록 영향을 미치는 가장 큰 요소이므로, 하나님이 그리스도의 몸을 하나 되게 하시도록 기도하라(요 17:23).

하나님의 백성을 서로 분리되게 하는 교만과 편견을 하나님이 경책하셔서, 연합이 없이는 우리의 하는 일이 효과적으로 이루어지지 못한다는 사실을 깨닫게 되도록 기도하라. "스스로 분쟁하는 나라마다 황폐하여질 것이요 스스로 분쟁하는 동네나 집마다 서지 못하리라"(마 12:25).

5. 전 세계에 있는 주의 백성을 일깨워 달라고, 그래서 그들이 복음을 듣지 못한 이들을 향한 주님의 마음과 생각을 품게 해 달라고 기도하라.

"오직 주께서는 너희를 대하여 오래 참으사 아무도 멸망하지 아니하고 다 회개하기에 이르기를 원하시느니라"(벧후 3:9).

6. 하나님이 모든 나라에서 규칙적으로 미전도종족을 위해 성령의 능력으로 중보기도 할 군대를 일으켜 주시기를 요청하라(시 2:8-9; 엡 5:18).

7. 복음화되지 않은 사람에게 다가갈 방법과 전략을 얻고자 주의 얼굴을 구할 비전의 사람들을 일으켜 주시기를 구하라.

전대미문의 수확을 거두기 위해, 그들이 소외된 지역과 '전략적 때'를 민감하게 볼 수 있도록 늘 깨어 있게 해 달라고 기도하라(잠 29:18).

8. 비전을 받아 그것을 실행에 옮기는 사람들이 격려받고, 전 세계에 알려져서 후원받게 되기를 기도하라.

9. 하나님이 특별히 에베소서 4장 11절에 언급된 다섯 가지 직임의 각 분야에서 일꾼들을 모아 미전도 종족의 추수할 밭으로 보내시도록 기도하라.

모든 일꾼이 성령의 능력을 입고 싶다는 소원을 품을 수 있도록 기도하라(엡 5:18).

10. 하나님이 백성에게 사명과 능력을 주셔서, 아직 성경이 번역되지 않은 종족의 언어를 배워 그들의 언어로 성경을 번역하게 해 달라고 기도하라. 그리하여 복음에서 소외되었던 사람들이 말씀을 읽을 수 있게 되기를 기도하라.

"주의 말씀을 열면…비치어…깨닫게 하나이다"(시 119:130).

11. 미전도 종족을 대상으로 하는 매체 사역, 즉 라디오, TV, 오디오와 비디오테이프, 영화, 서신, 문서 등의 영적인 영향력을 증폭시켜 달라고 기도하라.

최근 선교 라디오 방송인 H.C.J.B 미국 본부에서, 5년째 열린 '무슬림을 위한 30일 기도운동'을 통해 응답받은 기도의 소식을 보내왔다.

"단파방송에 대한 응답이 늘어났습니다. 전에는 간신히 들릴 정도였던 지역에서 깨끗하게 수신된다는 보고가 들어옵니다. 선교 활동이 제한된 나라에서 라디오 개척의 새로운 기회가 생겼다는 소식도 많이 들려옵니다. 하나님은 정부 허가, 재정, 함께 일할 선교사들, 그리고 현지 동역자들을 통해 기적적으로 문을 열고 계십니다. 우리는 이슬람 국가들에 라디오를 보급하려는 사람들의 열정이 점점 커지는 것을 봅니다."

12. 청소년과 어린이를 대상으로 하는 사역들을 일으켜 달라고 기도하라(마 19:14; 막 9:36).

사탄의 군대는 이전보다 더 집중적으로 젊은 세대를 공략하고 있다.

두 번째 기도의 초점은 복음을 거의 들어 보지 못한 지역에 있는 그리스도의 몸이다

지구상 어느 지역이든 그곳에 믿는 무리가 전혀 없을 것이라고 가정해서는 안 된다. "하나님이 지나간 세대에는 모든 민족으로 자기들의 길들을 가게 방임하셨으나 그러나 자기를 증언하지 아니하신 것이 아니니"(행 14:16-17).

1. 단지 믿는 무리의 흔적만 남아 있다 하더라도 하나님이 그들을 격려하고 보호하며, 능력을 주시고 강하고 담대하게 하시며 구하여 주시도록 기도해야 한다.

"이 남아 있는 자를 위하여 기도하소서"(왕하 19:4). 핍박을 받고 감옥에 갇힌 사람들을 위해 특별히 기도해야 한다(히 13:3).

아래의 이야기는 조지 오티스 주니어의 《마지막 대적》(죠이선교회출판부 역간)이라는 책에서 발췌한 것이다.

잔혹했던 에티오피아 멘지스투 체제, 그중에서도 최악이었던 몇 년 동안 많은 사람이 기적을 통해 하나님 나라의 백성이 되었을 뿐 아니라 죽음의 위기에서도 건져졌다.

1980년대 초에 복음을 전하던 에티오피아의 한 전도자가 혁명군에게 체포되었다. 그들은 그를 취조하기 위하여 권총을 들이댄 채 한 집으로 데려갔다. 그를 심문하는데 정치 관료 한 사람이 그에게 조롱하듯 물었다. "그래, 하나님을 믿는단 말이지. 그럼 그가 우리에게서도 당신을 구원해 주리라고 생각하나?"

군인들은 그들의 포로를 책상 위에 올려놓고, 천장에 있는 전등에서 전구를 빼내더니 이 전도자에게 전기가 통하는 소켓에 손가락을 집어넣든지, 간단히 총에 맞든지 양자택일하라고 했다. 단순히 위협하려는 말이 아님을 알고서, 그는 소켓에 손가락을 대고 "예수 그리스도의 이름으로!" 하고 외쳤다.

그 순간, 지역 전체의 전기가 나갔고 전도자가 서서 하나님을 찬양하는 동안, 공산주의 혁명군들은 두려워하며 책상 밑으로 기어들어갔다. 관리들은 그냥 전도를 그만두라고 명령하고선 그를 내보낼 수밖에 없었다. 놀랄 것도 없이 그들은 다음 날 다시 복음을 전하는 그를 발견했다. 이번에는 가시로 매질을 당했는데, 스데반이 돌로 맞을 때 보았던 것처럼, 그는 주님의 환상을 보았으며 아무런 통증도 느끼지 않았다. 매질을 당한 후 오히려 그는 에티오피아에 주의 나라가 임하도록 더 열심히 복음을 전했다.

2. 성경적인 연합이 얼마나 필수적인지 하나님이 믿는 자들에게 계시하시도록 기도하라(요 17:23; 막 11:25).

3. 모든 그리스도인이 하나님의 말씀을 깊이 있게 접하고, 성령의 능력을 입고서 여호와를 경외함으로 행하며, 증거할 때에 그들의 믿음이 배가 되기를 기도하라.

"그리하여 온 유대와 갈릴리와 사마리아 교회가 평안하여 든든히 서가고 주를 경외함과 성령의 위로로 진행하여 수가 더 많아지니라"(행 9:31). "그들이 날마다 성전에 있든지 집에 있든지 예수는 그리스도라고 가르치기와 전도하기를 그치지 아니하니라"(행 5:42).

4. 믿는 자들에게 전에 없던 성령의 충만한 역사가 임하도록 기도하라.

이제는 그들이 순전한 부흥을 위해 끈기 있게 기도할 비전을 받으며, 영적으로 준비되어 하나님의 응답 때에 쓰임 받게 해 달라고 기도한다(욜 2:15-17; 행 1:14).

5. 하나님이 의로운 지도자들을 일으키셔서 각 분야에 권위 있고 영향력 있는 위치마다 그들을 앉히시기를 기도하라(잠 28:12).

요셉, 다니엘, 모르드개, 그리고 에스더는 우리에게 격려가 되는 성경의 실례다. 새신자부터 에베소서 4장 11절에 나오는 기름부음 받은 사도, 선지자, 복음 전하는 자, 목사, 교사 가운데서 그러한 지도자를 일으켜 달라고 하나님께 간구하라. 이러한 기도는 현재 극적으로 응답되고 있다.

내 선교사 친구 한 명이 그가 최근에 만난 전직 힌두교 사제 이야기를 해주었다. 그는 기독교에 아주 적대적인 나라의 사람으로, 회심한 이후 모진 고문과 매질을 당했으며, 또 수없이 체포당했다. 또한 말 그대로 나라의 모든 구역을 여행하며 믿는 자의 모임을 500개 이상 개척했다. 친구는 그 사제의 이야기를 그대로 전하면서 "두려움과 사랑은 공존하지 않습니다"라고 말했다. "우리는 고난 받으며 그 값을 치렀고, 이제 그 나라를 예수 그리스도의 것으로 되찾는 것입니다."

6. 복음화되지 않은 지역에 있는 하나님의 백성이 그분의 길과 성품을 이해하려 성경을 공부하며(잠 2:1-5), 그들이 믿고 가르치는 바와 일치하는 삶을 살도록 기도하라.

바울의 증거는 이와 같은 순전함에 대한 보석 같은 예다(고전 4:17).

7. 믿는 자들이 세계를 향한 비전을 품고 전 세계를 위한 중보기도에 참여하며, 지상대명령에 순종할 준비를 하도록 기도하라(사 56:7; 롬 10:14-15).

세 번째 기도의 초점은 복음이 거의 들어가지 않은 나라의 잃어버린 영혼들이다

1. 잃어버린 자들의 영혼을 일깨워 달라고 기도하라. 그래서 그들이 이미 인지하고 있는 더 높은 능력을 추구할 수 있게 되기를 기도하라(롬 1:19-20).

복음을 들을 때 받아들일 수 있도록, 하나님이 그들의 마음을 예비하여 주시기를 기도하라(행 10:33-35). 돈 리처드슨(Don Richardson)의 책 《화해의 아이》(생명의 말씀사 역간)에 묘사된 것처럼, 하나님이 계속해서 그들의 문화에 배어 있는 구원에 관련된 유사점과 복음을 가리키는 민간 설화 따위를 사용하시도록 기도하라.

2. 하나님의 아들이신 주 예수를, 그리고 그들을 향한 주님의 조건 없는 사랑을 잃어 버린 영혼들에게 직접 계시해 달라고 기도하라.

이슬람권과 다른 미전도 종족이 사는 여러 지역에서, 예수님이 하나님의 아들이심에 대한 직접적인 계시로 개종하게 된 소식이 끊임없이 들려온다. 그중에 어떤 이들은 현재 기독교 선교사로 일하고 있다. 다음 감동적인 보고서는 '무슬림을 위한 30일 기도 운동'의 국제 진행 담당자인 케이트와 킴 그레이그(Keith and Kim Greig)에게서 온 것이다.

1996년 8월 1일, 1996년도 '무슬림을 위한 30일 기도' 기간에 세계적으로 5백만 명 이상의 그리스도인들이 이슬람권을 위한 기도에 참가했다. 25개 언어로 번역된 30만 부 이상의 기도 책자가 30개의 각 지역 담당 기관에서 배포되었다. 우리는 수백 가지의 믿기 어려운 기적과 환상, 꿈, 그리고 직접적인 결과로 그리스도께 돌아온 무슬림들의 간증을 접수했다. 이에 못지않게 우리를 흥분하게 한 것은, 무슬림을 향한 자신의 마음을 어떻게 두려움에서 긍휼과 사랑으로 바뀌었는지 증거한 그리스도인들의 수많은 편지였다. 그들은 예수 그리스도의 복음을 들고 무슬림에게 나아가려는 새로운 소망으로 가득 차 있었다.

복음을 듣지 못한 자들에게 독창적인 방법으로 복음을 계시하시는 하나님의 이야기를 발견하는 것은 얼마나 신나는 일인지 모른다. 그중 하나가 가나에서 일하는 '국제 포스퀘어'(Foursquare) 교단의 선교사인 그레그 피셔(Greg Fisher)의 이야기다. 그레그와 몇 명의 선교사들은 와사 자파 족이 사는 큰 마을에 복음을 전하는 데 온갖 노력을 기울였다. 이전에 약초 치료사요, 미신 사제였으나 현재 아프리카 포스퀘어 교회의 목사인 나다니엘 돈코(Nathaniel Donkor)가 그리스도 안에서 발견한 구원을 부추장 한 명에게 증거하면서 복음의 문이 열리기 시작했다. 이 일은 그 두 사람이 함께 버스를 타는 동안 일어났는데, 그때 부추장은 '그리스도인이 되는 것을 고려조차 하지 않아야 하는 이유' 혹은 그와 비슷한 제목의 무슬림 책자를 읽고 있었다. 그러나 나다니엘의 전도로 부추장은 그리스도께 돌아오게 되었다.

와사 자파 족에게 전도를 나가기 약 3개월 전에 나다니엘은 교회의 몇 안 되는 성도와 함께 오랜 기간 금식하며 기도했다. 그레그 피셔도 미국에 있는 모든 후원자에게 편지를 써서 이 미전도 종족에게 복음 전하는 일을 기대하면서 금식하고 기도해 달라고 당부했다. 이러한 기도의 결과로, 추장이 자신의 부족에게 예수 그리스도를 전해 달라고 선교사를 초청하는 일이 일어났다. 그 후 추장은 자신이 그리스도의 제자가 되었음을 공포하고는 물세례를 받음으로 모든 마을 사람 앞에서 자신의 회심을 공개적으로 나타냈다. 전도여행의 끝 무렵에는 평생 우상을 숭배했던 노인들을 포함하여 120명가량이 그와 같이 회심했다. 대가족으로 연결된 부족 전체가 일시에 그리스도께 돌아온 것이다.

부족 사람들은 선교사에게 그들이 꾸었던 꿈과 어떤 음성(성령님)에 대해 반복해서 이야기했다. 각 사람이 들은 음성은 모두 똑같았다.

"포스퀘어가 찾아올 것이다. 그들은 너희를 위한 중요한 메시지를 들고 올 것이며, 그것은 바로 너희가 일생 기다려 온 일이다."

그들은 '포스퀘어'가 무엇인지 전혀 알 수 없었지만, 적어도 아주 유익한 어떤 일이리라 짐작하고 이를 기대하고 있었다.

선교사들이 추장에게 자신들의 소속은 포스퀘어 교단이라고 밝혔을 때, 추장과 부족 사람들은 이미 복음의 기쁜 소식을 들을 준비가 되어 있었다. 마을에서의 마지막 날, 선교사들은 세 명의 추장과 추장의 모든 가족(그중에는 민속 무슬림들도 있었다), 그리고 마을 어른들과 함께 가장 우두머리인 추장의 궁전에 부름을 받았다. 거기서 선교사들은 그들의 마을에 교회를 세우는 데 사용될 8,000m²가 넘는 땅을 선물받았다.

3. 기독교 매체나 성경, 또는 신자들을 통해 미전도 종족이 복음을 접하게 될 때, 하나님이 그들에게 큰 영적 각성을 일으켜 주시도록 기도하라.

그 종족 사람들의 생각이 밝아지고 영혼이 찔림을 받아, 그들의 삶을 예수 그리스도께 드림으로 구원받게 된다는 진리를 받아들이려는 소원이 생겨나도록 기도하라.

다음의 약속을 믿으라.

> 땅이 싹을 내며 동산이 거기 뿌린 것을 움 돋게 함 같이 주 여호와께서 공의와 찬송을 모든 나라 앞에 솟아나게 하시리라(사 61:11).

국제대학생선교회(Campus Crusade for Christ)의 예수 영화 프로젝트를 통해 세계 곳곳에서 수천, 수백만의 사람이 그리스도께 돌아오는 특기할 만한 보고가 속속 들어오고 있다.

4. 하나님이 사람들의 마음눈을 여셔서 그들이 자신의 종교와 이데올로기의 허위성과 무익함을 보고, 기독교만이 사람의 마음을 바꿀 수 있는 단 하나의 종교임을 깨닫게 되기를 기도하라(고후 5:17).

이미 이러한 일이 일어나고 있다. 세계 전역의 많은 선교단체와 교회와 사역들은 믿지 않던 영혼들이 전에 없이 그리스도께 돌아오는 큰 추수를 경험하고 있다.

5. 하나님이 권세 있고 영향력을 발휘하는 지위에 있는 불의한 지도자들에게 그분 자신을 계시하셔서, 그들이 구원받게 되기를 기도하라.

한 예로, 최근 아프리카 토고의 대통령이었던 사람이 재임 중에 회심했다. 죄를 뉘우치기를 끈질기게 거부하는 지도자들을 권좌에서 내리사, 의로운 지도자를 그 자리에 앉혀 달라고 하나님께 기도하라(시 75:6-7). 이미 필리핀과 파나마에서 이러한 일이 발생했다.

6. 영적 전쟁을 준비하라.

하나님께 그 나라나 종족에 있는 사람들의 생각을 지배하는 지역 정사들의 이름을 알려 달라고 구하고, 영적 전쟁을 시작하라. 원수를 제어할 권세를 주신 성경말씀을 인용하고, 그러한 정사들을 패배하게 한 예수님의 보혈을 제시하면서, 주 예수 그리스도의 이름으로 정사들을 대적하라(엡 6:10-18).

사탄의 요새를 파하고 승리하신 하나님을 지속적으로 뜨겁게 찬양하라. 찬양은 하나님의 능력이 나타나는 통로가 된다(시 47:1-3, 44:4-8).

다음의 사실을 잊지 말고 기억하라.

- 빛이 어둠보다 강력하다.
- 진리가 오류보다 강하다.
- 사람들의 마음에 있는 죄보다 하나님의 마음에 있는 은혜가 더 크다.
- 사람을 유혹하여 죄짓게 하는 사탄의 세력보다 죄를 깨닫게 하시는 성령의 능력이 더 강하다.
- 아담과 이브 때부터 축적된 온 인류의 죄의 더러움보다 죄의 얼룩에서 사람의 마음을 깨끗하게 하는 주 예수 그리스도의 단 한 방울의 피가 더 능력 있다.

모·범·기·도

✝ 전능하신 하나님,

저는 온 세상의 복음을 듣지 못한 사람들을 향한 주님의 관점을 훨씬 더 많이 배워야 합니다. 저의 삶에서 이 일을 이루실 성령의 역사에 굴복합니다. 말씀에 나타나 있는 주님의 우선순위와 길을 따라서, 아직 복음을 접하지 못한 수억의 사람들을 위해 지속적으로 기도할 때, 주께서 저와 그들의 모든 필요를 채워 주실 것을 믿습니다.

주의 크신 자비와 능력, 그리고 이 모든 일을 가능하게 하시는 크신 사랑을 감사합니다. 예수님의 이름으로 기도합니다. 아멘.

Intercession, Thrilling and Fulfilling

그리스도의 몸에 대한 사탄의 도전

사탄의 세력은 히스기야가 유다의 왕이었을 때 앗수르의 악한 왕 산헤립을 통하여 하나님의 백성을 공격했던 것 같이, 복음화되지 않는 나라와 민족을 두고 오늘날의 교회에 도전하고 있다(이사야 36장 참고).

요컨대 사탄은 오늘날 "한 번이라도 기독교가 큰 승리를 거두어 수백만의 무슬림, 불교도, 힌두교인이 주께 돌아온 적이 있었는가? 그들은 항상 나의 통치와 다스림을 받을 것이며 언제까지나 그러할 것이다"라고 비아냥거리는 것이다(18-22절). 사탄은 심지어 자기와 반대로 말하는 것은 무엇이든(하나님조차도) 믿지 말라고 한다(13-18절). 수백만의 그리스도인이 이 같은 사탄의 말에 속아 아무 일도 하지 않는다. 그들은 사탄의 제한된 능력에 위축되어 의기소침해 있다.

우리 영혼의 원수가 그의 권위를 주장하고자 하나님을 들먹일 때,

종교의 영들이 사용하는 교묘한 술수가 드러난다. "여호와께서 내게 이르시기를 올라가 그 땅을 쳐서 멸하라 하셨느니라 하니라"(10절).

아마도 하나님의 백성에게 던지는 사탄의 최대 도전은, 그가 심지어 우리 편의 장비를 대 주겠다고 말할 때일 것이다(사탄의 우세한 군대에 대항하여 버틸 수 있을 만큼의 헌신된 인력을 우리가 모을 수만 있다면 말이다). "그러므로 이제 청하노니 내 주 앗수르 왕과 내기하라 내가 네게 말 이천 필을 주어도 너는 그 탈 자를 능히 내지 못하리라"(8절)는 도전에 대응하는 방법은 주님의 지상명령에 순종하는 것뿐이다.

나는 언제나 사탄이 하나님의 백성에게 던지는 위협과 도전에 대한 하나님의 반응에 매료된다. 이 이야기에서, 하나님은 백성이 편안히 잠자는 사이(간단히 하룻밤 사이)에 한 천사를 보내셔서 앗수르 군대 185,000명을 쓸어버리셨다(사 37:36). 나는 내 성경책 여백에 "하나님께는 별일이 아니다"라고 기록해 놓았다.

그리스도의 몸이 사탄에 대응하는 방식은 하나님의 말씀과 일치해야 한다. 우리는 하나님의 관점으로만 대적을 바라보아야 한다. 사탄은 영원히 멸망하기로 정해진, 타락한 천사에 불과하다(사 14:12; 계 20:10). 십자가에서 흘리신 예수님의 보혈로 말미암아 사탄의 활동은 불법이 되었고, 그의 주장은 무효가 되었다(골 2:15). 주 예수님은 이미 사탄의 속박에서 잃어버린 영혼을 자유롭게 하기 위한 대가를 모두 지불하셨다(히 2:14-15). 그러나 한편으로 우리는 정직하고 겸손하게, 부끄럽게도 아직 복음화되지 않은 수많은 민족에게 이렇다 할 일을 해내지 못한 것을 인정해야 한다. 교회인 우리는 그들을 사탄의 통치 아래 그냥

내버려 두었다. "땅에 구원을 베풀지 못하였고 세계의 거민을 출산하지 못하였나이다"(사 26:18)라고 고백할 수밖에 없다.

우리는 그러한 비난을 인정한다. 그러나 열방에 대한 하나님의 위치, 능력, 목적, 계획들로 그분은 반드시 승리하실 것이다. 아직 복음을 듣지 못한 사람들 안에 전에 없었던 새로운 역사가 일어날 것이다.

하나님은 그분의 백성이 방어자이기보다는 공격자로서 영혼을 위한 전쟁에 적극적으로 뛰어들도록, 다양한 방법으로 계속해서 계시하신다. 하나님 나라의 확장에 있어서도 전에 경험하지 못했던 변화가 일어나고 있다. 한 예로, YWAM의 창설자인 로렌 커닝햄(Loren Cunningham)은 1980년대에 인도네시아에서만 1,900만 명이 이슬람에서 기독교로 돌아섰다고 보고했다. 또한 싱가포르에서는 1989년과 1995년 사이에 그리스도인의 숫자가 총 인구의 10%에서 12%로 증가했으며, 학생 모임의 45%가 현재 그리스도인이고 의료인 모임의 80%가 그리스도인이라고 전했다. 더 나아가 로렌은, 1995년 현재 세계적으로 7명 중 한 사람은 거듭난 신자라는 통계를 언급했다. 이러한 일들은 하나님 나라에서 일어난 많은 급진적 진보의 일부분에 불과하다.

누구에게 어려운 일인가?

우리는 무슬림, 힌두교도, 불교도, 신도교도, 무신론자, 인본주의자, 정령숭배자, 그리고 각 부족을 개종시키는 일이 하나님께 어려우리라 생각조차 해서는 안 된다.

나는 여호와요 모든 육체의 하나님이라 내게 할 수 없는 일이 있겠느냐(렘 32:27).

제자들이 주 예수님께 과연 누가 구원받을 수 있겠느냐고 물었을 때, 예수님은 "무릇 사람이 할 수 없는 것을 하나님은 하실 수 있느니라"(눅 18:27)라고 답하셨다. 그러므로 만일 하나님께 어려운 일이 아니라면, 이 일은 믿음 없는 그리스도인들의 생각 속에서만 어려운 일이다. 우리의 불신앙은 수백만의 영혼이 구원받는 데 큰 방해 요인이 될 수 있다. "그들이 믿지 않음으로 말미암아 거기서 많은 능력을 행하지 아니하시니라"(마 13:58).

기억하라. 하나님은 기도를 들으신다. 그분은 우리의 믿음에 응답하신다. 사탄의 세력은 복음을 듣지 못한 수백만의 사람이 그리스도께 나오는 것을 방해하지 못할 것이다. 예수님의 말씀을 기억하라.

내가 이 반석 위에 내 교회를 세우리니 음부의 권세가 이기지 못하리라(마 16:18).

하나님이 돌파구를 열고 계시다

중보기도자들은 여러 해 동안 복음을 듣지 못한 사람들에게 하나님이 주권적으로 자신을 계시하시기를 믿음으로 기도해 왔다. 이러한 기도에 대한 응답이 오늘날보다 더 명백히 나타난 적은 없었다. 다음의 이야기들은 이러한 사실을 증명하는 많은 예화 중 일부다.

불교권에서

우리 집안은 불교도였습니다. 우리 할아버지는 우리나라에서 가장 중요한 불교단체의 저명한 인사였습니다. 자라면서 무신론자가 되신 온후하고 지적인 우리 아버지는 저를 불교계 학교에 보냈습니다. 저는 자라면서 집과 사원에서 경구를 명상하고 암송하는 전통적인 불교 의식에 참여했습니다. 미국으로 건너오기 7년 전, 저는 아주 특이한 꿈을 하나 꾸었습니다. 꿈에 제가 몇 명의 다른 사람들과 함께 바닷가 근처에 서 있었는데, 밤이었습니다. 하얗고 긴 옷을 입은 한 사람이 어두운 안개 속에서 나와서는, 양손을 컵처럼 구부려 물을 가득 담고서 우리에게 걸어왔습니다. 그분은 제 곁에 멈춰 서더니 손에 담은 물을 제 얼굴에 붓고는 "네가 정결케 되었다"라고 말씀하셨습니다. 그러고서 그분이 제 옆에 앉아 손을 잡아 주자 넘치는 평화와 위로와 힘이 나를 감싸고 가득 차올랐습니다. 잠에서 깨어났을 때, 제 얼굴은 온통 눈물에 젖어 있었습니다. 저는 그 사람이 예수 그리스도라는 것을 분명히 알 수 있었습니다. 미국에 건너온 지 3개월이 지나서, 저는 복음의 메시지와 주 예수님이 얼마나 저를 사랑하시며 저의 삶을 받기 원하시는지 듣게 되었습니다. 꿈을 통해 이미 마음의 준비를 하고 있었기에 기쁘게 주님을 영접했습니다.

지성과 영성을 고루 갖춘 이 매력적인 젊은 여성은 이전에 10/40 창문 지역에 살았다. 이 여성은 나의 모교회인 '처치 온 더 웨이'에서 1993년 여름에 해외 18개 국가로 나간 19개 전도 팀의 250명 중 한 사람이었다. 수백만의 영혼들이 주께로 돌아오도록 기도하는 당신이 이 이야기로 격려받기 바란다.

이슬람권에서

최근에 중앙아시아에서 선교사로 일하는 미국인 친구는 한 무슬림 사업가가 회심한 이야기를 들었다. 이 무슬림이 사업차 여행을 하던 중에 닷새 동안 밤마다 주 예수님이 꿈과 환상으로 나타났으며, 그 결과 그는 기독교로 개종하게 되었다고 한다.

다음 이야기는 '세계추수사역'(Global Harvest Ministries)의 1995년 10월호 〈기도의 발자취〉(Prayer Track News)에 실린 것이다.

어느 이슬람 국가에서 한 부유한 남자가 4년 동안 마비되어 있던 그의 병든 딸을 기독교 병원에 데려왔다. 그들은 딸을 특실에 입원시켰는데, 그 방에는 벽에 십자가가 달려 있었다. 아주 독실한 무슬림이었던 그 아버지는 즉시 십자가를 떼라고 요구했다. 그곳의 그리스도인 직원들은 무슬림 국가에서 복음을 증거한다는 이유로 위협받고 있었기에, 그 십자가를 금방 치웠다. 그날 저녁, 그리스도인 간호사가 그 소녀에게 예수 그리스도께서 소녀의 죄 때문에 십자가에서 돌아가셨고 그 죄를 용서해 주실 것이며, 병을 고쳐 주실 수 있다고 조용히 이야기해 주었다.

소녀는 몹시 궁금해져서 밤에 잠을 이룰 수가 없었다. '그분이 나를 고칠 수 있다고? 그분은 누구이고, 어디에 있는 거지? 십자가의 비밀은 도대체 무엇일까? 아버지는 왜 십자가에 그토록 화를 내며 두려워하셨을까?' 소녀는 이사(예수)에 대해 알고 싶어 몸이 달아오를 정도였다. 그날 밤, 소녀는 고요한 방에 서 있는 하얀 옷을 입은 한 인물을 보았다. 그분의 머리에 광채가 둘려 있어 그 빛이 온 방을 가득 채웠다. 그때 "일어나서 십자가를 벽에 걸어 놓으렴" 하고 말하는 음성을 들었다. 두려움과 떨림으로 소녀는 "나는 걸을 수가 없어요"라고 말했다. 그러자 예수님께서 자신을 나타내 보이시면서 말씀하셨다. "나는 십자가에서 죽었으나 지금도 살아 있는 예수란다. 이제 일어나서 걸어라." 소녀는 일어나서, 침대 밑에서 십자가를 꺼내어 벽에 다시 걸었다. 소녀가 돌아섰을 때, 그곳에는 아무도 없었다. 소녀는 방금 일어난 일이 무엇인지를 깨닫고는 소리치기 시작했다. "나는 이사를 보았고, 그분이 나를 고치셨어요! 이제 걸을 수 있어요, 걸을 수 있다구요!" 소녀는 병원으로 달려온 아버지에게 방금 일어난 일을 이야기했다. 눈에 눈물이 가득 고인 소녀의 아버지가 할 수 있었던 유일한 말은 "나도 예수님을 더 알고 싶구나"라는 것이었다.

무신론에서

알바니아는 가장 스릴 넘치고 흥분되는, 도전해 볼 만한 기도의 대상이었으며, 지금도 여전히(교회에 던지는 사탄의 도전을 고려한다면 더더욱) 그러하다. 인구 삼백만 남짓한 이 작은 나라는 수십 년 동안 전 세계적으로 무신론의 종주국임을 자랑해 왔다. 기독교를 가장 심하게 반대하는 나라에 속했고, 그래서 믿는 자들은 극심한 핍박을 받고 모든 것을 뺏겨야만 했다. 심지어 이들은 어떤 그리스도인을 산 채로 나무통 속에 넣어서 바다에 버렸다. 알바니아 공산당 방송이 아닌 다른 주파수의 라디오 프로로 돌리는 것만 발각되어도 그리스도인이나 비그리스도인 모두 고발되어 투옥될 수도 있었다.

사탄이 포효하는 소리로 교회를 위축시키려고 더 많이 애쓸수록, 세계 곳곳에 흩어져 있는 수많은 중보기도자가 알바니아에 대한 사탄의 계획이 수포로 돌아가도록 더 많이 기도했다. 수십 년의 세월이 흐르면서, 우리는 잘난 체하며 오만하기 그지없던 공산주의라는 '거인'이, 마침내 하나님의 섭리라는 강력하고 윤이 나는 '돌'에 맞아 거꾸러지는 것은 이제 시간문제라는 사실을 알았다. 그리고 그때가 왔다.

1991년에 첫 번째 전도 대회가 수도 티라나(Tirana)의 경기장에서 열렸다. 수많은 개종자가 사람들 앞에서 주 예수님께 충성할 것을 선언하면서 물로 세례를 받았다. 알바니아에 교회가 탄생한 것이다. 짐과 내가 1992년에 알바니아에 갔을 때, 이미 15개의 교회 공동체가 형성되어 있었고, 그중 한 곳에서 나는 새로운 신자들과 기독교를 알고 싶어 하는 사람들 2백 명에게 말씀을 전했다. 알바니아에는 이제 100개가 넘는 교회 공동체가 있다.

그 이후에 티라나에서는 이 나라에서 독특한 개척 사역을 펴고 있는 미국인 선교사 본 골더(Von Golder)와 협력하여 여러 차례 DTS를 진행했다. 그곳에서 강의한 친구 레오나 졸리(Reona Joly)가 그곳 학생들에 대해 적은 편지를 내게 보내왔다.

하나님이 전 세계 교회의 기도에 응답하신 것이 분명합니다. 그것이 아니고서는, 하나님과 말씀에 대한 갈망과 믿음이 얼마나 실제적인지 알바니아 동족에게 전하고 싶어 하는 학생들의 열정과 미래에 대한 소망을 달리 설명할 길이 없습니다.

처음에 개종한 사람 중 한 명은 현재 그곳의 DTS를 이끌고 있다.

많은 훌륭한 기독교 단체가 알바니아 전역에 걸쳐 다음의 영역에서 하나님과 그분의 나라가 얼마나 실제적으로 실존하는지 나타내고 있다.

- 개인의 전도와 제자화, 그리고 전국 교회의 발전
- 성경에 기초한 알바니아 사회와 문화의 개혁
- 자연환경

알바니아가 다른 나라에 복음을 전파하는 관문이 되리라는 비전을 품은 선교사가 많다. 이미 많은 알바니아 사람이 단기선교 팀으로 다른 나라에 다녀왔으며, 여러 명이 장기 선교사가 되기로 헌신했다. 알바니아 그리스도인들의 영적인 지도력이 계발되고 있다는 사실 또한 전율이 느껴지는 일이다.

이러한 역사적 시점에서, 하나님의 백성이 알바니아의 교회를 위해 계속해서 기도하는 것은 매우 중요하다. 1997년에 이 책이 완성될 즈음, 알바니아 군중 사이에서 맹렬한 반정부 폭동이 연이어 일어났다. 극심한 공포, 총격전, 약탈, 식량 부족에서 막 자라기 시작한 알바니아의 교회는 홀로 주님의 능력 안에 강하게 서 있다. 한 선교사는 자신이, 주님께 꼭 붙어 있으려는 단순한 믿음으로 죽음, 심한 매질, 계속되는 생명의 위협, 강간과 접전, 사방에 난무한 권총 강도의 위협에서 승리하고 있는 신자들의 영웅적인 이야기의 장본인이라고 하면서 편지를 보내왔다. "이러한 불 시험 가운데서도 하나님의 신실하심은 전혀 흔들림이 없었습니다. 이러한 시련에 지지 않고 우리의 원수인 두려움과의 전쟁에서 패하지 않은 사람들은, 전에 결코 알지 못하던 예수 이름의 새로운 권세를 알게 되었습니다."

세네갈, 부탄, 차드, 아제르바이잔 등은 현재 가장 복음에 적대적인 나라에 속한다. 우리가 그들을 특별한 중보기도의 목표로 삼을 때, 그들 역시 알바니아가 그랬던 것처럼, 조수처럼 밀려드는 하나님의 구속의 섭리 앞에 마침내 열리게 될 것이다.

모·범·기·도

† 할렐루야!

주님의 진리가 확실히 이기고 있습니다. 더 기쁜 점은, 진리이신 주님이 우리의 최고 사령관이 되셔서, 주의 흘리신 보혈로 승전하는 불굴의 군대(교회)를 직접 이끌고 계시다는 사실입니다.

이러한 역사의 시점에 제가 살고 있음이 얼마나 놀라운 특권인지요. 제게 이 특권을 주신 주님의 섭리가 남김없이 이루어지기를 원합니다.

언제나처럼, 다시 한 번 주님의 주인 되심과 그 행사에 감동하여 저는 고개를 숙이고, 무릎을 꿇어 두려움과 놀라움으로 주님께 경배드립니다.

복음에 가장 적대적인 나라들을 위해 중보기도할 때, 주께서 더 크게 역사하셔서 주의 나라가 확장될 것을 믿습니다. 하나님의 백성에 대한 사탄의 도전에 이러한 믿음의 기도로 대응할 것을 결정합니다.

예수님의 이름으로 기도합니다. 아멘.

영적 전쟁

그리스도인의 삶은 전쟁터에서의 모험이다(엡 6:12; 고후 10:3-4). 양편의 강점과 약점을 아는 것이 전쟁의 기본적인 전략이므로, 싸움에서 이기려면 반드시 원수의 강점과 약점은 물론, 우리 최고 사령관의 강점을 이해해야 한다. 이러한 두 가지 요소를 항상 염두에 두지 않는다면, 우리의 사고와 기도와 행위에는 왜곡된 모습이 나타나게 된다.

수천 년 전에 이스라엘 족장들의 공동 의장으로서, 모세는 중대한 질문을 던졌다.

"우리의 최고 사령관이 누구십니까?"

그러자 수정같이 명료한 대답이 공기를 뚫고 들려왔다.

"나는 스스로 있는 자이니라"(출 3:14).

전류가 흐르는 듯했다! 매혹적이고 모든 것을 포괄하며, 참으로 권위 있고도 단호한 답변이 아닌가! 하나님은…

- 최고의 권위자이시며
- 영원히 계시며
- 그 주권을 아무도 의심할 수 없는 분이시며
- 천재적인 창조자이시며
- 능력이 무한하시며
- 그 노하심은 감당할 수 없으며
- 그 영광이 엄위하시며
- 두려우리만치 거룩하시며
- 지혜와 지식이 무한하시며
- 그 지각은 헤아릴 수 없으며
- 눈부시게 아름다우시며
- 그 사랑은 측량할 수 없으며
- 그 겸손은 우리의 생각을 뛰어넘고
- 공의가 완전하시며
- 자비가 한이 없으시고
- 비할 수 없이 은혜로운 분이시다.

하나님은 만유의 주재이시요, 영원히 멸망하지 않는 나라와 온 우주의 주권을 소유한, 통치자이자 군주이시다. 나는 그 앞에서 모든 무릎이 엎드려 절하며, 모든 입술이 하나님 아들이 만유의 주 되심을 고백할 것으로 말미암아 흥분되고 가슴이 설렌다.

나는 하나님이 받으시기 합당한 찬양과 경배를 드리자고 우리를 초청하는 시편 기자의 타는 듯한 열정을 이해할 수 있다.

> 너희 만민들아 손바닥을 치고 즐거운 소리로 하나님께 외칠지어다 지존하신 여호와는 두려우시고 온 땅에 큰 왕이 되심이로다…찬송하라 하나님을 찬송하라 찬송하라 우리 왕을 찬송하라 하나님은 온 땅의 왕이심이라 지혜의 시로 찬송할지어다 하나님이 뭇 백성을 다스리시며 하나님이 그의 거룩한 보좌에 앉으셨도다 (시 47:1-2, 6-8).

이 같은 전능자께서 내 안에 함께 사신다. 그것만으로도 이제부터 영원까지 계속해서 손뼉 치고 노래하고 소리치고 크게 웃고 휘파람 불고 깡충깡충 뛰고 점프하고 춤추고 재주넘고 마냥 기뻐하기에 충분하다. 할렐루야!

최고 사령관이 누구인지 알았으므로, 이제 원수가 누구인지 살펴보자. 우리의 원수는 영원히 멸망당하기로 정해진 타락한 천사에 지나지 않는다(사 14:12; 계 20:10).

나는 그와 같은 신분을 가진 자에게 조금이라도 영향 받기를 거부한다. 하나님은 명백히 전혀 영향 받지 않으신다. 만약 우리가 사탄을 두려워한다면, 우리는 그의 능력에 감탄하는 것이다.

사탄의 능력을 과대평가하지 말자. 그에게는 창조력이 없다. 그래서 창세 이후에 사용하던 낡은 책략을 지금도 사용하고 있다. 성경은 우리에게 오직 "지옥에 던져 넣는 권세 있는 그를 두려워하라"(눅 12:5)고 한다. 사람이 우리의 지휘관에게 대항하여 이길 수 있으리라고 생각하는 것은 얼마나 광기 어린 교만인지! 믿기 어려운 사실은, 사탄이 그렇게 생각한다는 것이다! 그와 같은 교만은 밉살스러울 뿐 아니라 어이없기까지 하다.

더욱이 사탄과 졸개들은 하나님이 우리의 궁극적인 유익을 위하여 허락하신 범위를 벗어나서는 하나님의 자녀에게 아무 일도 행하지 못한다. 욥의 이야기는 이러한 진리를 명명백백하게 보여 준다(욥 42장). 하나님은 당신의 통치권에 복종하는 모든 이에게 축복만을 주시는 어진 아버지시다.

어둠의 세력은 전능하지도 전지하지도, 무소부재하지도 않다. 모든 그리스도인이 겪는 문제의 원인이 사탄일 수 없는 이유가 바로 이 때문이다. 이와 다르게 생각하고 이야기하는 것은 원수를 신격화하는 것이다. 절대로 그런 일이 없기를 바란다! 우리는 사탄이 철저히 패배한 이야기를 나누거나, 아니면 하나님의 목적이 다 이루어질 때 원수는 패망하게 될 것이라는 이야기를 나누어야 한다. 이런 확실한 믿음이 없다면, 그리스도인들 가운데 일어난 사탄의 역사를 자세히 말하고 다니지 않아야 한다.

마찬가지로, 원수를 과소평가하지 않으려면 성경이 그에 대해 무엇이라 말씀하는지 알아야 한다. 예수님은 요한복음에서 그를 세 번이나 (요 12:31, 14:30, 16:11) '이 세상 임금'이라고 표현하셨다. 다음 말씀은 사탄의 제한된 능력을 말한다. "온 세상은 악한 자 안에 처한 것이며"(요일 5:19). "이 세상의 임금이 쫓겨나리라"(요 12:31). "그중에 이 세상의 신(사탄)이 믿지 아니하는 자들의 마음을 혼미하게 하여"(고후 4:4). "근신하라 깨어라 너희 대적 마귀가 우는 사자같이 두루 다니며 삼킬 자를 찾나니 너희는 믿음을 굳건하게 하여 그를 대적하라"(벧전 5:8-9).

하나님의 군대와 사탄의 군대, 양쪽의 수적인 힘을 잠깐 살펴보는 것은 흥미로운 일이다. 사탄에게는 마귀, 혹은 귀신으로 알려진 소수의 타락한 천사와 제한된 능력, 그리고 대부분 사람이 있다. 이들의 군대가 삼위일체 하나님과 제한 없는 능력을 지닌 다수의 천군, 그리고 하나님의 능력을 소유한 소수의 사람을 대적하여 싸운다. 다음 말씀은 이러한 수치에 대한 올바른 관점을 제공해 준다.

> 만일 하나님이 우리를 위하시면 누가 우리를 대적하리요(롬 8:31).

그러므로 믿는 한 사람과 하나님이 언제나 훨씬 다수다.

성경은 사탄이 땅 위를 오르내리며 이리저리 '거닌다'(walk)라고 기록한다. 또한 "여호와의 눈은 온 땅을 두루 '달리사'(run) 전심으로 자기에게 향하는 자를 위하여 능력을 베푸신다"(대하 16:9, 역자 사역)라고 기록되어 있다. 하나님의 눈은 매번 사탄의 발보다 앞설 수밖에 없다. 하나님은 언제나 그분께 귀 기울이고 믿고 순종할 사람들을 찾고 계신다. 그들에게, 또한 그들을 통하여 권능을 나타내기 원하시기 때문이다.

브라질 출신이 대부분인 한 소규모 YWAM 전도 팀이 하나님의 음성을 듣고서 인도로 가라는 부르심을 받았다. 기도 중에 하나님은 그곳의 잃어버린 영혼에게 다가갈 전략을 팀에게 계시해 주셨다. 원수의 견고한 진을 깨뜨리는 데 필요한 영적 전쟁의 일부로, 먼저 1년 동안 정기적으로 금식하며 중보기도 시간을 보내는 것이었다. 그들은 순종하였다.

그러고서 하나님은 복음을 들어 보지 못한 종족인 '고아'(Goa) 족속에게 총력을 기울여 전도하라고 지시하셨다. 100개가 넘는 마을에 흩어져 살고 있는 8만 명의 고아 족속 중에 믿는 자는 단 한 명도 없었다. 그러나 이 팀이 그토록 철저히 준비한 결과, 하나님은 능력과 권능으로 전도의 길을 터 주셨다. 힌두교 사원에서 전도 집회를 여는 것이 일과가 되었고, 때로는 매우 많은 사람이 몰려와 사원 뜰에서 모임을 진행하기도 했다.

고아 족은 복음에 매우 개방적이며, 이에 응하고 있다. 위에 언급한 선교사들은 이 무르익은 추수 밭으로 더 많은 일꾼을 보내 달라고 요청하고 있다. 그들은 일꾼을 키워서 인도의 다른 지역과 주변 나라들로 내보내고자 고아 지역에 선교 센터를 설립하려고 계획하고 있다.

전투를 위한 준비

이 주제에 대한 모든 지식의 궁극적인 원천은 하나님의 말씀과 그 말씀에 대한 적용이어야 한다. "청년들아 내가 너희에게 쓴 것은 너희가 강하고 하나님의 말씀이 너희 안에 거하시며 너희가 흉악한 자를 이기었음이라"(요일 2:14).

1. 시선을 항상 만군의 여호와께서 세우신 우리 대장 예수 그리스도의 가장 높으신

권위에 초점을 맞추라. "하늘과 땅의 모든 권세를 내게 주셨으니"(마 28:18).

2. 원수를 볼 때는 하나님의 위대하심과 십자가에서 원수를 제어하신 예수님의 승리, 그리고 결국 패배할 원수의 운명을 늘 기억하라.

"하나님의 아들이 나타나신 것은 마귀의 일을 멸하려 하심이라"(요일 3:8).

3. 주님께 경배와 찬양을 돌리라.

이렇게 하는 것이 우리의 초점을 올바른 방향에 맞추게 해주며, 찬양으로 원수를 이기는 능력을 얻게 한다(대하 20:22; 시 149:5-9). 나는 잭 헤이포드 박사가 그의 저서 《경배》(죠이선교회 역간)에 이 이야기를 기록한 방식을 좋아한다. "예배에는 하나님의 백성을 공격하는 사탄의 세력을 무력하게 하는 힘이 있다. 왜냐하면 찬양의 영이 거하는 곳에는 어디든지 하나님이 왕으로 좌정하셔서, 인간이든 사탄이든 그들의 도모가 영속적으로 실패하게 하시기 때문이다."

4. 하나님 앞에서 겸손히 자신을 낮추라.

우리가 우리 자신을 전혀 의지하지 않는다는 것과 우리의 힘이 오직 주께 있다는 사실을 분명히 선언할 필요가 있다. 원수의 성품은 교만에 바탕을 두고 있으므로, 우리는 겸손으로만 원수를 제압할 수 있다. 소리 내어 하나님께 동의하라.

나를 떠나서는 너희가 아무것도 할 수 없음이라(요 15:5).

주는 나의 주님이시오니 주밖에는 나의 복이 없다 하였나이다(시 16:2).

한번은 하나님이 남편과 나를 포함한 다섯 명의 영적 지도자를 모으셔서, 한 거짓 선지자와 대면하게 하신 적이 있었다. 그 사람과 이야기를 시작한 지 몇 시간이 흘렀는데도 아무런 진전이 없었고, 일을 이루시는 성령의 역사를 도무지 느낄 수가 없었다. 그때, 거기 모인 지도자 중 한 사람이 공개적으로 자신의 영적 교만을 고백하고 그 자리에서 회개했다. 그리고 그 지도자는 곧바로 거짓 선지자에 대항하여 자신의 권위를 사용할 수 있게 되었다.

5. 우리 삶에 회개하지 않은 죄가 있는지 살펴보라.

예수님은 "이 세상의 임금이 오겠음이라 그러나 그는 내게 관계할 것이 없으니"(요 14:30)라고 말씀하셨다. 영어판 현대어역 성경(RSV)을 보면, "그는 나에 대해 아무 권세도 주장할 수 없다"라고 나와 있다. 예수님은 그의 생애에서 어두운 영역이 전혀 없으셨다. 그래서 빛 가운데 행하셨고, 그래서 이렇게 선포할 수 있으셨다. 빛 가운데 행하는 것이야말로 우리를 원수에게서 강력하게 보호해 주는 힘이 된다. "그러므로 우리가 어둠의 일을 벗고 빛의 갑옷을 입자"(롬 13:12).

우리의 삶에 계속해서 원수가 괴롭게 하는 영역이 있다면, 혹시 원수가 활동할 발판을 만들어 놓지 않았는지 보여 주시도록 하나님께 구해야 한다. 에베소서 4장 27절은 사탄에게 틈을 주지 말라고 경고한다. 그 앞의 두 구절은 어떤 형태로든 속이는 것이나 쓴 뿌리에서 비롯된 분노의 죄를 말하고 있다.

하나님은 고난에 대한 욥의 반응을 시험하려고, 처음에 원수가 심히 공격하도록 허락하셨다. 다니엘의 경우를 보면, 다니엘 10장에 나오는 원수의 방해는 영적인 세계에서 일어나는 치열한 영적 전쟁의 단면을 보여 준다. 진리를 부지런히 탐구하는 자는 원수가 활동하는 이유, 또는 목적을 정확히 이해하는 보상을 얻을 것이다.

6. 성령의 능력을 입기 위한 조건을 충족시킨다.

예수님은 광야에서 사탄과 대면하기 전에 인자로서 세례를 받으시면서 성령의 능력을 입으셨다(눅 3:21-22). "예수께서 성령의 충만함을 입어 요단 강에서 돌아오사 광야에서 사십 일 동안 성령에게 이끌리시며 마귀에게 시험을 받으시더라"(눅 4:1-2).

성령 하나님은 우리의 삶을 완전히 주장하사 우리에게, 또 우리를 통해 다른 사람들에게, 주 예수 그리스도가 더 실제적인 존재가 되기를 원하신다. 그분의 다스림 없이는, 우리는 결코 그리스도인답게 살 수 없다. 또한 다른 사람에게 효과적으로 그리스도를 증거할 수도 없다. 바울은 우리에게 "주 안에서와 그 힘의 능력으로 강건하여지고"(엡 6:10)라고 이야기한다. 이것은 에베소서 5장 18절의 명령대로 성령의 충만함을 받은 만큼만 가능하며, 그러한 충만함은 우리가 아래의 요건들을 지속적으로 만족시킬 때 비로소 가능해진다.

- 당신의 의지를 온전히 하나님께 내맡기라. "하나님이 자기에게 순종하는 사람들에게 주신 성령도 그러하니라"(행 5:32).
- 당신이 깨달은 모든 죄를 철저히 고백하고 회개하라. "자기의 죄를 숨기는 자는 형통하지 못하나 죄를 자복하고 버리는 자는 불쌍히 여김을 받으리라"(잠 28:13).
- 성령으로 충만하게 되기를 구하라. "너희가 악할지라도 좋은 것을 자식에게 줄 줄 알거든 하물며 너희 하늘 아버지께서 구하는 자에게 성령을 주시지 않겠느냐 하시니라"(눅 11:13).
- 주님께서 이루실 것을 믿고, 그에 대해 감사하라. "믿음을 따라 하지 아니하는 것은 다 죄니라"(롬 14:23).
- 성령님의 지시에 민감하게 순종함으로, 성령이 어떤 방법으로든 (우리를 통해) 역사하실 수 있도록 허용하라.

7. 다른 모든 믿는 자들과 하나 됨을 이루는 것이 필수라는 사실을 항상 인식한다.

"예수께서 그들의 생각을 아시고 이르시되 스스로 분쟁하는 나라마다 황폐하여질 것이요 스스로 분쟁하는 동네나 집마다 서지 못하리라"(마 12:25).

원수가 그리스도의 몸을 상처 입히고 파괴하려 시도할 때, 우리는 그의 폭탄 투하와 대포 사격에 연합한 만큼 강하게 맞설 수 있다. 성경적인 연합은 아무도 뚫을 수 없고, 무엇에도 굴하지 않는 막강한 힘을 발휘한다. 사탄은 이에 적수가 되지 못한다.

8. "하나님의 전신갑주를 취하라"(엡 6:13). 믿음으로 갑옷을 하나씩 걸친다.

"오직 주 예수 그리스도로 옷 입고"(롬 13:14). 그리스도의 삶이 바로 전신갑주를 상징한다.

- 구원의 투구: "오직 그만이 나의 반석이시요 나의 구원이시요"(시 62:2).
- 의의 흉배: "그리스도…예수는…우리에게 지혜와 의로움…이 되셨으니"(고전 1:30).
- 진리의 허리띠: "내가 곧…진리요"(요 14:6).
- 믿음의 방패: "하나님의 아들을 믿는 믿음 안에서 사는 것이라"(갈 2:20).
- 평안의 복음: "그는 우리의 화평이신지라"(엡 2:14).
- 성령의 검, 곧 하나님의 말씀: "말씀이 육신이 되어"(요 1:14).

만약 갑옷이 몸에 맞지 않는다면 입을 수가 없을 것이다. 마찬가지로 우리의 삶에 고백하지 않은 거짓이 있다면, 우리는 진리로 옷 입을 수 없다. 우리의 삶에 불의가 있음을 알고도 고치지 않는다면, 우리는 의로 옷 입을 수 없다.

9. 믿음으로 선포하라.

- 우리의 신분: "또 함께 일으키사 그리스도 예수 안에서 함께 하늘에 앉히시니"(엡 2:6).
- 우리의 보호자: "여호와의 이름은 견고한 망대라 의인은 그리로 달려가서 안전함을 얻느니라"(잠 18:10).

방어자가 되지 말고 공격하는 자가 되라. 사탄의 군대는 그리스도의 몸이 허용한 만큼만 빼앗아 갈 수 있다. 다윗은 골리앗이 공격할 때까지 기다리지 않았다. 그는 전쟁의 주도권을 잡으며 거인을 향해 달려 나갔다. 그들의 싸움은 다윗이 시작하여 다윗이 끝마쳤다. 이처럼 우리도 하나님이 우리에게 주신 원수에 대한 권세를 취하여, 그가 공격할 기회를 찾기 전에 그를 도망하게 할 수 있다.

모·범·기·도

✝ 사랑의 하나님!

주를 사모함으로 겸손히 주 앞에 엎드려 경배합니다.

"영광의 주님 찬양하세!
모든 영광, 능력, 찬송 예수님께
영광의 주님 찬양하세!
주의 백성 모두 함께 찬양하세
두 손을 높이 들고 주 이름 찬양
존귀와 영광 모두 주 예수님께
영광의 주님 찬양하세
죽으시고 부활하신 만왕의 왕."

예수님의 이름으로 기도합니다. 아멘.

주
1. "영광의 주님 찬양하세"(words and music by Jack Hayford)
Copyright © 1976 Brentwood Music/B-B All rights reserved.

중보기도를 방해하는 것들

하나님을 기다리기

이집트 알렉산드리아에서 일어났던 일이다. 우리가 그곳에서 열리는 영적 지도자 회의의 목요일 아침 순서에 참석하기 위해 출발하기까지는 20분가량이 남아 있었다. YWAM의 창설자이며 총재인 로렌 커닝햄과 현재 YWAM 구제선 사역의 총 책임자인 돈 스티븐스(Don Stephens), 그리고 나, 이렇게 세 사람이 그 회의의 강사였다.

우리는 각 강의가 시작되기 전에 늘 그랬던 것처럼, 그날도 기도하려고 모였다. 그날 오전에 강사로 설 로렌을 위해 기도할 차례가 되자, 나는 그를 위해 어떻게 중보기도 하는 것이 가장 효과적일지 알고자 성령의 지시를 기다렸다. 아무 생각도 떠오르지 않았지만, 나는 계속 기다렸다. 여전히 아무런 응답이 없었다. 다른 사람들이 기도를 마치고 기다리고 있었으므로, 나는 아직 내가 성령의 지시를 받지 못했노라고 설명했다.

이집트 YWAM의 책임자이자 우리의 통역을 맡은 조지프 파라갈라(Joseph Parragala)가 로렌과 돈을 회의장으로 데려다 주려고 도착했다. 나는 그날 오후 강의 준비를 위해 남아 있기로 되어 있었다. 우리가 투숙한 건물의 주차 사정이 그다지 좋지 않았으므로, 조지프는 바깥에 2-3분 이상 차를 세워 두는 것을 염려하고 있었다. 우리는 모두 이를 알고 있었다. 마침내 나는 로렌에게, 그가 지금 출발한다 해도 그 결정을 완벽하게 이해할 거라고 이야기했다. 그에게 결정권을 준 것이다. 그는 "기다리지요"라고 대답했다(로렌은 하나님께 자리를 내드리는 일에 참으로 본받을 만한 사람이다. 나는 그가 그러한 사람인 데에 깊은 감사를 느낀다).

내 삶의 수많은 다른 경우에서도 그랬던 것처럼, 로렌은 하나님 말씀으로 나 자신을 격려하며 계속해서 기다렸다. "나를 바라는 자는 수치를 당하지 아니하리라"(사 49:23).

이러한 시험의 시간이 지나자, 마침내 하나님이 말씀하셨다. 하나님은 일반적인 기도가 아닌 메시지로 음성을 주셨다. "내가 오늘 지도자 한 사람이 네 앞을 지나게 하리라. 그를 주목하여 기다리고, 나의 섭리를 놓치지 마라. 이것은 중요한 일이다." 나는 하나님의 말씀을 로렌에게 전하고 그분의 신실하심을 경배했다. 그 메시지가 무엇을 뜻하는지 아무도 알지 못했다. 세 남자는 출발했고, 나도 그들과 마찬가지로 우리 아버지의 일을 보러 갔다.

로렌은 그날 대화를 나눈 사람들을 한 명, 한 명 주목하고 있었으나 주님의 말씀은 쉽사리 이루어지지 않았다. 대신에, 오후 늦게 조지프에게 누군가 전화 한 통을 걸어왔다. 이 회의에 처음 이틀 동안 참석하였던 두 사람이 카이로에서 걸어온 것이었다. 두 사람이 카이로에 돌아가 그들의 영적 지도자인 파더 사가랴(Father Zachariah: Father는 영적 아버지로 숭앙받는 사람에게 붙이는 이름 – 역주)에게 이 회의를 보고하자, 이번에는 파더 사가랴가 우리 세 사람과 조지프에게, 금요일 저녁 우리가 비행기를 타러 공항으로 가는 길에 자신의 사무실로 방문해 달라고 부탁해야겠다는 감동을 받았다는 것이다.

우리 셋은 그를 잘 몰랐지만, 성령은 그에게 가야 한다는 확신을 주셨다. 그곳에 갔을 때, 얼마나 귀한 보상이 우리를 기다리고 있었는지! 역사적으로도 매우 중요한 만남이었다. 우리는 이집트 사람들을 위하여, 참으로 귀하고도 없어서는 안 될 중요한 지도자를 찾아냈다!

파더 사가랴는 지도자를 훈련하고 제자를 양성하며 전도하는 일에 있어 정말 능력 있고 영향력 있는 사역을 펼치고 있었으며, 하나님의 말씀을 선포할 때면 사도행전에 기록된 것과 같은 표적들이 뒤따랐다. 하나님의 일들을 듣고 나누고 함께 기도할 때, 우리 마음은 사랑과 연합의 줄로 엮어졌다.

나는 이 하나님의 사람을 위하여 규칙적으로 간절히 기도하도록 주님이 강하게 인도하시는 것을 느꼈으며, 수년 동안 그렇게 해 왔다. 몇 년 후 안와르 사다트(Anwar Sadat) 대통령 치하에서, 파더 사가랴가 신앙 때문에 투옥되었다는 소식을 듣고 충격을 받았지만, 그가 감금되어 있는 여러 해 동안 중보기도를 했다. 그렇게 우리의 관계는 더욱 강화될 따름이었다.

하나님은 카이로에서의 예기치 않았던 만남이 그날 아침 주님 말씀의 성취라는 것을 나에게 알려 주셨다. 나는 기도 중에 하나님을 기다리는 것이 그분의 가장 선한 목적을 이룰 수 있음을 다시 한 번 확인시켜 주신 데 대해 하나님을 찬양했다.

다른 사람을 위해 기도할 때 우리가 성령님께 더 많이 굴복할수록, 하나님이 얼마나 우리의 호기심을 이끌어 내는 분이신지 발견하게 될 것이다. 그분이 다음에 무엇을 하실 것인지 우리는 결코 알지 못하지만, 단 하나 확실한 것이 있다. 하늘의 사령부에서 명령을 받을 때는 지루한 순간이 있을 수 없다는 사실이다. 하나님의 방법은 얼마나 다양한지, 나를 끊임없이 놀라게 하고 또 매료시킨다.

우리는 하나님 기다리기를 배운 만큼 중보기도의 모험을 경험할 수 있다. 인간의 모든 본성이 기다리는 일에 저항한다. 늘 빨리 서두르는 문화에서 자라난 사람들에게는, 기다림이란 즐길 만한 여가 선용이 아니다. 우리는 선지자가 다음과 같이 이야기한 이사야 시대의 백성에게 공감할 수 있을지도 모른다. "화 있을진저 그들이 이르기를 그는 자기의 일을 속속히 이루어 우리에게 보게 할 것이며 이스라엘의 거룩한 이는 자기의 계획을 속히 이루어 우리가 알게 할 것이라 하는도다"(사 5:18-19). 그러나 우리가 발견하는 사실은, 하나님이 누구신가에 의지하여 겸손한 믿음으로 그분을 기다리며 하나님의 일정표에 따른 신호에 순종할 때에야 비로소, 손에 땀을 쥐는 일을 경험하게 된다는 것이다.

기다림이란 어마어마한 보상이 따르는 훈련이다. 그런데도 다른 이들을 위해 기도하는 중보기도자들을 포함하여, 너무나 많은 그리스도인이 이것을 생활에서 거의 실천하지 않는다.

그 이유는 무엇인가? 무지하거나 참을성이 없거나, 기다리도록 우리를 부르신 하나님의 성품을 공부하지 않았기 때문이다. 하나님은 부지런히 하나님을 알고자 구하는 이들에게 상급으로 그분 자신을 계시하시며, 이것이 다시 그분을 기다릴 수 있는 동기가 된다. 기도 생활은 하나님 성품의 매혹적인 단면을 하나하나 알게 할 만큼의 능력이 있다. 다윗은 하나님을 아는 지식에 대한 목마름만큼 하나님을 아는 지식을 소유한 사람이었다(시 63:1-2). 그것이 바로 다윗이 "나의 영혼아 잠잠히 하나님만 바라라 무릇 나의 소망이 그로부터 나오는도다"(시 62:5)라고 말할 수 있는 이유였던 것이다.

우리는 잠시 멈춰 서서 우리가 겸손히 그분을 기다리게 되기까지 하나님이 얼마나 오랫동안 우리를 겸손히 기다려 오셨는지 생각해 볼 필요가 있다.

추측하지 마라

다른 사람을 위하여 중보기도를 하는 데 넘겨짚어 생각하는 것은 효과적인 기도를 방해할 뿐 아니라 하나님이 이 놀라운 사역을 통해 우리에게 주고 싶어 하시는 가슴 설레는 모험을 놓치게 한다. 하나님은 우리가 기도할 때 울음이나 산고, 또는 씨름이나 금식, 성령의 은사,

꿈, 환상, 마음의 그림, 성령의 감동, 생각 속에 떠오른 성경 구절로, 아니면 침묵 등으로 우리 안에서 역사하시지만, 그런지 아닌지의 여부를 어찌 우리의 제한된 생각으로 알 수 있겠는가? 그분을 충분히 기다리기 전까지, 우리를 통해 일하실 시간을 그분께 드리기까지 우리는 그것을 알지 못할 때가 많다. 그리고 하나님이 역사하실 때는 다음번에도 같은 방법으로 행하실 것이라고 추정해서는 절대 안 된다. 성령님은 그 역사를 예측할 수 없는 반면, 그 성품은 전적으로 신뢰할 만한 분이시다. 하나님이 우리의 인간적인 생각을 넘어서는 비정상적인 일들을 하도록 지시하실 수는 있으나, 그분은 우리에게 자신의 성품이나 자신의 말씀인 성경과 모순되는 일을 하도록 지시하지는 않으신다.

여럿이 모여 중보기도 할 때, 성령이 앞서 열거한 것과 같이 드러나는 방법들로 운행하신다면, 보통 모임의 지도자에게 그 일이 하나님에게서 온 것이라는 내적 증거가 있기 마련이다. 영적 지도자에게 당신이 받은 인상을 조용히 먼저 이야기할 수도 있다.

불순종으로 말미암아 성령을 소멸하지 않도록 하는 것이 매우 중요하다(살전 5:19). 그러나 필요할 때 성령의 열매인 절제를 하지 않으므로 성령을 근심하게 해서, 다른 이들에게 장애가 되도록 하지 말아야 한다. 이 또한 똑같이 매우 중요하다. "예언하는 자들의 영은 예언하는 자들(자신)에게 제재를 받나니 하나님은 무질서의 하나님이 아니시요 오직 화평의 하나님이시니라"(고전 14:32-33)는 말씀을 기억하라.

여호와를 경외하는 마음

성령이 하시려는 일과 우리가 절제해야 할 일(특별히 평범하지 않은 현상으로 나타날 때)이 상황에 따라 다르다면, 그것을 어떻게 알 수 있을까? 그것은 우리가 얼마만큼 여호와를 경외하는 마음으로 다스려지는가에 달렸다. "여호와를 경외함이 지혜의 근본이라 그의 계명을 지키는 자는 다 훌륭한 지각을 가진 자이니"(시 111:10).

내가 쓴 《하나님을 경외하는 마음》(예수전도단 역간)이라는 책에 이 주제가 우리의 삶의 모든 면에 어떤 영향을 주는지 상세히 기술되어 있다.

이 진리가 적용될 때 경건한 지혜와 행동이 수반된다. 하나님은 진리에 의지하는 모든 심령의 겸손과 믿음을 언제나 존중하신다. "이와 같이 성령도 우리의 연약함을 도우시나니 우리는 마땅히 기도할 바를 알지 못하나"(롬 8:26). 그분은 항상 어떻게 해야 그분 자신을 기쁘시게 할지를 알 수 있도록 우리를 도우신다.

그룹으로 기도할 때 우리는 대개 사람에 대한 두려움 때문에 너무 조심한 나머지 하나님의 목적을 놓친다. 나는 중보기도자인 어느 하나님의 여종에게서 이것을 예증해 주는 편지를 받았다.

친애하는 조이 자매님,

저는 당신이 북 캘리포니아의 한 영적 지도자 회의에서 전해 준 메시지의 결과를 꼭 나누고 싶습니다. 그날 말씀하신 예화에서, 당신이 한 무리의 영적 지도자들에게 강의하고 있을 때 하나님이 당신에게 바닥에 얼굴을 대고 누우라고 말씀하셔서 당신이 즉시 순종하였고 그 결과로 그들 가운데 성령의 깊은 역사가 있었다고 말씀하셨지요. 조금은 다른 상황이지만, 저도 그와 비슷한 성령의 촉구하심을 받았으나 불순종한 적이 있기 때문에 그 이야기는 저의 마음에 강하게 와 닿았습니다.

우리 교회에 새로운 시설이 세워지고 있었고, 중보기도 그룹이 월요일 저녁에 그 강당 전체에 퍼져서 기도하고 있었습니다. 주님은 저에게 "일어나 현관문 앞에 누워서 이곳에 들어오는 모든 사람에게 회개의 영이 임하여 이 건물 안에 어떤 더러운 영도 거하지 못하도록 기도하라"고 말씀하셨습니다. 저는 하나님께 순종하지 않았습니다. 그것이 거의 5년 전의 일입니다. 당신의 메시지가 끝날 즈음, 저는 그 예배에서 내 뒤에 앉아 계시던 한 목사님에게 이 일을 고백했습니다. 다음 주 월요일, 교회의 기도 모임에서 저는 공개적으로 저의 불순종을 고백하고는, 우리 교회의 현관 문 앞에 가서 얼굴을 대고 위에 언급했던 그 기도를 드렸습니다. 하나님의 은혜와 긍휼로, 바로 그다음 주 월요일까지 우리 교회의 지도자에 속하는 두 여성이 우리 제직회 앞에 각각 자신의 간음죄(한 사람은 5년 동안, 다른 한 사람은 9년 동안 감추고 있던)를 고백했습니다.

이렇게 죄가 드러나서 결국 우리 교회 목회자 중에 두 분이 사직하게 되었습니다. 저는 이렇게 늦어진 순종에도 하나님이 행하신 역사에 놀랄 뿐입니다.

이 이야기는 성령의 촉구하심에 우리의 단순한 순종이 미치는 영향력을 절대 가볍게 여겨서는 안 된다는 점을 다시 한 번 상기하게 해준다.

모·범·기·도

† 신실하신 하나님!

"주 외에는 자기를 앙망하는 자를 위하여 이런 일을 행한 신을 예부터 들은 자도 없고 귀로 들은 자도 없고 눈으로 본 자도 없었나이다"(사 64:4)라는 사실을 기억하게 해주셔서 감사합니다.

삶의 방식으로 주님을 기다리는 연습과 그에 따르는 상급을 제게 가르쳐 주옵소서. 제가 다른 사람을 위해 기도할 때 추측하지 않도록 지켜 주시고, 성령의 방법을 저에게 가르쳐 주옵소서.

여호와를 경외함이 저의 존재 안에 깊이 스며들어, 언제나 주님의 주인 되심으로 말미암아 순종하려는 소원이 일어나기를 원합니다.

제가 주님을 믿고 순종할 때, 제 안에 이러한 은혜를 부어 주실 줄 믿고 감사드립니다.

주님을 믿으며, 정말 사랑합니다. 아멘.

Intercession, Thrilling and Fulfilling

16

중보기도의
다양한 방법

예배와 찬양

예배는 하나님을 가장 극진히 섬기는 행위다. 우리가 하나님을 위해 하는 모든 일은 예배로 시작된다. 이는 우리가 더 많은 예배를 드리도록 인도하며, 예배의 절정에 다다르게 한다. 소리 내어 찬양하는 것은 예배드리는 생활의 소산이다.

내가 여호와를 항상 송축함이여 내 입술로 항상 주를 찬양하리이다(시 34:1).

중보기도는 찬양으로 시작하고 찬양으로 깊어지며, 찬양으로 끝맺어야 한다. 이것은 초점이 올바른 곳, 즉 하나님께 머물도록 지켜 준다.

문제가 얼마나 크든지, 우리가 얼마나 많이 기도하든지에 상관없이 소리 내어 하나님을 찬양하는 것은 그분이야말로 궁극적인 (도움의) 원천이며 해결자임을 상기시켜 준다. 이것은 우리의 믿음을 촉진시키며, 그분이 우리를 얼마나 많이 사용하시는가와 관계없이 주님께 모든 영광을 돌리도록 동기를 부여한다. "내 모든 뼈(존재)가 이르기를 여호와와 같은 이가 누구냐"(시 35:10).

하나님은 그분의 능력을 나타내시기 위한 징조로 예배와 찬양을 택하셨다. 이로써 하나님은 높임을 받으시며, 우리는 그분의 놀라운 행사를 보게 되는 것이다. "호흡이 있는 자마다 여호와를 찬양할지어다 할렐루야"(시 150:6).

성경말씀 묵상하기

성령의 도움으로 말씀을 묵상하는 것은, 우리의 마음을 감동하여 예수님과 더욱더 친밀한 관계를 맺도록 하는 힘 있는 도구가 된다. 결국 예수님은 살아 계신 말씀이 아니신가! 묵상은 우리를 훨씬 높은, 그리고 더 깊은 수준의 중보기도로 안내해 준다. "그러므로 믿음은 들음에서 나며 들음은 그리스도의 말씀으로 말미암았느니라"(롬 10:17).

초보자라면 다음 말씀을 묵상해 보라. 이 말씀은 묵상할 때마다 나에게 힘을 북돋아 준다. "다윗이 온 회중 앞에서 여호와를 송축하여 이르되 우리 조상 이스라엘의 하나님 여호와여 주는 영원부터 영원까지 송축을 받으시옵소서 여호와여 위대하심과 권능과 영광과 승리와 위엄이 다 주께 속하였사오니 천지에 있는 것이 다 주의 것이로소이다 여호와여 주권도 주께 속하였사오니 주는 높으사 만물의 머리이심이니이다 부와 귀가 주께로 말미암고 또 주는 만물의 주재가 되사 손에 권세와 능력이 있사오니 모든 사람을 크게 하심과 강하게 하심이 주의 손에 있나이다 우리 하나님이여 이제 우리가 주께 감사하오며 주의 영화로운 이름을 찬양하나이다"(대상 29:10-13).

성경말씀 암송은 중요한 일이며, 우리 삶에 변화가 일어나도록 영향을 끼칠 수 있는 좋은 수단이다. 적대적인 환경에 직면할 수도 있고 성경을 읽지 못할 다른 여러 가지 이유가 발생할 수 있기 때문에, 언제까지나 성경을 쉽게 접할 수 있으리라고 장담할 수 없다. 그렇지만 성경을 기억하고 있으면 성령께서 필요할 때 놀랍게 역사하시는 통로가 된다. 그러나 묵상은 암송보다 한층 더 가치 있는 일이다. 왜냐하면 묵상을 통해 계시를 받을 수 있고, 진리의 계시는 말씀을 실제에 적용하는 동기를 부여하는 최고의 요인이기 때문이다. 그리고 나서야 진리가 우리를 자유롭게 할 수 있다.

그룹으로 기도할 때는 인도자가 먼저 그룹 사람이 하나님의 말씀에서 어느 부분을 묵상해야 할지 성령의 인도하심을 구할 수 있다. 기도 모임에서 묵상을 배운다면 매우 도움이 될 것이다.

다른 사람을 위해 기도할 때나 기도하게 될지 모를 때, 성경을 곁에 두는 편이 언제나 유익하다. 성령이 하나님의 말씀으로 우리에게 지시나 교훈, 권고, 확인 또는 격려를 주실 때를 대비해 항상 그분께 귀 기울이며 깨어 있어야 한다. 실제로 종종 그러한 일이 있다. 이것이 바로 중보기도 사역의 보람 있고도 감격스런 면이며, 수십 년 동안 내 삶의 자연스러운 방식이었다. 이러한 일을 자주 체험할수록 나는 하나님과 그분의 길을 더욱 경외할 수 있었다. 또한 그분을 더욱 예배하게 되었다.

부담감을 올려 드리기

하나님은 우리의 영에 어떤 사람이나 상황에 대한 부담감을 주셔서, 우리가 그 짐을 주님께 다시 맡기도록 하신다(시 55:22).

그러나 우리가 영적인 짐을 지고 무거운 마음으로 다니기를 원치 않으신다. 부담감이 느껴질 때의 해결책은, 단순히 성령님을 초청하여 우리가 그 상황을 두고 실제로 기도할 때 우리를 인도하고 힘주시도록 요청하는 것이다. 하나님이 주시는 바를 기도하라. 그리고 한 가지, 한 가지를 구할 때마다 믿음을 가지라. 기도가 바라는 단계에서 믿는 단계로 넘어가면, 우리 영에서 부담감이 떠날 것이다. 하나님의 역사하심을 계속해서 찬양할 때, 그분의 멍에는 쉽고 짐은 가볍다는 사실을 깨닫게 될 것이다.

성령 안에서 기도하기

성령의 지시를 받고 그분의 힘을 얻어 지속하는 기도라면 모두 성령 안에서 하는 기도(Praying in the Spirit)라 할 수 있다. 이것은 성령 안에 머물기, 성령 안에서 말하기, 성령 안에서 노래하기 같은 범주에 들어

간다. 예를 들어, 사도 요한은 하나님의 음성을 듣고 환상을 보았을 때, "주의 날에 내가 성령에 감동"(계 1:10-11)되었다고 말한다.

성령 안에서 기도한다는 것은 다름이 아니라, 기도할 때에 성령의 다스림을 받을 수 있는 조건을 충족했다는 의미다. 바울은 영적 전쟁에 관해 말했을 때, 이러한 기도를 드리라고 힘주어 말한다. "모든 기도와 간구를 하되 항상 성령 안에서 기도하고 이를 위하여 깨어 구하기를 항상 힘쓰며 여러 성도를 위하여 구하라"(엡 6:18). 유다서 역시 "지극히 거룩한 믿음 위에 자신을 세우며 성령으로 기도하며"(20절)라고 권고한다. 전후 맥락을 살피면, 이 말씀은 우리가 어느 때든지 하나님의 사랑을 나타낼 거라는 사실을 분명히 깨닫고, 핍박을 당할지라도 인내하라는 메시지와 연결되어 있다.

성령님이 인도하시는 기도의 특징

성령님께 이끌린 기도라면,
- 하나님의 뜻에 일치하며(요일 5:14-15)
- 아들을 통하여 아버지를 영화롭게 하며(요 14:13)
- 하나님의 성품, 방법, 말씀에 기초하며(요 15:7)
- 정결한 마음에서 나오며(약 5:16)
- 충만한 믿음의 확신 가운데(약 1:6)
- 예수님의 이름으로 구한다(요 14:14).

이러한 기도는 항상 응답받는다!

나는 친애하는 친구 아서 월리스(Arthur Wallis)가 그의 저서 《성령 안에서 기도하라》(Pray in the Spirit)의 3장에서, 성령 안에서 기도하는 것과 영으로 기도하는 것의 차이점을 구분한 것에 적잖은 도움을 받았다. 아서 월리스는 저명한 작가이자 성경 교사였으며, 몇 해 전에 주님 곁으로 돌아갔다.

영으로 기도하기

'영으로 기도한다'(Praying with the spirit)는 말을 사용할 때는 모든 영역본 성경이(성령을 뜻하는 'Spirit'이 아니라) 소문자 's'로 시작하는 '영'(spirit)이라는 단어를 사용한다. 이러한 형식으로 기도하는 것은 사람이 성령으로 말미암아 한 번도 배운 적이 없는 다른 언어(글로솔라리아, glossolaria)의 은혜를 받았을 때 일어난다. 그것은 사람의 제한된 생각을 뛰어넘어 하나님을 찬양하는 수단이다(고전 14:2). 또한 하나님이 보시기에 우리나 다른 사람들이 기도하는 내용을 알지 못하는 것이 더 나을 때 성령이 우리를 통하여 중보기도 하시는 수단이 된다. 성경은 우리의 삶에서 이와 같은 성령님의 은혜의 역사를 사용함으로 개인의 덕을 세우게 된다고 말한다(고전 14:4).

나는 일생에 걸쳐 '성령 안에서 기도하기'와 '영으로 기도하기'가 둘 다 분명하게 나타난 기도 모임에 참가했다. 경험이 많고 경건한 중보기도자 중에는 하나님이 주신 다른 언어(방언)로 기도하는 사람이 있었고, 그렇지 않은 사람도 있었다. 한 부류가 다른 부류보다 더 능력이 있거나 효과적으로 기도하는 거라고 말할 수 없다. 놀랄 일도 아닌 것이, 두 부류의 기도자 모두 같은 요건을 충족하기 때문이다. 그들은 모두 성령의 다스림 앞에 굴복했고 그분의 지시에 순종했으며, 에베소서 5장 18절에서 명한 바와 같이 성령으로 충만했다.

내가 권하고 싶은 또 하나의 훌륭한 책은 잭 헤이포드 박사의 《영적 언어의 아름다움》(엘맨출판사 역간)이다.

비탄과 산고

말로는 표현할 수 없을 만큼 기도의 부담감이 강렬해질 때, 성령은 해산하기 직전의 여인이 내는 것과 비슷한 소리로 자신도 모르게 규칙적인 신음을 발하게 하며 진통을 느끼게 하신다. 그렇게 기도하는 대상을 향한 아버지의 마음을 표현하게 하신다. 그러한 신체적 고통은 하나님이 영의 세계에서 매우 중요한 의미가 있는 무언가를 낳고 계시다는 믿음과 강렬한 소원이 생기게 한다. 나는 영적 지도자 하나하나를 놓고 중보기도 할 때 그러한 일을 자주 경험했다. 기도 중에 겪은 산고의 원인과 목적을 성령이 즉시 깨닫게 하실 때도 있었고, 어떨 때는 상당한 시간이 흐르기까지 아무런 깨달음도 얻지 못했다.

하나님의 종이 영적으로 발전을 이루는 일에는 오랜 시간이 걸린다. 그러므로 이와 같은 기도의 결과가 바로 나타나지 않는다 해도, 나는 하나님이 그들의 삶에 깊고도 영속적인 변화를 가져올 어떤 작업을 하고 계시다는 것을 확신했다.

부흥을 위한 기도에도 같은 원리가 적용된다. 내가 이러한 진통을 겪으며 열방의 부흥을 위하여 40년 동안 기도했을 때, 그 모든 수고가 헛되지 않을 것이라는 하나님의 약속은 큰 격려가 되었다.

"이러한 일을 들은 자가 누구이며 이러한 일을 본 자가 누구이냐 나라가 어찌 하루에 생기겠으며 민족이 어찌 한순간에 태어나겠느냐 그러나 시온은 진통하는 즉시 그 아들을 순산하였도다 여호와께서 이르시되 내가 아이를 갖도록 하였은즉 해산하게 하지 아니하겠느냐 네 하나님이 이르시되 나는 해산하게 하는 이인즉 어찌 태를 닫겠느냐 하시니라"(사 66:8-9).

성령께서 하나님의 마음을 나타내는 또 다른 방법은 필사적인 소원이나 갈망이 심한 통곡, 즉 비탄으로 표현되는 것이다. 그러한 일은 나라와 선교 단체, 교회, 영적 지도자, 민족, 개인, 그리고 잃어버린 영혼을 위해 기도할 때 수없이 일어났다.

의미심장한 사실은, 하나님이 도움이 필요한 족속에게 복음 전하는 일에 나를 부르시기 바로 전에 그러한 깊은 기도가 일어났다는 것이다. 중보기도야말로 복음 전파를 위해 우리가 할 수 있는 최대의 준비인 것이다.

여러 해 전에 아서 월리스가 내게 익명으로 글을 써 달라고 요청했다. 중보기도 중에 겪었던 비탄과 산고의 체험이 주제였다. 그는 나의 이야기를 《성령 안에서 기도하라》에 실었다. 당시에 그 글은 익명으로 쓰이기에 적합했다고 생각한다. 마찬가지로 이제는 그 베일을 벗기는 것이 적합한 일이라고 믿는다.

베드로와 야고보와 요한이 산에서 내려왔을 때, 예수님은 그들이 본 것을 그때에는 아무에게도 말하지 말라고 엄히 지시하셨다(마 17:9). 그런데 후에 마태와 마가, 그리고 누가는 성령의 감동으로 이 사건을 기록했다. 이는 분명히 그곳에 있었던 세 제자를 통해 전해 들은 것이다.

하나님은 그러한 순종의 행위로 영광을 받으셨다. 그분은 내가 전에 한 번도 나눈 적이 없는 많은 일을 이 책에 기록하는 것에 대해서도 똑같은 원리가 적용된다고 확인해 주셨다. 이것은 빠르게, 혹은 쉽게 얻은 결론이 아니다. 다음은 내가 앞서 언급한 《성령 안에서 기도하라》는 책에서 나눈 두 가지 체험이다.

빌리 그래함 전도대회가 있기 전에 영혼들의 구원을 위해 기도하고 금식하며 하루를 보낸 후 종교와 사업 면에서 모두 영향력을 발휘하는 한 유대인을 위하여 기도할 때, 나는 이와 같은 심한 통곡에 들어갔다. 나는 이미 2년 동안 그를 위해 기도해 온 터였다. 그는 우리와 함께 전도대회에 갔으며, 거기에서 성령으로 깊은 감동을 받았다. 그 후 그를 위해 1년을 더 중보기도 하고서, 우리는 그가 죽었다는 갑작스러운 비보를 접했다. 그가 과연 그리스도와 만났는지는 확인할 길이 없었으며, 오직 하나님만이 그 영혼의 운명을 알고 계신다. 그 경험을 통해 나는 우리를 간절히 찾으시는 하나님의 사랑을 배웠다.

또 나는 하나님에게서 비롯하여 믿음으로 다시 올린 기도는 절대 낭비되지 않는다는 것을 배웠다. 비록 그 목적이 기도하는 대상에게는 이루어지지 않을지라도, 그 과정을 통해 하나님의 섭리가 이미 우리 안에서 이루어진 것이다. 다른 하나는 잃어버린 영혼을 향한 강렬한 고뇌에 관련된 체험인데, 그 일은 신음하는 소리 같은 걸 도저히 발할 수 없는 상황에서 일어났다.

어느 주일 아침, 설교자가 광고하기를 저녁 예배 때에는 부자와 나사로 이야기를 통해 '지옥'을 주제로 말씀을 전할 것이며, 그 자리가 그리스도를 영접할 마지막 기회인 사람이 있을 수도 있으니 특별히 기도해 주기를 요청한다고 했다. 나는 이것이 한 기업의 간부인 어떤 분을 두고 한 말임을 대번에 알아차렸다. 그는 우리의 친구였고, 남편은 기회가 있을 때마다 그에게 구원의 도를 성실히 나누었으며, 우리는 그를 위해 오랫동안 기도해 왔다. 우리는 그에게 전화하여 집회에 참석하겠다는 대답을 받아 냈다. 오후에 기도할 때 그의 절실한 필요에 대해 심한 부담감이 느껴졌다. 나는 너무 늦기 전에 그가 회개하기를 갈망했다. 심히 우는 것 외에 어떤 말도 할 수가 없었다.

그날 저녁 그는 우리 곁에 앉았고, 예배 시간 내내 성령은 나를 통해 그의 구원을 위하여 애쓰셨다. 겉으로는 완전한 침묵과 고요함 가운데 있었지만, 나는 전에 없이 격렬한 영혼의 산고를 치렀다. 그의 영혼이 영원히 멸망할 곳으로 추락하는 장면이 눈앞에 보이는 듯했다. 쉬지 않고 기도하면서, 나는 성령의 역사로 그가 점차, 그러나 확실하게 돌아오고 있음을 감지했다. 쉴 새 없이 조용히 떨어지는 눈물 외에는 내 안에서 무슨 일이 벌어지고 있는지 아무도 알아차릴 수 없었다. 그는 마침내 복음의 초청에 응답하여 예배 후 설교자와 함께 무릎을 꿇고서 자신의 삶을 그리스도께 위탁했다.

우리를 찾아오셔서 구원하시는 하나님의 사랑과 끝없는 긍휼의 깊이를 어찌 다 측량할 수 있으랴! 나는 멈추어 그분께 경배드린다.

내가 지도자를 위한 중보기도를 하면서 치른 가장 강렬한 산고는, 나와 오랜 세월 친밀하게 지내 온 두 사람의 지도자가 서로 이야기를 나누는 동안에 겪은 것이다. 나는 그들의 관계에 어려움이 생겼으며, 두 사람이 그러한 문제를 해결하고자 애쓰고 있음을 알았다. 나는 다른 어떤 이들보다 그들이 겪는 어려움을 더 잘 알고 있었으므로, 그 시간에 그들을 위하여 간절히 중보기도 해야 할 큰 책임을 느꼈다.

방해받지 않고 혼자 있을 만한 한적한 장소로 물러가 두 사람을 위해 하나님께 필사적으로 기도하기 시작했다. 기도하는 동안, 그들의 관계가 깨어져 서로 심한 고통을 겪은 것을 알았고, 그러한 아픔을 느끼자 두 사람에게 긍휼한 마음을 느꼈다. 그들이 하나 되고 회복되어야 한다는 내 영혼의 부담이란 이루 말할 수 없이 무거운 것이었다. 마치 어머니가 아이를 해산하게 하는 진통이 오기를 기다리듯, 나는 성령의 진통이 찾아오기를 고대했다. 그런데 신음과 비탄의 눈물 대신에 짧고 헐떡이며 몰아쉬는 호흡과 표현할 수 없는 영혼의 고뇌로 앓는 소리가 났다.

나는 하나님께 여쭈었다. "이것은 무슨 일입니까?" 하나님은 두 사람을 향한 그분의 순결하고 공평한 사랑을 내 마음에 나타내고 계시다고 대답하셨다. 나는 두 사람을 향한 그러한 차원의 사랑에 수반되는 하나님의 고통을, 내가 일부나마 체험하고 있음을 이해했다. 부담감이 떠나가자 안도하면서도 하나님이 자녀의 하나 됨을 얼마나 소원하시는지, 그리고 그들이 실제로 연합하기까지 겪으시는 고통이 얼마나 큰지를 더 잘 알게 되었다. 그래서 내 안에 감사하는 마음이 넘쳐 났다. 그리고 곧 하나님의 두 귀한 종은 연합과 치유를 경험했다.

모 · 범 · 기 · 도

† 사랑하는 하나님!

주님의 방법이 얼마나 다양하고 지혜로운지요. 주님께 경배드리며 그 놀라우신 이름을 찬양합니다. 그러한 길을 주의 자녀에게 계시해 주시니 감사드립니다.
제가 중보기도 할 때에 주님의 그러한 방법을 더 온전히 체험하여 위대하고 크신 주의 긍휼한 마음을 깨닫고, 주님이 어떤 분이신지를 잘 이해할 수 있게 되기를 갈망합니다.
성령님이 저의 스승이 돼 주실 것에 참으로 감사드립니다. 주님을 사랑합니다. 아멘.

17

준비되었는가?

우리에게 가장 필요한 일의 하나는 하나님의 성품과 영광, 그리고 임재에 대하여 더 많은 계시를 받는 것이다. 그리고 이러한 일은 성령님이 하나님의 백성 위에 부흥의 능력으로 임하실 때 가장 효과적으로 이루어진다. 우리는 이때를 위하여 준비되어 있는가?

참된 부흥은 두렵고도 놀라운 일이다. 하나님은 모든 사람이 알 수 있도록 친히 강림하시며, 우리는 말로 표현할 수 없이 거룩한 그분의 영광을 경험하게 된다. 동시에 하나님의 관점으로 죄를 볼 수 있게 되어, 하나님의 자녀는 회개할 기회를 얻게 된다. 이는 하나님이 그분의 크신 사랑을 증명해 보이시는 다양한 방법의 하나다.

성령의 단비를 받아들이는 사람들은 큰 기쁨으로 하나님을 찬양하게 된다. 우리는 저항의 우산을 펴든지, 아니면 하나님이 우리를 흠뻑

적셔 주시도록 초청하든지 둘 중 하나를 선택할 수 있다.

다른 어떤 것보다도, 한없는 사랑과 큰 능력을 베푸시는 살아 계신 여호와 하나님의 거룩하심을 더 알게 된다면, 자연히 영원한 목적을 위해 살려는 소원이 생길 것이다. 그것이 바로 우리에게 절실히 필요한 일이요, 그것이 곧 부흥이 가져다주는 일이다!

우리는 성령의 은혜로, 곧 쏟아져 내릴 성령의 불과 바람과 비를 맞이할 준비를 해야 한다. 그것은 가볍게 생각할 일이 아니다. 누군가 말한 것처럼 "비를 위해 기도할 때는, 진흙탕에 대처할 준비를 해야 한다." 하나님은 준비되려는 사람들의 마음을 깊이 갈아 주신다. 쟁기 날의 아픔에 움츠러들지 마라. 주님의 영광이 드러나고 큰 추수가 일어나 그분이 영광 중에 찬양받으실 날을 기대하자.

부흥이 일어나면 모든 믿는 자의 삶에 그리스도 생명의 증거가 뚜렷해진다. 하나님의 백성이 참으로 다시 살아날 때는 예수 그리스도께서 그들의 삶에서 가장 큰 열정이 되시고, 그리하여 세상의 빛이 마침내 밝게 빛나며 드러날 때다. 믿지 않는 세계에까지 놀라운 파급 효과가 일어나며, 큰 영적 각성이 일어나 그동안 복음을 완강히 거부하던 수많은 죄인이 자신의 죄를 깊이 회개하여 예수님께 삶을 위탁할 것이다.

이러한 영적 현상의 결과로, 지역사회 전체가 영향을 피할 수 없게 될 것이다. 역사를 관찰해 봐도 알 수 있듯, 부흥에는 사회적 개혁이 뒤따른다. 사람들의 삶에 충만히 역사하시는 하나님이 매일 저녁 뉴스의 초점이 된다고 상상해 보라. 끊이지 않고 흘러나오는 강간과 살인, 그 밖의 폭력 소식 대신, 얼마나 감격스런 변화가 될 것인가!

부흥이 정말로 일어나면, 하나님 나라의 확장을 위해 그분에게서 영감과 능력을 받은 그리스도인들이 평상시에 몇 일, 몇 주, 몇 달, 혹은 몇 년 동안 활동하여 성취하는 것보다 더 많은 일이 일어난다. 하나님은 단 몇 초, 몇 분 안에 이런 일들을 행하신다. 1857-1858년에 미국을 휩쓴 영적 각성이 정점에 달했을 때는 어림잡아 매주 5만 명이 회심한 것으로(기독교 라디오나 TV 방송이 없었는데도) 기록되어 있다.

능력 있는 중보기도자였던 데이비드 브레이너드(David Brainerd)는 1745년에 미국 내 인디언들의 부흥을 위해 간절하고 끈질기게 했던 기도에 하나님이 어떻게 응답하셨는지 다음과 같이 기술했다.

> 하나님의 권능이 회중 위에 강한 돌풍처럼 강림하셨고, 놀랄 만한 에너지가 그 앞에 있는 모든 사람을 압도했다. 나는 거의 모든 청중을 사로잡은 그 영향력에 놀라 가만히 서 있었다. 그것은 저항할 수 없는 강한 급류의 힘이라고밖에 달리 설명할 수 없었다. 어린이들을 포함하여 모든 사람이 대부분 엎드러져서 주변 사람들을 망각한 채 깊은 비탄에 젖어 괴로워하였다. 너나 할 것 없이 건물 곳곳과 건물 밖 여러 곳에서 하나님의 긍휼을 구하며 울부짖었다.

참된 부흥이 시작되면 다른 어느 때보다 더 빨리, 더 영속적인 의의 혁명이 일어난다. 하나님이 "공의는 나라를 영화롭게 하고"(잠 14:34)라고 말씀하셨기에, 부흥을 위한 기도는 매우 중요한 일이다. 나는 이것이 생존을 위한 부흥이라고 믿는다.

세계는 영적으로 매우 심각한 상태에 처해 있으며, 사회는 몹시 병

들어 있다. 만일 하나님이 전 세계의 교회에 참된 부흥과 개혁이 일어나기를 원하신다는 사실을 알지 못했다면, 나는 절망에 빠졌을 것이다. 그러나 나는 절망하지 않는다. 왜냐하면 나에게는 기대에 찬 소망과 확고한 믿음이 있기 때문이다. 부흥을 위한 기도는 하나님의 손을 움직인다.

이 주제에 본격적으로 들어가기 전에, 성경에서 말하는 연합이 얼마나 필수적인지 이해할 필요가 있다. 사실 부흥을 위한 우리 기도의 효력은 거기에 달렸다고 해도 과언이 아니다. 예수님은 하나님이 자기 아들을 세상에 보내신 것과 그분이 자기 아들을 사랑하듯 아들의 제자들도 사랑하심을 세상이 확신할 수 있는 유일한 길은, 하나님의 백성 사이의 참된 연합이라고 말씀하셨다. 이러한 연합의 특징은 삼위일체의 세 인격이 서로 관계 맺는 모습에서 잘 나타난다.

> 곧 내가 그들 안에 있고 아버지께서 내 안에 계시어 그들로 온전함을 이루어 하나가 되게 하려 함은 아버지께서 나를 보내신 것과 또 나를 사랑하심 같이 그들도 사랑하신 것을 세상으로 알게 하려 함이로소이다(요 17:23).

예수님이 이 기도를 마치시자마자 아버지 하나님이 그 기도대로 이루기 시작하셨다. 그러므로 성령이 임하시면, 우리도 이 놀라운 연합을 체험할 수 있다.

하나님 백성의 이와 같은 연합은, 잃어버린 영혼들의 거대한 추수와 곧바로 연결된다. 초대교회의 경우가 그랬다. 사도행전 2장에는, 하루

만에 3천 명이 회심하여 세례받은 성령 강림 사건이 기록되어 있는데, 세 가지 조건이 그 같은 역사의 발판이 되었다. 그것은 바로 주의 말씀의 권위 있는 선포, 끈질긴 기도, 그리고 연합이었다. 기름부으심 있는 말씀이 중요한 것은 두말할 여지가 없지만, 내가 믿기로 우리는 똑같이 필수적인 다른 두 조건을 소홀히 한데 반해 이 요소를 지나치게 강조해 왔다. 또한 열심 있는 기도가 부흥에 필수적인 선행조건이긴 하지만, 기도를 많이 한다고 해서 꼭 하나님을 감동하게 하는 것은 아님을 알아야 한다. 하나님은 우리의 말보다는 우리의 마음과 생활에 관심이 있으시다. 사실 성경은 우리의 기도가 실제로 하나님을 화나시게 하거나 도리어 하나님에게서 멀어지게 할 수도 있다고 말한다. "만군의 하나님 여호와여 주의 백성의 기도에 대하여 어느 때까지 노하시리이까"(시 80:4). 이 구절이 하나님의 백성을 회복하시고 부흥시켜 달라는 시편 기자의 거듭된 부르짖음에서 나왔음은 매우 의미심장하다.

성경은 우리가 하나님의 말씀에 주의하기를 거절하면, 하나님 또한 우리의 기도를 싫어하신다고 말씀하신다. "사람이 귀를 돌려 율법을 듣지 아니하면 그의 기도도 가증하니라"(잠 28:9).

그러나 우리는 매우 자주 (어리석게도) '기도하고 말씀 전파하는 일에만 충실하면' 하나님이 부흥을 주시리라고 생각한다. 우리가 영적 각성을 위한 하나님의 핵심 조건을 이루지 못하는 이유가, 혹시 우리 자신을 겸손히 낮추고 서로 용서하며 쌓인 오해를 푸는 데 더 많은 시간을 투자하지 못해서이기 때문은 아닐까?

"여자들과 예수의 어머니 마리아와 예수의 아우들과 더불어 (이 모든 사람이) 마음을 같이하여 오로지 기도에 힘쓰더라"(행 1:14). 거기 있던 120명은 누구였는가? 사도들과 남녀 제자들, 그리고 예수님의 직계가족이었다. 이 사람들은 이전까진 '마음을 같이하며' 지낸 사이가 아니었다. 그것은 그때까지 하나님이 그들에게 성령을 부어 주실 만큼 그들을 신뢰하지 못할 만한 충분한 이유가 되었을 것이다.

본래 제자들은 서로 경쟁하고 시기했다. 한 명은 주를 배반했고, 다른 한 명은 그분을 세 번이나 부인했다. 모두 불신앙으로 가득하였다. 심지어 요한복음 7장 5절을 보면, 예수님의 형제들도 그분을 믿지 않았음을 알 수 있다. 그러므로 이 사람들이 모두 한마음이 될 수 있기까지는 분명히 많은 회개와 화해가 있었을 것이다. 그들이 한곳에서 거의 열흘 동안 함께 머물렀다는 사실은 그들이 실제로 깊이 연합되었음을 보여 준다. 부흥을 위해 효과적으로 기도하려면, 다음 네 가지 면에서 연합을 이루는 것이 필요하다.

1. 하나님의 마음과 일치

"내가 나의 마음에 죄악을 품었더라면 주께서 듣지 아니하시리라"(시 66:18). 이것은 우리의 상황과 관계없이 어느 때나 하나님의 절대적인 의와 정의를 받아들이고 그 안에서 기뻐하는 것을 뜻한다.

> 그는 반석이시니 그가 하신 일이 완전하고 그의 모든 길이 정의롭고 진실하고 거짓이 없으신 하나님이시니 공의로우시고 바르시도다(신 32:4).

특별히 오랫동안 시련이 지속될 때, 마음 깊이 하나님께 원망을 품기 쉽다. 그러나 생활에서 늘 하나님을 예배하고 찬양한다면, 그러한 일을 피할 수 있다.

2. 모든 참 신자들 마음의 일치

우리가 연합하는 정도는 마음속에 숨겨 둔 일에서 얼마나 자유로운지에 달렸다. 마음속에 해결하지 않고 쌓아 둔 것이 있다면, 이는 점진적으로 냉담과 무관심, 원망, 판단, 비판, 의심을 낳을 것이며, 교제와 사랑이 부족하게 되어 결국 서로 연합하지 못하게 된다. 마음속에 숨기는 것이 있다면, 마음속에서부터 서로 깊이 사랑하는 데 이르지 못할 것이다(벧전 1:22).

시편 15편은 우리가 마음으로 서로 가까운 만큼만 하나님과 가깝다고 말씀한다. 그것은 우리와 하나님과의 관계가, 우리 마음이 가장 냉담한 사람과의 관계만큼만 친밀하다는 뜻이다. 그리스도의 몸에서 동일한 취급을 받고 싶지 않은 부분이 있는가? 배울 것이 전혀 없다고 느껴지는 단체나 개인이 있는가? 아니면, 그리스도인으로서 섬기는 일을 할 때 같은 팀이 되고 싶지 않은 부류가 있는가?

만일 지금 모든 그리스도인과 우리 자신을 동일시할 수 없고 그들에게서 배울 수 없고 함께 일할 수 없다면, 모든 것이 가속화되고 압박감이 가중되는 미래에 어떻게 다른 사람을 위해 효과적으로 기도하며 하나님께 쓰이기를 기대할 수 있겠는가? "만일 네가 보행자와 함께 달려도 피곤하면 어찌 능히 말과 경주하겠느냐 네가 평안한 땅에서는 무사하려니와 요단 강 물이 넘칠 때에는 어찌하겠느냐"(렘 12:5).

3. 목적의 일치

부흥이 일어나 하나님의 백성을 다시 살게 하는 주된 목적은, 백성이 주 예수님의 형상에 더욱 가까워지며(롬 8:29), 그분과의 관계에서 더 큰 친밀감을 누리기 위해서다. 두 번째 목적은 수백, 수천만의 영혼들이 회심하여(여러 교단과 기독교 단체들에서 양분을 받아) 묶임에서 자유롭게 되고 주 예수의 제자가 되게 하는 것이다.

4. 성령의 방법을 이해하는 데 있어서의 일치

이러한 일치는, 우리가 기도해 온 바로 그 일에 우리가 저항하는 일이 없도록 도와준다. 남아프리카의 한 네덜란드 개혁교회에서 청년 모임을 할 때였다. 농장에서 일하는 한 어린 흑인 소녀가 어느 특정 찬송가를 불러 달라면서, 자신이 기도하도록 허락해 달라고 부탁했다. 인도자는 망설이다가 소녀의 요청을 수락했다. 그가 기도하는 동안 멀리서 천둥이 다가오는 것 같은 소리가 들리더니, 점점 더 가까워져서 마침내 그 강당을 온통 감싸고 건물 전체가 진동하기 시작했다. 성령은 그 모임 위에 그들이 경험했던 어떤 것과도 다른, 새롭고 특이한 방식으로 강림하셨다. 누가 시키지도 않았는데 모든 사람이 일시에 큰 소리로 기도하기 시작했다.

그 청년 모임의 인도자는 그것이 하나님의 역사임을 알았고, 하나님의 역사에 저항하지 않았다. 그러나 그 교회의 목회자였던 앤드류 머레이(Andrew Murray) 목사는 모임에 도착하자마자 그곳에 일어나고 있던 일을 멈추려고 시도했다. 그러나 성공하지 못했다. 그 뒤에 열린 모임에서도 같은 현상이 일어났고, 이번에도 앤드류 머레이는 사람들을 가라앉히려고 노력했다. 후에 그는 성령님이 역사하시는 새로운 방법에 마음을 열고 융통성을 지녀야 할 필요성을 깨달았다. 그래서 회개하고 하나님께 협력했다. 그 일이 있은 후에, 하나님이 그를 얼마나 놀랍게 사용하셨는지는 역사를 통해 다 아는 이야기다. 이처럼 위대한 신앙인인 앤드류 머레이도 목회 초기에 성령님께 저항했다. 성령님에 반하는 일은 누구라도 충분히 저지를 수 있는 일이다.

우리는 하나님이 그분의 방법을 우리에게 가르쳐 주시도록 끊임없이 부르짖어야 한다.

- 하나님 말씀에서 그 방법을 공부하라.
- 우리에게 하나님을 경외하는 마음이 일어나기를 요청하라.
- 성령 하나님께 지속적으로 복종하라.
- 모든 일에서 성령님의 지시에 순종하라.

그리하면 하나님은 성령님이 역사하시는 다양하고 놀라운 방법을 분별할 영적인 지혜를 우리에게 부어 주실 것이다.

지도자를 위한 특별 기도

성령님의 순전한 강림은 한결같이 평범하지 않으며, 또 예측할 수 없다는 특징이 있다. 그러므로 우리는 영적 지도자가 이러한 일에 준비될 수 있도록 기도해야 한다.
- 지도자들이 성령의 방법을 이해하도록, 그리고 하나님이 역사하실 수 있는 여지를 드리도록 기도하라.
- 지도자들이 민감해지고 융통성을 발휘하여 하나님이 하시고자 하는 새로운 일에 함께할 수 있도록 기도하라.
- 지도자들이 여호와를 경외하는 마음으로 충만해져서 사람을 두려워하는 데서 자유롭게 되도록 기도하라.
- 지도자들에게 매우 필요한 지혜의 근원이 여호와를 경외하는 것임을 그들이 깨닫게 되도록, 또 그들이 위선을 회개하게 되도록 기도하라.
- 지도자들이 개인적인 명성에 관심을 쏟지 않도록 기도하라!

모·범·기·도

✝ 사랑하는 하나님!

어떤 대가를 치르든지, 부흥을 위해 저를 준비시켜 주옵소서. 그것이 안일한 일상에서 떠나야 하는 일임을 알고 있습니다. 그래도 괜찮습니다. 저는 주께서 하시는 일과 그 일을 하시는 주님 방법의 최전방에 머물고 싶습니다.

다가올 전 세계의 부흥과 영적 각성을 위해 준비되도록, 이제 성령의 역사 앞에 순복하겠습니다. 저를 지나치지 마옵소서.

주님이 저의 삶에 계획하신 일을 다 이루실 것이므로 감사드립니다. 나의 놀라운 친구이신 하나님, 주님을 경배하고 주님을 사모합니다.

예수님의 거룩하신 이름으로 기도합니다. 아멘.

부흥을 위한 기도의 특징

아래에 제시하고 있는, 부흥을 위한 기도의 특징을 이해한다면, 훨씬 더 효과적으로 기도할 수 있을 것이다.

1. 부흥을 위한 기도는, 이것이 언제나 하나님으로부터 시작한다는 사실을 인식하는 데서 출발한다.

하나님은 백성의 마음을 움직이셔서, 그들이 부흥의 필요성을 인식하고 그 무엇도 부흥을 대신할 수 없음을 깨닫게 하신다. 또한 부흥이란 사람이 조직적으로 만들어 낼 수 있는 일이 아니라는 깨달음을 주셔서, 우리로 기도하게 하신다. 이것은 고통(의 기도)을 통과해야만 얻을 수 있다. 거침없는 산사태와 같은 성령의 역사는, 백성의 일치된 부르짖음에 대한 응답으로, 하나님의 때에 하나님의 방식으로 일어난다

(슥 4:6). 시편 기자가 "우리를 소생하게 하소서(부흥하게 하소서) 우리가 주의 이름을 부르리이다"(시 80:18)라고 부르짖었을 때, 그는 이 사실을 이해했다.

2. 부흥을 위한 기도는 집중적으로 간절히 기도하는 일을 포함한다.

구약시대 선지자들이 했던 부흥의 기도를 우리가 계속할 때, 위의 사실을 깨닫고 일반적이고 안일한 태도를 모두 버리게 될 것이다. "주의 이름을 부르는 자가 없으며 스스로 분발하여 주를 붙잡는 자가 없사오니"(사 64:7). "용사여 칼을 허리에 차고 왕의 영화와 위엄을 입으소서 왕은 진리와 온유와 공의를 위하여 왕의 위엄을 세우시고 병거에 오르소서 왕의 오른손이 왕에게 놀라운 일을 가르치리이다"(시 45:3-4).

3. 부흥을 위해 기도할 때는 죄에 세심한 주의를 기울이며 기도하라.

우리는 그리스도의 몸 안에 있는 우상숭배의 죄를 하나님께 자복하고 그분의 엄위하심을 경외해야 한다.

"어느 나라가 그들의 신들을 신 아닌 것과 바꾼 일이 있느냐 그러나 나의 백성은 그의 영광을 무익한 것(우상)과 바꾸었도다 너 하늘아 이 일로 말미암아 놀랄지어다 심히 떨지어다 두려워할지어다 여호와의 말씀이니라 내 백성이 두 가지 악을 행하였나니 곧 그들이 생수의 근원되는 나를 버린 것과 스스로 웅덩이를 판 것인데 그것은 그 물을 가두지 못할 터진 웅덩이들이니라"(렘 2:11-13).

우상이란 주 예수 그리스도보다 우선하여 우리의 생각이나 시간, 애정, 또는 충성심 등을 차지하는 사물이나 사람을 뜻한다. 혹은 하나님께 순종하는 것을 방해하는 어떤 것일 수도 있다. 여기에는 우리가 각자의 뜻대로 행하는 것도 포함된다. "사람이 각기 자기의 소견에 옳은 대로 행하였더라"(삿 21:25). 가장 포착하기 어려운 우상의 하나는 사역에 마음을 빼앗겨 주님과의 기쁘고도 헌신적인, 친밀한 사랑의 관계를 잃는 것이다. 앞서 언급한 예레미야의 말씀에 주목하라. 하나님은 그분의 백성이 하나님 '섬기기'를 버렸다고 말씀하지 않으시고 '나'(하나님)를 버렸다고 하셨다.

우리는 우리가 속한 나라의 우상숭배를 우리 자신의 죄로 여기고, 다음 구절에 (이스라엘 대신) 각 나라의 이름을 넣어 느헤미야처럼 기도해야 한다.

> 이제 종이 주의 종들인 이스라엘 자손을 위하여 주야로 기도하오며 우리 이스라엘 자손이 주께 범죄한 죄들을 자복하오니 주는 귀를 기울이시며 눈을 여시사 종의 기도를 들으시옵소서 나와 내 아버지의 집이 범죄하여 주를 향하여 크게 악을 행하여 주께서 주의 종 모세에게 명령하신 계명과 율례와 규례를 지키지 아니하였나이다(느 1:6-7).

많은 사람이 명백히 하나님을 추구하기보다 세상의 일을 추구하기를 훨씬 더 좋아한다. 사람들은 스포츠, 쾌락, 먹을 것, 섹스, 교육, 취미, 권력, 돈 버는 일, 소유 늘리는 일 등에 우선순위를 둔다. 만약 당신이 이러한 분야나 혹은 다른 우상숭배의 영역에 해당되는지 성령이 깨우쳐 주시기를 구하고 만일 깨닫는다면 하나님께 회개하라. 우리가 죄를 회개할 때 하나님은 우리를 소성케(부흥케) 하시겠다고 약속하셨다.

"그가 말하기를 돋우고 돋우어 길을 수축하여 내 백성의 길에서 거치는 것을 제하여 버리라 하리라 지극히 존귀하며 영원히 거하시며 거룩하다 이름하는 이가 이와 같이 말씀하시되 내가 높고 거룩한 곳에 있으며 또한 통회하고 마음이 겸손한 자와 함께 있나니 이는 겸손한 자의 영을 소생시키며 통회하는 자의 마음을 소생시키려 함이라"(사 57:14-15).

우리는 옛 선지자처럼 기도해야 한다. "여호와여 내가 주께 대한 소문을 듣고 놀랐나이다 여호와여 주는 주의 일(과거 부흥의 때에 주께서 행하신 일들)을 이 수년 내에 부흥하게 하옵소서 이 수년 내에 나타내시옵소서"(합 3:2).

다시 말하면 우리는 이 절망적인 날, 우리가 살아서 도움을 청하는 이때에 하나님이 다시 한 번 더 큰 부흥을 주시도록 기도해야 한다.

하박국 선지자는 하나님이 응답하실 것을 믿었기 때문에 "진노 중에라도 긍휼을 잊지 마옵소서"(합 3:2)라고 덧붙였다. 그리고 곧이어 우리는 하나님이 거룩함, 영광, 위엄, 두려운 능력을 친히 나타내시며 '강림하셨다'라는 말씀을 읽을 수 있다. 그때와 동일하게, 부흥을 위한 우리 기도에 주님은 응답하실 것이다.

4. 부흥을 위한 기도는 필사적인 기도다.

이러한 유의 기도는 절실한 필요를 느껴 하나님이 그 필요를 채워 주시기를 간절히 바라는 사람들의 심장에서 흘러나오는 기도다. 이들은 자기 자신을 의식하지 않고, 전심으로 기도한다. 이러한 간절함은 성령의 인도 앞에 굴복하고 순종하는 가운데 심하게 우는 것(비탄), 신음, 씨름하는 기도, 그리고 금식에서 어느 한 가지나 네 가지 모든 형태로 나타날 수 있다. 한나의 삶은 완전히 고요한 가운데서도 필사적인 기도가 이루어질 수 있다는 사실을 실례로 보여 준다(삼상 1:13-16).

느헤미야가 백성의 절망적인 상태를 들었을 때, "내가 이 말을 듣고 앉아서 울고 수일 동안 슬퍼하며 하늘의 하나님 앞에 금식하며 기도하여"(느 1:4)라고 말했다.

에스라서에서는 그보다 더 생생한 필사적 기도의 예를 발견할 수 있다. 에스라는 영적 지도자들과 백성이 이방 여인들과 결혼하여 하나님께 불순종했다는 사실을 알게 되었다.

"내가 이 일을 듣고 속옷과 겉옷을 찢고 머리털과 수염을 뜯으며 기가 막혀 앉으니 이에 이스라엘의 하나님의 말씀으로 말미암아 떠는 자가 사로잡혔던 이 사람들의 죄 때문에 다 내게로 모여 오더라 내가 저녁 제사 드릴 때까지 기가 막혀 앉았더니 저녁 제사를 드릴 때에 내가 근심 중에 일어나서 속옷과 겉옷을 찢은 채 무릎을 꿇고 나의 하나님 여호와를 향하여 손을 들고 말하기를 나의 하나님이여 내가 부끄럽고 낯이 뜨거워서 감히 나의 하나님을 향하여 얼굴을 들지 못하오니 이는 우리 죄악이 많아 정수리에 넘치고 우리 허물이 커서 하늘에 미침이니이다"(스 9:3-6).

당신도 나처럼 부흥을 위하여 수십 년 동안, 혹은 그 이상 기도해 왔으나 아직 이렇다 할 응답을 보지 못했을지도 모른다. 그러나 어떠한 기도도 허비되지 않았음을 믿고 용기를 내라. 모든 기도는 하나님의 기도 은행에 저축되어 있으며, 하나님의 때에 현금으로 인출할 수 있을 것이다. 그 사이에 우리의 기도가 과녁을 정확히 겨냥하고 있음을, 하나님이 우리가 느낄 수 있는 방법으로 깨닫게 해주실 것이다. 하나님이 시작하고 추진하신 일은 하나님이 완성하신다. 그것은 그분의 비전이며, 그분의 부담이다.

1984년 로스앤젤레스 올림픽이 개최되기 한참 전에, 대규모의 국제적인 초교파 전도여행이 올림픽과 동시에 치러지도록 계획되었다. 수천 명이 참가하여 대부분 일대일로 이루어질 여러 형태의 옥외 복음 증거로, 수천 명이 복음에 응답하도록 하는 행사였다. 올림픽이 열리기 전 수개월 동안 하나님은 많은 사람에게 이 전도여행과 부흥을 위해 규칙적으로 기도하도록 많은 부담감을 주셨다.

하루는 댄 스니드(Dan Sneed) 목사와 내 아들 존, 그리고 나, 이렇게 세 명이 인구 1,300만의 로스앤젤레스에 성령의 폭포수 같은 역사가 있기를 중보기도 하려고 모였다.

우리가 기도를 계속할수록 하나님은 더 큰 부담감을 주셨다. 우리는 하나님께 응답하실 시기를 알려 달라고 요청하지 않았다. 그 기도 모임에서 나는 하나님이 우리가 마땅히 받아야 할 심판을 보류해 주시기를, 그리고 이 도시에 자비를 베푸시기를 애원했다. 나는 주님의 응답을 받는 데 생명이 걸린 듯, 부흥에 대한 간절한 소원으로 말미암아 울면서 간구했다. 그리고 기도를 멈추고 주님께 여쭈어 보았다. '저의 생명을 건 간구를 주님께서 들으셨습니다. 이제 무엇이라 말씀하시겠습니까?' 하나님은 즉시 호세아서 말씀으로 인도해 주셨다. "그의 나타나심은 새벽빛같이 어김없나니 비와 같이, 땅을 적시는 늦은 비와 같이 우리에게 임하시리라"(호 6:3). 나는 하나님께 경배드리고, 내 성경책의 여백에 일어난 일과 날짜를 기록해 놓았다.

1993년 1월에 우리 교회의 잭 헤이포드 목사님이 성도들을 엄숙한 집회로 소집했다. 모임의 주된 목적은 우리가 사는 도시와 나라를 위하여 충분한 시간을 드림으로, 회개하고 중보기도 하면서 하나님의 얼굴을 구하기 위해서였다. 하나님이 말씀하시기를 기대하고 그분을 기다리면서 우리 자신도 새롭게 되는 능력 있는 시간이었다.

나는 우리 도시의 부흥을 위하여 조용하지만 필사적으로 중보기도를 하다가, 잠시 멈추고 현재 내가 집중적으로 기도하는 것에 관하여, 하나님이 내게 주시기 원하는 말씀이 있는지 여쭤 보았다. 다시 한 번, 하나님이 나를 호세아 6장 3절로 분명하게 인도하셨다.

약 10분 후, 나는 교회 직원 두 사람이 조용하게 이야기하는 소리를 우연히 듣게 되었다. 한 사람이 "방금 하나님이 내게 이 도시에 성령을 넘치게 부어 주시겠다는 약속의 말씀을 주셨는데…"라고 말했다. 그것은 다름 아닌 호세아 6장 3절이었다. 할렐루야! 하나님은 신실하시다. 나는 하나님의 확고한 약속이 성취될 날을 가슴 설레며 기다리고 있다.

5. 부흥을 위해 기도한다는 것은 탄생을 위해 산고를 치른다는 의미다.

부흥에 대한 부담감은 성령의 역사로 우리 영혼에 잉태된다. 우리가 할 일은, 그러한 부담감을 주시도록 요청하고 성령 하나님께 굴복하며 그분의 촉구에 순종하는 것, 그리고 부흥을 위해 지속적으로 기도하는 것이다.

하나님은 기도하지 않는 것을 생각조차 할 수 없을 때까지 우리 마음에 기도의 부담을 더하실 것이다. 우리는 비전, 부담감, 기대감, 그리고 아직 이루어지지 않은 약속 때문에 기도할 수밖에 없다(사 66:7-9). 성령의 불꽃으로 점화되고 피어오른 위탁과 열망의 처음 불씨는 절대 꺼지지 않을 것이다(겔 20:47). 하나님이 이사야 62장 6-7절에서 말씀하신 바와 같이, 주께서 응답하시기까지 쉬지 않고 기도하여 하나님으로 쉬지 못하시게 하라.

우리는 이사야 21장 12절에 나타난 중보기도자의 역할을 깨닫고 용기를 얻을 수 있다. "파수꾼이 이르되 아침이 오나니 밤도 오리라 네가 물으려거든 물으라 (그러나) 너희는 (다시) 돌아올지니라 하더라." 지치지 말고 돌아가서 다시 구하라.

하나님은 또한 복음을 들었으나 아직 응답하지 않는 수많은 사람의 회심을 위해, 주님의 짐을 지고 산고를 치를 중보기도자를 찾고 계신다. "오늘은 환난과 책벌과 능욕의 날이라 아이를 낳으려 하나 해산할 힘이 없음 같도다"(사 37:3).

6. 우리는 하나님의 주권적인 통치를 기뻐해야 한다.

위의 말이 의미하는 바는, 우리가 영적 각성을 위해 기도할 때 동기가 순수해지는 단계까지 나아가야 한다는 것이다. 이것은 하나님이 어느 지역부터 그 일을 시작하실지를 우리가 제안하지 않는다는 것을 의미한다. 우리가 속한 곳이 아닌 다른 교파의 교회나 혹은 어느 마을의 알려지지 않은 소수의 그리스도인에게서 시작한다 해도 우리는 기뻐할 것이다. 우리는 부흥만 일어난다면, 하나님이 누구를 사용하시든지, 또 하나님이 그분 자신을 어떤 방식으로 나타내시든지 개의치 않는다. 또한 우리 자신이 아니라 오직 그분의 명성이 높아지는 데에만 관심이 있으며, 기꺼이 모든 하나님 자녀의 일을 우리 자신의 일로 여길 것이다. 하나님이 그러하신 것처럼.

7. 하나님께서 일으키실 홍수를 반드시 믿어야 한다.

우리의 기도는, 믿음이 없이는 하나님께 아무런 감동을 드리지 못하며, 믿음은 그분이 성경에서 우리에게 주신 약속을 읽을 때 우리 마음에 솟아나게 된다.

봄비가 올 때에 여호와 곧 구름을 일게 하시는 여호와께 비를 구하라 무리에게 소낙비를 내려서(슥 10:1).

나는 목마른 자에게 물을 주며 마른 땅에 시내가 흐르게 하며(사 44:3).

땅이 싹을 내며 동산이 거기 뿌린 것을 움 돋게 함 같이 주 여호와께서 공의와 찬송을 모든 나라 앞에 솟아나게 하시리라(사 61:11).

그의 나타나심은 새벽빛같이 어김없나니 비와 같이, 땅을 적시는 늦은 비와 같이 우리에게 임하시리라 하니라(호 6:3).

서쪽에서 여호와의 이름을 두려워하겠고 해 돋는 쪽에서 그의 영광을 두려워할 (경외할) 것은 여호와께서 그 기운에 몰려 급히 흐르는 강물같이 오실 것임이로다 (사 59:19).

내 백성이여 내게 주의하라 내 나라여 내게 귀를 기울이라 이는 율법이 내게서부터 나갈 것임이라 내가 내 공의를 만민의 빛으로 세우리라 내 공의가 가깝고 내 구원이 나갔은즉 내 팔이 만민을 심판하리니 섬들이 나를 앙망하여 내 팔에 의지하리라(사 51:4-5).

이에 뭇 나라가 여호와의 이름을 경외하며 이 땅의 모든 왕들이 주의 영광을 경외하리니 여호와께서 시온을 건설하시고 그의 영광중에 나타나셨음이라 (시 102:15-16).

나는 시온의 의가 빛같이, 예루살렘의 구원이 횃불같이 나타나도록 시온을 위하여 잠잠하지 아니하며 예루살렘을 위하여 쉬지 아니할 것인즉(사 62:1).

여호와께서 열방의 목전에서 그의 거룩한 팔을 나타내셨으므로 땅 끝까지도 모두 우리 하나님의 구원을 보았도다(사 52:10).

요엘 1장 12-17절에 있는 부흥의 기도를 하고 나서는, 다음과 같은 약속이 우리에게 주어진다.

시온의 자녀들아 너희는 너희 하나님 여호와로 말미암아 기뻐하며 즐거워할지어다 그가 너희를 위하여 비를 내리시되 이른 비를 너희에게 적당하게 주시리니 이른 비와 늦은 비가 예전과 같을 것이라(욜 2:23).

당신에게는 부흥을 위한 비전과 부담감이 있는가?

- 당신이 사는 나라에 큰 영적 각성이 일어나는 것이 하나님의 뜻임을 확신하는가?
- 당신의 기도 생활은 그러한 확신을 반영하는가?
- 만약 나라의 부흥이 당신의 기도 생활에 달렸다면, 당신이 기도할 때 하나님께서 부흥을 일으키시리라 믿는가?
- 부흥을 위한 기도에 열정이 있는가, 그리고 당신의 기도는 필사적인가?
- 당신은 하나님 말씀에 나와 있는 부흥을 위한 기도와 부흥을 주시겠다는 약속을 익히 아는가? 그러한 것들이 부흥을 위한 당신의 기도에 중요한 요소로 사용되는가?
- 당신은 부흥을 위한 기도를 할 때 전 세계를 바라보는가? 세계 모든 나라의 영적 각성이 일어날 때, 당신이 이 일을 위해 기도하고 있기 때문에 하나님의 성령이 강력하게 역사하실 것을 믿는가?
- 부흥의 때에는 평범하지 않고 예측할 수 없는 일들이 통상적으로 일

어난다. 이를 생각해 볼 때, 하나님이 그분 자신을 어떻게 드러내실지 염려되는가?

- 하나님을 기다리며 부흥에 관련된 당신 마음의 동기를 점검해 주시도록 그 앞에 머물렀는가?
- 어디에서부터 주의 영을 부어 주시는지가 중요하다고 생각하는가? 당신이 미리 품고 있는 생각이나 선호하는 것, 또는 어떤 제안이 있는가?
- 당신은 부흥이 일어나기 위해 하나님이 누구를 택하시며 누구를 사용하실지를 제한하는 마음이 있는가?

이 장의 내용은 우리가 다니는 교회뿐 아니라 우리가 사는 도시, 군, 도, 국가와 세계의 모든 나라에 똑같이 적용해야 한다. "내 집은 만민이 기도하는 집이라 칭함을 받으리라"(막 11:17).

모·범·기·도

† 사랑하는 하나님!

위의 질문들에 주님 앞에서 정직하게 반응하겠습니다. 부흥을 위한 기도가 얼마나 중요한지, 제 삶에 주님의 관점을 보여 주시기 원합니다. 제게 변화가 필요하다면 그 어떤 것이든 조정하겠습니다. 마지막 때에 주의 찬란한 영광과 임재가 열방에 나타나는 것을 보고자 중보기도에 더 깊이 들어가기로 위탁할 때, 성령께서 제 안에 충만히 역사하시기를 원합니다. 주께서 저의 진실한 간구에 응답하실 것을 감사합니다.

예수님의 놀라운 이름으로 기도드립니다. 아멘.

어디서 시작하고
어떻게 지속할 것인가?

중보기도의 모험을 어떻게 시작할지 궁금하다면, 당신은 이미 그 첫발을 내디딘 셈이다. 이 모험은 먼저 효과적인 중보기도자가 되고 싶은 소원에서 시작된다. 다음 단계는 실제로 그렇게 되기로 결심하는 것이고, 이제 남은 일은 그 결심을 이루고자 당신의 삶을 계속 훈련하는 일이다. 경험이 부족하다고 기죽을 필요는 없다. 육상 선수가 달리면서 달리는 법을 배우는 것과 마찬가지로, 당신도 기도하면서 기도하는 법을 배울 것이다.

어린 소년이 보잘것없는 자신의 도시락을 바쳤듯이, 있는 모습 그대로 주 앞에 나아가 당신의 기도 생활을 그분께 드리라. 소년이 도시락을 바칠 수 있었던 것은 분명히 예수께서 그 도시락으로 기적을 행하실 수 있으리라 믿었기 때문이다. 그의 행동은 예수님 앞에 굴복하여 주께서 자신을 사용하실 수 있도록 하는 것이었고, 또한 놀라운 믿음의 행위였다. 그때 하나님 아버지는 예수님의 순종과 믿음의 행동에 응답하셔서 작은 보리떡 다섯 개와 두 마리 생선을 기적적으로 배가하여 그 어린 소년을 포함한 굶주린 무리를 배불리 먹여 주셨다(요 6:9-12).

우리가 성령의 다스림과 지시에 계속해서 순종하여 우리의 삶을 내드릴 때, 성령이 우리 안에서 그리고 우리를 통하여 그와 동일하게 역사하셔서, 우리 중보기도의 영향력을 초자연적으로 배가하실 것이다.

나는 수년 전, 그룹 기도에 대해 알지 못하고 홀로 기도하며 처음으로 다른 사람들을 위한 중보기도를 배웠다. 그때 나는 15분 정도 기도하면 더는 기도할 것을 찾아내지 못했다. 내 기도가 별 효과가 없다는 것을 스스로 잘 알았다. 그러나 나는 하나님께 "내일도 같은 시간에 같은 장소에서 기도하겠습니다"라고 말씀드리고, 그 약속을 지켰다. 나는 언제나 같은 시간에 같은 장소에서 기도드렸다. 다른 사람을 위해 기도하는 일에 나를 드리면 드릴수록, 성령은 능력을 주시고 방향성 있게 기도하도록 더 많이 도우셨다. 그 후 여섯 달 동안 나는 영적으로 그 이전의 어떤 시기보다도 크게 성장했다. 다른 사람을 위해 기도하면 할수록 나 자신을 위해 기도할 필요성이 점점 줄어든다는 사실을 알았다.

나는 매년 생일이면 습관처럼 (내가 적용만 한다면) 영적인 성장의 깊이를 더해 줄 수 있는 성경 구절을 달라고 하나님께 구한다. 그렇게 하기 시작한 지 한두 해가 지나자, 하나님은 매일 성경 읽는 시간을 통해 나의 생일 소원에 응답하셨다. 아래에 기록한 것이 바로 하나님이 나에게 계시하신 성경 구절이다.

"보라 내가(살아 있는, 영원한, 전능하신 하나님이) 너(바로 너)를 (반드시, 의심할 여지없이) 이가 날카로운(효과적인, 영향력 있는) 새(네가 전에 경험한 바 없는) 타작기(중보기도에 있어서)로 삼으리니(창조하리니) 네가 산들을 쳐서 부스러기를 만들 것이며 작은 산들로 겨같이 만들 것이라(열방에 큰 변화가 일어날 것이며, 네가 기도할 때에 성령의 권능으로 불가능한 일이 없으리라)"(사 41:15).

껍질과 겨로부터 곡식의 낟알을 떨어내는 과정을 타작이라 부른다. 앞 구절에 나온 타작이란 단어는 두 개의 관련 성구에서 중보기도에 비유된다. 이사야 66장 7-9절을 보면, 나라를 위한 중보기도가 아기를 낳기 전에 겪는 산고에 비유되어 있다. 미가 4장 9-10절에서도 같은 비유가 사용되었다. 중보기도와 타작을 연결하면서, 이제 일어나 타작하라는 소명을 주고, 그 결과 열방이 변화될 것을 보장해 준다.

"딸 시온이여 일어나서 칠(타작할)지어다 내가 네 뿔을 무쇠 같게 하며 네 굽을 놋 같게 하리니 네가 여러 백성을 쳐서 깨뜨릴 것이라 네가 그들의 탈취물을 구별하여 여호와께 드리며 그들의 재물을 온 땅의 주께 돌리리라"(미 4:13).

이 두 구절에서 말씀하신 것과 이사야 41장 15절의 유사성에 주의하라. 분명히 그 당시 하나님은 나를 격려하려고 이사야 41장 15절을 놀랍게 사용하셨지만, 그 말씀이 그토록 생생히 다가오게 한 데에는 또 다른 목적이 있었다고 믿는다. 바로 그 진리를 내 삶에서 행하게 하여, 다른 믿는 자에게 그 약속을 믿고 실천하도록 권고하며 용기를 주려고 하셨던 것이다. 말씀을 천천히 읽고서 당신 자신 안에 믿음이 생기기까지 묵상하고, 말씀의 감동으로 다른 사람들(특히 열방과 민족)을 위해 기도하는 데 자신을 드리라.

중보기도자가 되는 일은 복잡하지 않다. 처녀였던 마리아가 아기를 갖게 될 거라는 놀라운 소식을 들었을 때, 그는 순전히 반응했다.

> 말씀대로 내게 이루어지이다(눅 1:38).

그것은 겸손과 믿음의 전형이었다. 마리아는 전적인 믿음으로 따라올 결과를 전적으로 수용하고, 그 같은 기적을 행하실 하나님의 능력에 전폭적인 신뢰를 표현했다. 그의 반응은, 인간적으로 불가능한 일이 어떻게 가능한지를 설명한 "성령이 네게 임하시고"(눅 1:35)라는 말씀에서 비롯된 것이었다.

이사야 41장 15절에 대한 우리의 응답도 그와 같은 것이어야 한다. 성령께 순복하고 그분의 다스리심을 구하며 믿는 만큼, 그리고 그분의 촉구에 순종하고 그분이 일하고 계심을 믿는 만큼, 우리도 하나님만이 설명해 주실 수 있는 기도의 삶을 살게 될 것이다. 기억하라. 하나님은 어떤 일이든 2등급으로는 하실 수 없는 분이다.

우리의 주요한 책임

만약 중보기도를 하는 데 우리의 책임이 무엇인지를 알고 규칙적인 계획을 세운다면, 그러한 책임들을 수행하기가 훨씬 수월할 것이다. 다음의 영역은 매일 몇 가지 항목씩 한 주마다 돌아가며 기도하거나, 혹은 2-3주나 한 달에 한 번씩 돌아가며 할 수 있다. 우리의 상황과 책임은 인생의 시기에 따라 크게 다르다. 중요한 것은 이러한 책임을 다하고자 지속적으로 노력하는 것이다. 하나님이 당신을 향한 계획을 보여 주시도록 구하고, 그렇게 해주실 줄로 믿으라. 나는 내 생애의 한 시기에 매일 아침 다른 일보다 먼저 예배와 중보기도를 드리고, 상쾌하게 걷는 것이 건강에 크게 도움된다는 사실을 발견했다. 그러나 각자에게 무엇이 최선인지는 하나님만이 아신다.

우리가 중보기도 해야 할 영역

1. 직계가족과 친척, 특히 비그리스도인을 위해(후자를 위해 기도할 때에는 4장 참고).

2. 하나님이 선물로 주신 친구들(3장 참고).

3. 세계의 모든 나라(8장 참고), 하나님의 백성을 중심으로 기도한다(9장 참고).

4. 영적 지도자(10장 참고).

5. 세계 각 나라에서 권위와 영향력을 행사하는 지도자(11장 참고).

6. 복음을 증거하도록 만나게 해주시는 잃어버린 영혼들.

그들을 기억할 수 있도록 이름이나 간략한 설명, 전도한 장소를 목록으로 기록해 두고, 기도하기를 포기하지 마라. 당신이 바로 그들을 위하여 기도하는 단 한 사람일 수도 있다.

7. 언제라도 우리가 있는 자리에서 복음이 증거되고 있으면 거기 있는 불신자를 위해. 라디오를 듣고 있거나 TV를 시청하고 있을 때도 해당된다.

나는 우리가 이러한 순간에 잃어버린 자들의 구원을 위해 중보기도 하도록 스스로 훈련하는 것을 하나의 습관으로 삼는다면, 수천의 영혼이 더 구원받게 되리라 확신한다. 그렇게 하는 것은 보람이 있을 뿐 아니라 많은 결실을 거두는 일이기도 하다. 하나님은 그러한 기도를 하는 사람의 기도에 응답하시기 때문이다.

8. 우리가 사는 도시, 마을, 이웃, 거리의 불신자들.

한번은 키가 크고 푸른 눈에 곱슬머리를 한 어느 젊은이가 나에게 다가와 "당신은 저를 모르시겠지만 저는 오랫동안 당신을 만나고 싶었습니다"라고 말했다. 당시 나는 지금은 돌아가신 나의 어머니를 만나러 뉴질랜드에 돌아가 사촌인 데이비드와 데일 가레트(David and Dale Garratt)의 집에 머물고 있었다. 제프(Jeff)라는 이름의 청년은 사촌이 나가는 교회에 속해 있었는데, 우리에게 신선한 생선을 가져다주었다. 제프는 이어서 자신의 영혼이 구원받도록 성실하게 중보기도를 해준 것을 마음 깊이 감사한다고 말했다. 두 해 전에 제프가 개종한 것의 가장 중요한 요인이 나의 중보기도였다는 말을 들었을 때, 나는 놀라움을 감출 수 없었다. 그를 만난 기억이나, 그에 대해 아는 바가 전혀 없었기 때문이다.

그러자 제프는 어린 시절 내내 뉴질랜드의 오클랜드 주 마을인 힐스보로의 앨더스게이트 로드에 살았다고 설명했다. 그는 그리스도인에게 전도받을 기회가 한 번도 없었고, 부모님이나 다른 친척들에게 기독교적 영향을 받은 적도 없었다. 20대 성인이 돼서야 처음으로 복음을 들었고, 가족과 친척을 통틀어 유일한 그리스도인이 되어 그리스도께 삶을 위탁했다. 그는 항상 자기 혼자 구원의 길을 발견하게 된 사실을 놀라워하며, 왜 하나님이 자신을 그리스도께 나오도록 인도하셨는지 궁금해했다.

그러던 어느 날, 그는 사역을 위해 뉴질랜드로 돌아온 내 아들 존을 만나게 되었다. 서로 대화하던 중에 존은 우리가 살던 그 거리에 사는 모든 잃어버린 영혼이 구원받도록, 어머니인 내가 여러 해 동안 한결같이 기도했던 일이 기억난다고 이야기했다.

그 순간 제프는 마치 전등불이 켜지듯, 한 가지를 크게 깨달았다. '그래! 바로 그것이 진리를 추구하게 하고, 복음에 빠르게 응답하게 한 원인이었구나!'

우리 가족은 미국으로 건너가기 전에 오클랜드의 앨더스게이트 로드에서 여러 해 동안 산 적이 있다. 그때 제프 또한 그 거리에서 살았던 것이다. 189cm인 그가 155cm인 내 앞에서 몸을 구부리고는, "나를 위하여 그렇게 많은 기도를 해주신 데에 감사의 마음으로 자매님을 포옹해 드리는 기쁨을 누릴 수 있을까요?"라고 말했다. 그것은 감미롭고도 소중한 순간이었고, 가슴이 벅찰 만큼 보람 있고 격려가 되는 만남이었다.

실제로, 우리가 우리의 이웃이나 우리가 사는 거리의 불신자들을 위하여 기도하는 단 한 사람일 가능성이 충분한 것이다.

9. 열방의 청소년과 어린이(6장 참고).

10. 우리가 태어난 나라, 다른 곳에 사는 경우에는 현재 거주하는 나라.

11. 하나님이 우리를 인도해 주신 교회 공동체.

우리의 우선적인 책임은 그곳의 지도자를 위해 중보기도 하는 것과 (10장 참고) 지도자와 성도가 이 책 17, 18장의 원칙을 적용하도록 기도하는 것이다.

12. 선교사들이 속한 단체나 우리가 후에 하나님의 인도를 받아서 위탁하게 될지도 모르는 특별히 관심 있는 모임.

앞 항(11항)에 언급한 것과 같은 원칙을 적용하라.

13. 우리가 사는 도시(세계의 대다수는 도시에 산다).

"너희는 내가 사로잡혀 가게 한 그 성읍의 평안을 구하고 그를 위하여 여호와께 기도하라 이는 그 성읍이 평안함으로 너희도 평안할 것임이라"(렘 29:7). 9장에 간략히 제시된 세계의 교회를 위한 기도의 원리를,

도시를 위해 기도할 때에도 똑같이 적용할 수 있다.

하나님이 우리가 사는 도시의 (한 명, 혹은 여러 명의) 영적 지도자의 마음을 움직이셔서, 인종과 교파를 뛰어넘어 우리 도시에 성령의 역사가 물 붓듯이 일어나기를, 정기적으로 중보기도 하는 모임을 시작하도록 기도하는 일이 중요하다. 전 세계 많은 도시에 이런 일이 일어나고 있으며, 그에 따른 놀라운 결과들이 이미 나타나고 있다.

14. 재난과 큰 슬픔을 당한 소식을 들었을 때.

이런 상황일 때는 하나님이 인도하시는 대로 기도하는 것을 삶의 방식으로 삼는다. 지식은 책임을 수반한다. 이와 같은 상황에서 우리가 감당하는 역할의 효력을 절대 과소평가하지 마라.

친애하는 나의 전임 비서 케이 마타(Kay Matta)는 어느 날 오후 5시에 집에 돌아가 TV를 켰다가, 로스앤젤레스 시내의 한 아파트 건물에서 발생한 화재 현장을 보여 주는 뉴스를 보았다. 여러 명의 희생자가 보도 위에 누운 채 심폐 소생 조치를 받고 있었다. 그때 두 명의 소방수가 임신한 지 8개월 된 사람을 운반해 나와서 땅 위에 눕히고 유사한 조치를 취했다.

케이는 그 순간 TV를 향해 손을 펴고서 그 임산부와 태아의 생명이 보존되도록 간절히 기도했다. 또한 그 두 생명에 대해 주 예수 그리스도 이름의 권세로 원수를 제어하였다. 그런데 약 10분 후, 그 임산부가 아이와 함께 죽었다는 보도를 접했다. 케이는 충격을 받았으나 요동하지 않고 계속해서 그들의 생명을 위해 중보기도 했다.

다음 날 밤에 뉴스를 보던 케이는 매우 기쁘게도, 한 의사가 로스앤젤레스 시내에서 일어난 화재 사건의 희생자인 어느 임산부에 관한 이야기를 하는 것을 들었다. 그 여인은 병원에 실려 왔을 때 사망한 것으로 추정되었으나, 당시 근무하고 있던 이 의사에 말에 따르면, 응급실에서 의사들이 그 임산부의 희미한 맥박과 아기의 미세한 심장 박동을 감지했다고 한다. 먼저 어머니를 회생시킨 후에 제왕절개 수술을 했고, 어머니와 아기 모두 살아났다.

그 의사의 인터뷰 도중에 보도 위에 누운 채 소방수에게 심폐 소생 조치를 받고 있는 여인의 모습이 녹화된 장면이 나왔는데, 바로 케이가 간절히 기도했던 그 사람이었다. 그 의사는 계속해서, 의사들이 기적이라는 단어를 자주 쓰지는 않지만 이번 경우처럼 어머니와 아기 모두 살게 된 것은 정말 기적이라고밖에 할 수 없다고 말했다. 케이는 자신의 간절한 기도에 응답해 주신 하나님께 감사와 찬양을 올려 드렸다.

15. 우리의 인생길에서 만나는 새 신자나 도움이 필요한 그리스도인들을 위해.

바울은 갈라디아의 그리스도인들에게 편지를 쓸 때, 이러한 사람들에 대해 지닌 기도의 책임을 분명히 표현한다. "나의 자녀들아 너희 속에 그리스도의 형상을 이루기까지 다시 너희를 위하여 해산하는 수고를 하노니"(갈 4:19).

16. 우리 각자의 사역과 관련된 특별한 프로젝트나 행사를 위해.

17. 가난하고 궁핍한 자들.

이런 사람들 중 대다수는 (방글라데시나 소말리아와 같이) 혜택을 받지 못한 나라나 도심 한가운데, 그리고 난민 수용소 등에 산다. 가난하고 궁핍한 자들의 필요를 보았을 때 우리가 할 바를, 하나님은 강력하게 말씀하셨다.

"네 하나님 여호와께서 네게 주신 땅 어느 성읍에서든지 가난한 형제가 너와 함께 거주하거든 그 가난한 형제에게 네 마음을 완악하게 하지 말며 네 손을 움켜쥐지 말고 반드시 네 손을 그에게 펴서 그에게 필요한 대로 쓸 것을 넉넉히 꾸어 주라 삼가 너는 마음에 악한 생각을 품지 말라 곧 이르기를 일곱째 해 면제년이 가까이 왔다 하고 네 궁핍한 형제를 악한 눈으로 바라보며 아무것도 주지 아니하면 그가 너를 여호와께 호소하리니 그것이 네게 죄가 되리라 너는 반드시 그에게 줄 것이요, 줄 때에는 아끼는 마음을 품지 말 것이니라 이로 말미암아 네 하나님 여호와께서 네가 하는 모든 일과 네 손이 닿는 모든 일에 네게 복을 주시리라 땅에는 언제든지 가난한 자가 그치지 아니하겠으므로 내가 네게 명령하여 이르노니 너는 반드시 네 땅 안에 네 형제 중 곤란한 자와 궁핍한 자에게 네 손을 펼지니라"(신 15:7-11).

기도는 하나님의 손을 움직이는 힘이므로 가난한 자들과 궁핍한 자들을 중보기도로써 돕기 시작하라. 그러나 체계적인 토대를 바탕으로, 정기적으로 꾸준히 기도해야 한다. 야고보서 2장은 가난한 사람들을 동등하게 대하라고 말한다. 요한1서 3장 17절은 궁핍한 자들에게 물질을 나누어 주어 우리 안에 하나님의 사랑이 있음을 보이라고 당부한다.

어떻게 이 일을 할 수 있을지 모를 만큼, 도움이 필요한 일들은 허다하다. 나는 내 앞으로 오는 우편물을 받아들 때마다 도움을 요청하는 내용이 들어 있는 우편물도 매번 받는다. 여기에 내가 대처하는 방법은 다음과 같다.

- 성경의 명령에 순종하기로 결정한다.
- 세계 각국에 있는 궁핍한 사람들과 실제로 그들을 돕는 일을 하는 많은 사람을 위해 정기적으로 기도한다.
- 나는 내 삶의 행로를 하나님이 주권적으로 이끄사 만나게 하시는 궁핍한 사람들의 필요에, 그리고 성령의 촉구하심에 언제든지 진심으로 순종하기로 결정한다. 이것은 항상 흥미 있고 성취감이 넘치는 모험이다(그러한 모험을 다 기록하자면 여러 장을 써도 모자랄 것이다).

18. 공산주의자, 불교신자, 힌두교도, 무슬림, 신도교인, 인본주의자, 무신론자, 불가지론자, 유대인, 정령숭배자, 사교신도, 무신론자를 위해 기도하라(12장 참고).

19. 그리스도인이든 아니든 우리에게 거슬려 말하는 자들을 위해 기도하라.

"너희를 박해하는 자를 위하여 기도하라"(마 5:44).

만일 중보기도의 책임이 너무 과중하다고 생각한다면, 바울의 말을 기억하라. 불굴의 개척자이자 신실한 승리의 사람이며, 사슬에 매였을 때에도 기도의 용사였던 그의 말은 수세기가 지나도 울려 퍼지고 있다.

소망 중에 즐거워하며 환난 중에 참으며 기도에 항상 힘쓰며(롬 12:12).

만일 우리의 다른 기능이 모두 사라지고 오로지 건전한 정신과 약동하는 심장만 남는다 해도, 우리는 여전히 이 놀라운 중보기도의 사역을 통해 열국의 역사에 영향을 끼치도록 하나님께 쓰임 받을 수 있다.

20. 성령님이 인도하시는 대로 영적 전쟁을 치른다.

모·범·기·도

✝ 사랑하는 하나님!

여러 가지 방법으로 목적이 있는 기도의 삶을 살도록 도우시는 주님께 감사합니다. 또한 주님이 나와 나의 상황을 잘 알고 이해하시므로 감사드립니다. 그러므로 어떻게 제가 이 책임에 눌리지 않고 체계적이고도 합당한 방법으로 감당할 수 있을지 보여 주실 것을 신뢰할 수 있습니다.

저는 이 유익한 훈련의 결과로 얻어질 축복을 고대합니다.

제가 할 수 있는 부분을 행할 때 주께서 이 일을 가능하게 하는 은혜를 주신다는 약속으로 용기를 얻습니다. "내가…은총과 간구하는 심령을 부어 주리니"(슥 12:10).

당신은 놀라우신 주인이십니다. 주님을 정말로 사랑하며, 주님의 귀하신 이름으로 간구합니다. 아멘.

Intercession, Thrilling and Fulfilling

최고의
중보기도자

최고의 중보기도자란 바로 그분 자신처럼 살기를 선택하도록 가장 큰 영감과 도전을 주고 나를 가장 많이 격려해 주며 가장 가슴 설레게 하는 분, 바로 아름답고 놀라운 고귀하신 주 예수님이시다.

인류 역사상 가장 위대한 스승이요 우리가 본받을 유일무이한 삶을 산 사람은 모세나 다니엘, 엘리야, 바울, 기도하는 하이드(Hyde)나 리즈 하웰즈(Rees Howell)나 데이비드 브레이너드도 아닌, 바로 예수님이시다. 예수님이 이 땅에 오신 이유를 우리가 좀 더 이해하게 된다면, 더 큰 확신으로 이 말의 타당성에 동의할 것이다.

- 아버지가 어떤 분인지 보여 주시려고(히 1:3)
- 십자가 위에서 죽으셔서 세상 죄를 대속하시려고(벧전 3:18)
- 사탄의 일을 멸하시려고(요일 3:8)

- 우리에게 어떻게 살아야 하는지를 보여 주시려고. "이를 위하여 너희가 부르심을 받았으니 그리스도도 너희를 위하여 고난을 받으사 너희에게 본을 끼쳐 그 자취를 따라오게 하려 하셨느니라"(벧전 2:21).

네 번째 이유가 중요하다. 만일 그분의 발자취를 따르고 싶다면, 이 땅에서의 그분의 삶을 주의 깊게 검토해 보면 된다. 그렇게 한다면, 당신은 예수님이 기도에 우선순위를 두셨음을 발견하게 될 것이다. 사실 예수님은 기도의 삶을 사셨다. 그분은 위기가 닥친 후에야 기도하신 적이 단 한 번도 없었다. 그러나 이는 기도가 무엇인지, 예수님이 인자로서의 역할을 어떻게 감당하셨는지 이해한다면, 놀라운 일이 아니다.

기도란 모든 상황에 하나님을 초청하여, 그 상황을 자연적인 것에서 초자연적인 것으로 바꾸어 모든 영광을 그분이 받으시도록 요청하는 행위다. 예수님은 아버지와의 관계에서 항상 그렇게 하셨다. 그것이 바로 예수님이 "나는 사람에게서 영광을 취하지 아니하노라"(요 5:41)고 말씀할 수 있으셨던 이유다.

예수님은 헤아릴 수 없는 겸손으로 인자로서의 역할을 다하시고 신성을 간직한 채, 하나님 아들로서의 신성한 역할은 내려놓으셨다. 그렇게 해야만 우리가 어떻게 살아야 하는지 보여 주실 수 있으셨던 것이다. 그분은 언제든 쓰일 준비가 되어 계셨다. 그리고 아버지께 절대 복종, 절대 의존, 절대 순종의 본보기가 되셨다. 그 모든 자질은 그분의 절대적인 겸손에서 비롯한 것이었다(요 5:19, 30).

우리 주 예수님은 겸손과 믿음의 삶을 살려는 이들에게 최상의 본보기가 되신다. 그분의 기도 생활보다 아버지에 대한 전적인 의존성을 더 잘 보여 주는 것은 없다. 그분은 언제나 아버지가 행하실 것을 믿었다. 왜냐하면 항상 아버지의 뜻을 행하셨기 때문이다. 다음 말씀이 그 사실을 입증한다.

> 아버지께서 나를 보내신 것 같이 나도 너희를 보내노라(요 20:21).

기도는 우리가 하나님께 얼마나 의존하고 있는지를 증명한다. 모든 독립심은 교만의 높이와 같으며, 기도하지 않음은 불신앙의 표시다. 기도가 없는 삶은 "이 상황에서 나는 하나님이 필요하지 않아! 그리고 내가 기도한다 한들 무슨 소용이 있겠어?"라는 생각의 반영이다.

많은 그리스도인이 어려움에 처했을 때에만 기도한다. 어떤 이들은 다른 사람이 기도를 요청할 때에만 기도한다. 개인 생활에서 기도를 우선순위로 삼는 사람들은 상대적으로 거의 없다. 기도를 우선하는 사람들은 항상 다른 이들에게도 기도하도록 도전한다. 그들은 "나를 떠나서는 너희가 (영적으로) 아무것도 할 수 없음이라"(요 15:5)는 예수님의 말씀을 믿는다.

나는 이 마지막 장을 영적 지도자들을 염두에 두고 썼다. 그러나 예수님은 모든 믿는 자의 본이 되시므로 우리는 모두 그분의 삶에 나타난 원칙을 적용할 필요가 있다. 지도자이신 예수님은 매우 명백하게 기도를 삶의 우선순위에 두셨기에, 그분을 따르는 무리는 기도에 관해 가르쳐 달라고 요청했다(눅 11:1). 여기에 놓치지 말아야 할 두 가지 사항이 있다.

첫째, 예수님은 분명히 지도력, 전도, 가르침, 행정, 의사소통의 기술 등 모든 분야의 전문가였음에도, 제자들은 그러한 것들을 가르쳐 달라고 요청하지 않았다. 그들은 어쨌든 그분의 기도 생활이야말로 놀라울 만큼 성공적인 사역과 지도력의 열쇠라는 결론을 내렸음이 틀림없다.

둘째, 제자들은 예수님이 항상 기도의 유익을 말씀하셨거나 항상 기도에 관련된 행사 계획을 세우고 계셨기에 그러한 요청을 한 것이 아니었다. 예수님이 기도하시는 모습을 실제로 자주 목격했기 때문에 그렇게 한 것이었다. 너무 자주, 지도자들은 기도 시간보다 기도 행사 계획을 세우고 전략을 짜는 데 더 많은 시간을 보낸다. 하지만 예수님은 달랐다! 그분은 실제로 기도하셨다!

만약 당신이 영적 지도자라면, 다음 질문에 스스로 답할 필요가 있다.

- 당신의 지도를 받는 사람들이 당신의 삶을 생각할 때, 어떠한 능력을 연상하겠는가? 그것이 기도일 수 있겠는가?
- 당신의 지도를 받는 사람들이 당신의 삶을 보고 더 효과적인 기도 생활(특별히 다른 사람들을 위하여)을 하는 데 영감과 도전을 받는가?
- 당신은 지도자이신 예수님을 닮았는가? 그렇지 않다면, 당신의 우선순위를 바꾸어야 할 필요가 있다고 느끼는가?

셋째, 예수님이 오신 또 다른 이유는 우리의 생명이 되시기 위함이다. "너희 안에 계신 그리스도시니 곧 영광의 소망이니라"(골 1:27). 이것은 우리 스스로 할 수 없는 것을 우리 안에서 그리고 우리를 통해서 행하시도록 의식적으로, 또 의지적으로 예수님께 기댈 수 있다는 뜻이다. 그분의 신령한 능력이 없이는 그 누구도 다른 사람을 위한 기도의 삶을 살 수 없다. 전능하신 주님은 이것을 아시고, 모든 것을 견디는 생명을 공급해 주셔서 우리가 매 순간 의지할 수 있게 해주신다.

> 오직 내 안에 그리스도께서 사시는 것이라 이제 내가 육체 가운데 (기도의 삶을) 사는 것은 나를 사랑하사 나를 위하여 자기 자신을 버리신 하나님의 아들을 믿는 믿음 안에서 사는 것이라(갈 2:20).

위 구절을 바꾸어 말하면, 예수님은 "내가 네 안에 거하며 너를 통하여 나의 삶을 사는 것은, 나로 인하여 네가 성공적인 (기도의) 삶을 살게 하려 함이라"고 말씀하시는 것이다.

예수님의 생활에 나타난 기도의 우선순위

1. 우리는 예수님이 공생애를 시작하시기 직전, 세례받을 때 기도하시는 모습을 본다.

하나님은 하늘을 열어 예수님께 성령의 권능을 주고 아들을 승인하셨는데, 그러한 하나님의 반응을 사람들이 알 수 있게 말씀하셨다(눅 3:21-22). 예수님은 다음의 일을 몸소 보여 주셨다.

 ㄱ. 사람들을 섬기기 전에 먼저 아버지를 섬겨야 할 필요성
 ㄴ. 효과적으로 섬기려면 성령의 능력이 필수적임
 ㄷ. 그러한 능력은 기도의 응답으로 받음

우리의 기도 생활이 어떤지에 따라 능력 있는 사역이 가능하다. 또 우리가 하나님의 우선순위를 우리의 우선순위로 삼을 때, 하나님이 그

분의 때에 우리를 공개적으로 승인하실 거라는 점을 배울 수 있다.

2. 사역이 사람들에게 크게 인정받던 시기, 예수님은 기도의 필요성을 보여 주셨다.

예수님의 사역은 말씀 증거, 가르침, 그리고 사람들의 수많은 필요를 접했을 때 나타났던 기적을 포함한다. 모든 사복음서에, 그러한 상황에서 예수님이 기도하셨다고 기록된 사실은 매우 의미심장하다. 그분이 보여 주신 올바른 우선순위는 많은 사람에게 큰 영향을 줄 것이다.

기도하지 않으려는 유혹이 가장 클 때는 인기가 가장 높은 때이며, 우리를 통해 하나님의 능력이 가장 많이 나타나고 있을 때이다. 제자들이 예수님의 기도 생활을 어떻게 기록했는지 살펴보자.

누가는 누가복음 5장에서 예수님 생애의 전형적인 하루를 묘사한다. 사람들이 예수님의 가르침을 들으려고 그분께 몰려들었다. 한 나환자가 놀랍게 나았다는 소식이 퍼져 많은 무리가 주의 말씀을 듣고 치유되려고 나아왔다. "예수는 물러가사 한적한 곳에서 기도하시니라"(눅 5:16). 본문을 문자적으로 번역하면 "예수님은 물러가고 계셨고, 기도하고 계셨다"이다. 이는 하나의 습관처럼 그렇게 하셨음을 의미한다.

마가의 기록은 새로운 점을 알게 해준다. "예수의 소문(명성)이 곧 온 갈릴리 사방에 퍼지더라"(막 1:28). 한나절을 회당에서 보내시고 나서, 예수님은 베드로의 장모를 치료하셨다. 그날 저녁, 온 동네가 그 집 문 앞에 몰려들자 예수님은 또 많은 병자를 고치고 귀신을 내쫓으셨다.

그런데 우리는 바로 그 뒤의 기록을 통해, 예수님의 성공적인 사역의 비밀을 알 수 있다. "새벽 아직도 밝기 전에 예수께서 일어나 나가 한적한 곳으로 가사 거기서 기도하시더니"(막 1:35). 제자들은 여기저기 찾아 헤매던 끝에 기도하고 계신 예수님을 발견했다. 그제야 예수께서 그날의 일정을 알려 주셨다. 넓은 지역을 다니며 회당에서 말씀을 증거하고, 귀신을 내쫓으며 병든 자들을 고친다는 일정이었다. 예수님은 하나님의 일정을 따라가려면 더 많은 수면이 필요하다는 구실로 하나님 아버지와 홀로 보내는 시간을 생략하지 않으시고, 오히려 아버지를 구하고 기다리셨기에 새 힘을 얻으실 수 있었다. 예수님은 하나님이 행하실 계획이 무엇인지 추측하기보다는 그날 계획에 대해 하나님의 뜻을 구하는 일을 더 중요하게 여기셨다. 비록 잠을 줄여야 할지라도.

예수님은 교만하지 않으셨기에 한 번도 추측하여 행동하지 않으셨다. 교만한 사람은 자신이 정말 올바른 시간에 올바른 장소에서 올바른 동기와 마음의 태도로 행하는 사람인지 확인하려고 하나님께 자세히 여쭤 볼 필요성을 느끼지 못한다. "여호와께서 하늘에서 인생을 굽어 살피사 지각이 있어 하나님을 찾는 자가 있는가 보려 하신즉"(시 14:2).

사역에서 어떠한 임무를 담당하라는 하나님의 인도를 받는가? 강의 요청을 수락하기 전에 하나님의 음성을 확실히 듣기까지 그분의 얼굴을 구하는가? 현재 하는 일에 분명히 하나님의 은혜와 능력이 임하고 있다고 생각하는데, 하나님이 다음 과업으로 옮겨 가기를 원하신다면, 그분을 구하고 그분께 순종할 준비가 되어 있는가?

마태는 마태복음 14장에서 '무거운 사건'이 있었던 예수님의 또 다른 전형적인 하루를 묘사한다. 예수님의 사촌인 세례 요한이 죽음을 당했다. 그 소식을 들으신 예수님은 홀로 있을 장소를 찾아 외딴곳으로 가셨으나, 늘 따르던 큰 무리가 그분을 좇았다. 예수님은 넘치는 긍휼로 그들의 필요를 자신의 필요보다 중히 여기시고 병든 자를 고치신 후, 기도하셔서 남자만 오천 명에 여자와 아이들을 더한 많은 사람을 배불리 먹이는 기적을 베푸셨다. 참으로 바쁜 날이었다!

예수님은 당연히 휴식이 필요하셨으리라. 담대한 사촌 요한을 잃은 그분의 마음은 필시 무거웠을 것이다. 예수님이 그를 얼마나 사랑하고 칭찬하셨던가! 그분의 마음과 몸은 수천 명의 궁핍한 사람을 돌보느라 지쳤을 것이다. 영혼에 새 힘을 받을 필요가 있었다. 제자들과 무리를 흩어 보내신 예수님은, 새벽 미명에 베드로에게 물 위를 걷는 법에 대한 잊을 수 없는 교훈을 주시기 전에, 늘 하시던 대로 그분이 가장 즐겨하시는 안식을 취하셨다. 즉 홀로 기도하며 하나님과 함께 시간을 보내셨다.

우리라면 어떻게 했을까? 무거운 책임 때문에 힘이 소진되었다고 느낄 때 무엇을 하는가? TV 시청?(좋은 프로든 나쁜 프로든 상관없이) 밖에 나가 실컷 먹는가? 긴장을 풀어 줄 친구와 밤늦게까지 수다를 떠는가? 쇼핑하러 가서 열심히 돈을 쓰는가? 많은 영적 지도자가 그렇게 한다. 그러나 예수님은 달랐다. 그분에게는 더 나은 방법이 있었다.

나에게 가장 큰 도전을 주는 것은, 예수님이 삶의 방식으로 기도에 우선순위를 두신 것을 설명하는 **요한**의 말이다. 그것은 요한복음 17장에 기록되어 있는, 현재와 미래의 제자들을 위한 예수님의 심오하고 포괄적인 기도 시기에 관한 것이다. 이보다 더 역사적이고 함축적인 중보기도가 있을까? 예수님은 아버지께 하나님의 모든 자녀가 삼위

하나님이 하나 됨과 같이 완전한 연합을 이루게 해주시기를 반복해서 요청하셨다(11절).

지난 여러 세기에 걸쳐, 교회가 분열의 대명사처럼 되어 왔음을 깊이 생각할 때, 예수님의 기도에 함축된 의미는 우리의 상상을 뛰어넘는다. 그분의 기도는 우리의 믿음을 자라게 한다. 전 세계 복음화는 그 기도에 하나님이 어떻게 응답하시는지에 달렸다. 또 그 기도 응답의 결과로 이루어질 것이다. "그들로 온전함을 이루어 하나가 되게 하려 함은 아버지께서 나를 보내신 것과 또 나를 사랑하심 같이 그들도 사랑하신 것을 세상으로 알게 하려 함이로소이다"(요 17:23).

내가 말하려는 바는 이것이다. 위의 기도는 예수님이 선포하신 가장 통찰력 있고 능력 있는 말씀을 여러 시간 동안(요한복음 13-16장에 걸쳐) 가르치신 후에 하신 기도였다. 또한 그 기도는 유다와 베드로의 배반을 미리 아신 정서적 고통을 겪으신 후에 하신 기도다. 누구나 그런 치열한 영적 전투에서 한 걸음 물러나 잠시 긴장을 푸는 일이 절실히 필요하다고 생각하지 않겠는가? 우리의 정서를 풀어 줄 누군가를 만나는 정도라도 말이다. 나도 그렇게 생각할 것이다. 그래서 나는 내가 이번 장에 제시한 진리대로 살고 있다고 공언하지 않는다. 그러나 나는 그것을 가능하게 하는 하나님의 은혜로 살기를 열망한다.

예수님은 어떻게 하셨는가? 말씀이 더 깊어지고 가르침이 더 오래될수록, 기도 가운데 더 깊이 들어가 그분이 가르친 사람들을 위해 더 오래 기도하셨다. 중보기도는 복음을 전하고 가르치며 사람들의 영과 혼과 육의 필요를 채우는 예수님의 사역에서 두 번째 순위가 절대 아니다.

3. 예수님이 기도하실 때, 다른 사람들에게 진리에 대한 계시가 임했다.

한번은 제자들이 예수님 곁에 있는 동안, 그분은 개인적으로 기도하시다가 사람들이 그분을 누구라고 생각하는지 제자들에게 물으셨다. 그들이 여러 가지로 대답하자, 예수님은 범위를 좁혀 "너희는 나를 누구라고 하느냐"라고 다시 물으셨다. 이에 베드로가 "주는 그리스도시요 살아 계신 하나님의 아들"이라고 대답했다. 그러자 예수님은 베드로를 축복하시며, 이 진리는 오직 그분의 아버지이신 하나님의 계시로만 알 수 있다고 말씀하셨다(마 16:15-17).

나는 예수님의 개인적 기도와 베드로의 대답이 직접적으로 관련되어 있다고 믿는다. 두말할 것도 없이, 예수님이 제자들에게 진리의 계시가 임하도록 중보기도 하셨을 때, 아버지께서 응답하신 것이다.

이러한 예수님의 모습을 보고, 교사의 책임이 진리의 계시를 받아 그것을 가르치는 것으로만 끝나는 게 아니라는 사실을 배울 수 있다. 교사들은 배우는 자들이 계시를 받도록 중보기도 할 책임이 있다. 또한 예수님은 기도가 삶이었기 때문에 제자들이 가까이에 있을 때조차 은밀히 기도할 시간을 내었음을 알 수 있다.

4. 예수님은 가르치던 중에도 기도하셨다.

이제 우리는 한참 설교를 하다가, 하나님께 기쁨에 찬 감사와 찬양의 기도를 올려 드린 예수님의 매혹적인 일면을 엿볼 수 있다.

칠십 인이 기뻐하며 돌아와 이르되 주여 주의 이름이면 귀신들도 우리에게 항복하더이다 예수께서 이르시되 사탄이 하늘로부터 번개같이 떨어지는 것을 내가 보았노라 내가 너희에게 뱀과 전갈을 밟으며 원수의 모든 능력을 제어할 권능을 주었으니 너희를 해칠 자가 결코 없으리라 그러나 귀신들이 너희에게 항복하는 것으로 기뻐하지 말고 너희 이름이 하늘에 기록된 것으로 기뻐하라 하시니라 그때에 예수께서 성령으로 기뻐하시며 이르시되 천지의 주재이신 아버지여 이것을 지혜롭고 슬기 있는 자들에게는 숨기시고 어린아이들에게는 나타내심을 감사하나이다 옳소이다 이렇게 된 것이 아버지의 뜻이니이다(눅 10:17-21).

예수님의 기도 생활에는 형식이나 틀에 박힌 것이 전혀 없었다. 방금 언급한 경우 역시, 마땅히 돌아가야 할 곳에 영광을 돌리는, 기쁨에 넘치는 거리낌 없는 경배가 터져 나온 것이었다. 우리가 하나님을 의식할 때, 자기 자신을 의식하지 않게 된다.

예수님은 70명의 제자가 첫 번째 단기선교를 성공적으로 마치고 돌아와 보고하는 것을 듣고 감격하셨다. 예수님은, 그분의 이름을 선포할 때 악한 영을 제어할 권세를 발휘할 수 있다는 주님의 가르침을 그대로 믿고 행하는 제자들의 겸손을 보시고 감격하신 것이다.

5. 가장 가까이에 둘 자로 누구를 택할 건지 하나님의 지시를 받으려고, 예수님은 온 밤을 아버지께 기도하며 보내셨다(눅 6:12-13).

아버지 하나님이 그들의 이름을 날이 밝을 때까지 말씀하지 않으셨기 때문이었을까? 새벽이 되기 전에 아버지에게서 몇 명의 이름은 들었지만, 나머지는 듣지 못하신 때문이었을까? 아니면 몇 분 만에, 혹은 한 시간 만에 이미 그들의 이름을 다 알려 주셨는데도, 밤새도록 하나님이 택하신 열두 명을 위하여 중보기도 하셨기 때문일까?

그 이유를 정확히 알 수는 없으나, 분명한 것은 자신이 치르실 대가에 관계없이 아버지가 놓아 주시기까지 예수님은 앞으로 이끌 제자를 놓고 겸손히 하나님께 구하셨다는 사실이다. 얼마나 훌륭한 지도자인가! 예수님은 아무것도 추측하지 않으셨다. 또한 하나님의 음성을 먼저 듣지 않은 채 제자들에게 제의함으로써 하나님의 뜻을 추측하게 하지도 않으셨다.

그리스도의 몸 안에서 많은 불일치가 일어난다. 이는 하나님을 기다리며 구체적인 지시를 받으려 하지 않기 때문에 비롯되는 일이다. 특히 사역을 맡기고 임무를 정하는 일일 경우에 더욱 그렇다. 사람들을 모으려고 초청하는 지도자들이나 그 제의에 수락할 것인지 숙고하는 사람들은 예수님의 삶에서 배울 수 있는 이 교훈에 주의를 기울일 필요가 있다.

오직 나는 여호와를 우러러보며 나를 구원하시는 하나님을 바라보나니 나의 하나님이 나에게 귀를 기울이시리로다(미 7:7).

내가 네 갈 길을 가르쳐 보이고 너를 주목하여 훈계하리로다(시 32:8).

나는 하나님이 내게 꼭 맞는 비서를 인도해 주시기를 9년 동안 기다렸다. 나는 그 시간을 쉽게 잊을 수 없다. 나는 누군가가 하나님의 부르심을 받고 위탁하기를 바랐다. 하나님이 나에게 계시하신 그분의 성품과 길을 전 세계에 전하려는 비전을 공유할 사람, 하나님을 경외하며 경건한 지혜를 갖춘 사람, 비서로서 섬기는 은사와 하나님의 은혜를 받은 사람….

쉼 없이 각 나라를 오가는 여행과 강의 때문에 일이 점점 늘어나고 복잡해지자, 사람들은 "그냥 사람을 고용하지 그래요?" 하고 말했다. 나의 반응은 언제나 같았다. "나는 이삭을 기다리고 있어요. 이스마엘은 원하지 않습니다"(창세기 15:4-5, 16:1-4).

그토록 오랜 기다림 후에 실제로 그 일이 일어나자 나는 믿을 수가 없었다. 하나님은 내가 개인적으로 한 번도 만난 적이 없는 YWAM의 한 젊은 자매에게 명확하게 말씀하셔서, 그가 나를 섬기고 싶다고 제안했던 것이다. 자매의 이름은 '재닛 아이젯'(Janet Izett)이었다(영어로 이삭과 비슷한 발음이었다!).

재닛은 내가 앞서 열거한 특징을 완벽하게 갖추고 있었다. 아브라함에게 이삭이 그랬던 것처럼, 하나님은 그 자매가 나를 위해 하나님이 택하여 주신 사람임을 쉽게 확인하여 주셨다. 그리고 나는 재닛에게 그렇게 말해 주었다.

비서의 도움이 그토록 필요했을 때, 하나님이 지명하신 사람을 기다리는 일은 쉽지 않았다. 아주 많이 힘들었다. 그렇다면 재닛을 기다린 가치가 있었는가? 두말할 나위조차 없다. 하나님은 무슨 목적으로 나를 기다리게 하셨는가? 그분은 나를 시험하셨다. 내가 하나님의 분명한 지시 없이 사람을 구하는지, 아닌지를 보고 싶어 하셨다. 그분은 내가 다음 일들에 대해 그분을 신뢰하는지 알고 싶으셨던 것이다.

- 과중한 분량의 일을 비서 없이도 해낼 수 있는 은혜를 주신다.
- 오랫동안 해 온 기도가 응답되지 않더라도, 마침내 주님이 그 기다림을 가치 있게 해줄 누군가를 보내서 궁극적으로 나에게 복이 되게 하신다.

하나님은 정말 그렇게 하셨다. 그분은 탁월한 젊은 자매를 나에게 보내 주셨다. 사랑스러운 재닛은 2년 동안 나와 함께 있었을 뿐 아니라, 결혼하여 두 명의 아이를 낳고 나서 다시 돌아와 세 번째 아이를 출산하기 7일 전까지 만 3년 8개월 동안 시간제로 나를 도왔다. 위탁에 대해 이야기한다면, 그보다 더 훌륭할 수는 없으리라! 나는 하나님과 재닛에게 뭐라 표현할 말을 찾을 수 없을 만큼 깊이 감사한다.

얼마의 시간이 흐른 후, 다시 비서의 조력이 필요하여 열 달 동안 하나님의 공급을 기다렸다. 그 기간은 그때까지 살면서 가장 견디기 힘든 시기였다. 하나님이 잘 아신다. 남편이 최선을 다해 도와주었지만, 삶의 모든 영역에서 노동량이 내 한계를 넘어선 듯했다. 나는 왜 하나님께서 도와주지 않으시는지 이해할 수 없었지만, 오직 내가 아는 하나님의 성품에 매달렸고 어둠 가운데서도 그분을 신뢰했다.

그 기도는 갑자기 응답되었다. 재닛이 걸어온 한 통의 전화가 매개체가 되어 또 한 번 믿을 수 없는 공급이 일어났던 것이다. 하늘의 사령부에서 직통으로 보내 주신 놀라운 선물은, 하나님과 선교에 헌신된 마음을 지닌 재닛의 친구 케이 마타였다. 하나님의 부르심을 받은 이 자매는 헌신되고 지혜롭고 능숙하고, 정말로 유쾌한 사람이었다. 돕는 데 기름부음이 있는 이 자매는 이 책이 출판되는 데에도 아주 중요한 역할을 했다. 그리고 이 책을 쓰기 시작하고 나서, 3년 동안 계속된 나의 육체적 고통 중에 이 자매가 얼마나 내게 필요한 사람이었는지는 하나님이 아신다(이 원고는 케이가 손대기 전에 2년이 넘도록 그대로 쌓여 있었다). 하나님과 케이에게 얼마나 감사하는지 모른다.

다시 한 번, 나는 다음의 능력 있는 진리를 경험했다.

> 주 외에는 자기를 앙망하는 자를 위하여 이런 일을 행한 신을 예부터…눈으로 본 자도 없었나이다(사 64:4).

6. 예수님은 가장 가까운 훈련생을 기도처로 데려가셨다.

"이 말씀을 하신 후 팔 일쯤 되어 예수께서 베드로와 요한과 야고보를 데리고 기도하시러 산에 올라가사 기도하실 때에 용모가 변화되고 그 옷이 희어져 광채가 나더라"(눅 9:28-29).

예수님의 변화가 회당이나 야외에서 무리에게 말씀을 전하실 때, 혹은 제자들을 가르치거나 기적을 행하시는 동안에 일어나지 않았다는 것은 의미 깊은 일이다. 그분은 기도하던 중에 변화되셨다.

똑같은 일이, 구약에서 가장 위대한 중보기도자이자 홀로 하나님과 함께 있기를 즐겼던 사람으로 기록된 모세에게도 일어났다. 그의 얼굴 역시 하나님의 영광으로 빛났다. 다른 사람을 위해 기도하는 데 하나님과 더 많은 시간을 함께 보낼수록 우리는 하나님의 관점을 얻게 된다. 또 그분의 영광과 아름다움이 우리 안에 확연히 드러나게 된다. "우리가 다 수건을 벗은 얼굴로 거울을 보는 것 같이 주의 영광을 보매 그와 같은 형상으로 변화하여 영광에서 영광에 이르니 곧 주의 영으로 말미암음이니라"(고후 3:18).

베드로, 야고보, 요한은 어떠했는가? 산꼭대기에서 있었던 일은 틀림없이 그들의 삶에서 가장 경이로운 경험이었다. 눈부신 광채에 계신 예수님을 본 것은 접어 두더라도, 주제넘은 발언을 멈추고 아들의 음성에 귀 기울이라고 권면하시는 하나님의 음성을 귀로 직접 들은 사건을 잊을 수가 있겠는가?

죽은 자 가운데서 살아난 모세와 엘리야가 예수님과 대화하는 극적인 장면에서 세 제자가 할 말을 잃었으리라고 상상하기란 어렵지 않다. (무언가에 압도되거나 충격을 받았을 때 얼마나 어리석은 이야기를 할 수 있는지를 보면 놀랍다. 나도 그런 적이 있다.) 어쨌든 이 모든 황홀한 체험은 제자들이 예수님과 함께 기도 모임에 갔기 때문에 가능했다는 사실이다!

또한 이 사람들이 이 서사시적 사건을 보는 특권을, 잠자느라 거의 놓칠 뻔했다는 것도 주목해 볼 가치가 있다. "베드로와 및 함께 있는 자들이 깊이 졸다가 온전히 깨어나 예수의 영광과 및 함께 선 두 사람을 보더니"(눅 9:32).

기도하라는 하나님의 부르심에 불순종하여 무엇을 놓치고 있는가? 자고 싶은 유혹에 이끌려서, 혹은 순종하여 기도하였지만 믿음으로 성령의 인도를 구하지 않았기 때문에 놓친 계시에는 어떤 것이 있는가?

7. 예수님이 사람들 앞에서 하신 두 가지 중요한 기도

하나는 예수님이 하나님의 뜻에 순종하여 십자가의 대가를 치를 때가 가까이 왔을 때, 제자들을 가르치던 중에 하신 기도다.

> 지금 내 마음이 괴로우니 무슨 말을 하리요 아버지여 나를 구원하여 이때를 면하게 하여 주옵소서 그러나 내가 이를 위하여 이때에 왔나이다 아버지여, 아버지의 이름을 영광스럽게 하옵소서 하시니(요 12:27-28).

그러자 하나님이 하늘에서 소리를 발하여 아들의 기도에 다시 한 번 반응하셨다. "내가 이미 영광스럽게 하였고 또다시 영광스럽게 하리라 하시니"(요 12:28).

예수님은 청중 앞에서 성령으로 감화하셨을 때, 자신을 드러내기를 두려워하지 않으셨다. 그분은 언제나 자기 자신이나 청중보다 하나님을 더 의식하셨다. 그것은 큰 겸손의 증거다.

다른 하나는, 예수님이 나사로를 죽음에서 일으키기 직전에 공개적으로 기도하신 것이다. 그러한 공개적인 기도는 오직 하나님이 그분을 이 땅에 보내신 것을 사람들이 믿게 하기 위해서라고 설명하시며, 하나님이 자신의 기도를 들으신 것을 감사했다(요 11:41-42).

다른 사람들이 하나님의 방법을 충분히 이해할 수 있도록, 성령은 때때로 은밀히 올리던 기도를 공개적으로 하도록 이끄신다.

8. 예수님의 기도 생활을 파고들어 탐구하면 할수록, 그분을 향한 사랑의 불꽃이 더 크게 타오른다.

경이로움과 떨림으로 겟세마네 동산의 장면에 접할 때, 나는 비할 데 없이 위엄이 넘치는 내 주인께 사랑과 경배를 드리고자 잠시 멈출 수밖에 없다. 지도자이자 친구로서, 그리고 인자로서, 예수님은 극심한 고뇌 속에서 가장 가까운 제자들에게 함께 기도하자고 청하신다. 그렇게 함으로써 제자들의 기도 후원과 위로, 이해가 필요하다는 것을 보여 주셨다.

> 내 마음이 매우 고민하여 죽게 되었으니 너희는 여기 머물러 나와 함께 깨어 있으라 하시고(마 26:38).

그분의 겸손과 인간다운 약함을 이보다 잘 드러내는 대목이 있을까? "조금 나아가사 얼굴을 땅에 대시고 엎드려 기도하여"(39절). 지도한다는 것은 맨 앞에 간다는 의미다. 예수님은 지도자로서 언제나 조금 더 나아가셨다. 우리도 우리가 체험한 것보다 더 깊은 하나님과의 체험으로 누군가를 인도할 수는 없다.

예수님은 하나님 앞에 꿇어 엎드린 채 인류의 구속자로서 우리의 죄를 짊어지셨다. 또 아버지 하나님과 분리되어서 영과 혼과 정신의 극심한 고통을 대면하셨다. 그분은 시간이 있기 전부터 아버지와 막힘없는 친교를 나누며 사시던 분이었다. 아버지와 분리되는 일과 심판을 겪는 고통은 우리의 유한한 이해력으로는 상상조차 할 수 없다.

다시 한 번, 나는 모든 일을 중단하고 그분 앞에 경배드린다. 모세처럼 나의 신발을 벗고 싶은 생각이 든다. 진실로 거룩하고도 두려운 땅에 우리가 서 있다. 예수님은 다른 길이 있느냐고 물으셨다. 다른 길이 없다면, 아버지의 뜻만이 중요하다. 나는 이 시점에서, 하늘에서 아무런 응답이 없었던 것은 아버지 마음의 고통이 너무 심해서 뭐라 말씀할 수 없으셨기 때문이 아닐까 생각한다.

다른 길은 없었다.

채찍에 맞고 무거운 나무 십자가를 지고, 십자가형을 당하는 참기 어려운 육체적 고통을 대면하는 것은 이차적인 문제였다. 예수님이 친구들의 위로와 기도의 지원을 얻고자 거듭해서 돌아오신 일은, 그분에게 제자들이 얼마나 필요했는지를 보여 준다. 예수님은 제자들이 그분의 필요에 무감각한 것은 말할 것도 없고, 현재 일어나는 일의 중요성을 전혀 이해하지 못함을 보고 놀라셨다. 하나님 아버지도 이것을 이해하셨고, 사랑하는 아들을 도울 천사를 보내 주셨다.

가장 어두웠던 시간에, 나의 아름답고 사랑스러운 구세주께서 경험하신 극심한 고립과 외로움을 생각할 때마다 내 마음이 수없이 무너진다. 예수님은 지구에서 열렸던 기도회 중 가장 역사적이고 강도 높고 극적이며 인류사를 바꾸는 모임에 베드로와 야고보, 요한을 초청하셨다. 이것은 일생일대의 특권과 기회였다. 그러나 매우 안타깝게도 그들은 그러한 기회를 놓쳐 버렸다. 잠자기를 택했던 것이다.

경건한 사람의 가장 깊은 슬픔과 고통에 참여하여 그 영혼이 우리와 하나님 앞에서 벌거벗은 순간에 함께할 수 있다는 것은 대단한 특권이다. 살아 있는 어떤 사람에게도, 예수님과 그와 같은 시간을 나눌 수 있는 엄숙한 특권은 다시 주어지지 않을 것이다.

누가의 기술에서, 예수님은 마지막으로 그분의 가장 친한 세 친구에게 "시험에 들지 않게 깨어 기도하라"고 말씀하신다. 하나님이 기도하도록 부르실 때 우리가 좀 더 순종했더라면, 얼마나 많은 유혹에서 벗어날 수 있었을까? 중보기도보다 덜 중요한 일들을 선택했기에 하나님과 마음을 나눌 특권을 놓친 일들이 얼마나 많았을까? 하나님이 우리를 긍휼히 여기시기를!

9. 예수께서 자기를 조롱하고 십자가에 못 박은 자들을 위해 십자가 위에서 하신 중보기도는 용서의 궁극적인 본보기다.

"이에 예수께서 이르시되 '아버지 저들을 사하여 주옵소서 자기들이 하는 것을 알지 못함이니이다' 하시더라"(눅 23:34). 이는 지고한 이타심, 한없는 긍휼, 그리고 조건 없는 사랑의 위대한 예시다. 그 모든 고통 가운데서도 그분은 자기 자신보다 다른 사람들의 필요에 더 많은 관심을 기울이셨다. 이는 다른 사람들을 위한 긍휼함이 넘치는 기도로 표출되었다.

이것이 바로 중보기도 사역이 의미하는 모든 것이다.

그 순간에 예수님은 어떻게 이와 같이 반응할 수 있으셨는가? 누군가 자신에게 잘못했을 때 용서하는 것, 그리고 다른 사람들을 위해 늘 기도하는 것이 예수님 삶의 방식이었던 것이다. 예수님은 기도하며 사셨고, 기도하며 죽으셨고, 기도하면서 하늘로 올라가셨다.

우리가 어떻게 살 것인지 보여 주셨을 뿐 아니라 우리의 생명이 되시려 이 땅에 오신 분의 도전을 받아들이고 겸손히 그분의 우선순위를 당신 것으로 삼겠는가? 그렇게 할 때 당신은 인간에게 알려진 가장 스릴 있고 성취감 넘치는 일의 하나요, 하나님의 고귀하고 흠모할 만한 아들, 결코 패배하지 않는 승리의 용사이자 이제 곧 오실 왕께서 직접 본을 보이신 사역에 뛰어들게 될 것이다. 그분은 바로 예수 그리스도, 나의 연인이시다.

부·록

세계의 나라 이름 목록

- Afghanistan (아프가니스탄)
- Albania (알바니아)
- Algeria (알제리)
- American Samoa (미국령 사모아)
- Andorra (안도라)
- Angola (앙골라)
- Anguilla (앵귈라)
- Antigua & Barbuda (앤티가 바부다)
- Argentina (아르헨티나)
- Armenia (아르메니아)
- Aruba (아루바)
- Australia (오스트레일리아)
- Austria (오스트리아)
- Azerbaijan (아제르바이잔)
- Bahamas (바하마)
- Bahrain (바레인)
- Bangladesh (방글라데시)
- Barbados (바베이도스)
- Belarus (벨로루시)
- Belgium (벨기에)
- Belize (벨리즈)
- Benin (베냉)
- Bermuda (버뮤다)
- Bhutan (부탄)
- Bolivia (볼리비아)
- Bosnia & Herzegovina (보스니아 헤르체고비나)
- Botswana (보츠와나)
- Brazil (브라질)
- British Indian Ocean Territory
- British Virgin Islands (영국령 버진 제도)
- Brunei (브루나이)
- Bulgaria (불가리아)
- Burkina Faso (부르키나파소)
- Burundi (부룬디)
- Cabo Verde (카보베르데)
- Cambodia (캄보디아)
- Cameroon (카메룬)
- Canada (캐나다)
- Cayman Islands (케이맨 제도)
- Central African Republic (중앙아프리카 공화국)
- Chad (차드)
- Channel Islands (채널 제도)
- Chile (칠레)
- China (중국: People's Republic of China)
- China (자유 중국: Republic of China)
- Christmas Island (크리스마스 제도)
- Cocos Island (코코스 제도)
- Colombia (콜롬비아)
- Comoros (코모로)
- Congo (콩고)
- Cook Islands (쿡 제도)
- Costa Rica (코스타리카)
- Cote d'Ivoire (코트디부아르)
- Croatia (크로아티아)
- Cuba (쿠바)
- Cyprus (사이프러스)
- Czechoslovakia (체코슬로바키아)
- Denmark (덴마크)
- Djibouti (지부티)
- Dominica (도미니카 연방)
- Dominican Republic (도미니카 공화국)
- Ecuador (에콰도르)
- Egypt (이집트)
- El Salvador (엘살바도르)
- Equatorial Guinea (적도 기니)
- Eritrea (에리트레아)
- Espana/Spain (에스파냐/스페인)
- Estonia (에스토니아)
- Ethiopia (에티오피아)
- Faeroe Islands (페로 제도)
- Falkland Islands (포클랜드 제도)
- Fiji (피지)
- Finland (핀란드)
- France (프랑스)
- French Guiana (프랑스령 기아나)
- French Polynesia (프랑스령 폴리네시아)
- Gabon (가봉)
- Gambia (감비아)
- Georgia (조지아)
- Germany (독일)
- Ghana (가나)
- Gibraltar (지브롤터)
- Greece (그리스)
- Greenland (그린란드)
- Grenada (그레나다)
- Guadeloupe (과들루프)
- Guam (괌)
- Guatemala (과테말라)
- Guinea (기니)
- Guinea-Bissau (기니비사우)
- Guyana (가이아나)
- Haiti (아이티)
- Honduras (온두라스)
- Hong Kong (홍콩)
- Hungary (헝가리)
- Iceland (아이슬란드)
- India (인도)
- Indonesia (인도네시아)
- Iran (이란)
- Iraq (이라크)
- Ireland (아일랜드)
- Isle of Man
- Israel (이스라엘)
- Italia (이탈리아)
- Jamaica (자메이카)
- Japan (일본)
- Jordan (요르단)
- Kampuchea (캄푸치아)
- Kazakhstan (카자흐스탄)
- Kenya (케냐)
- Kiribati (키리바시)

Korea [한국:South Korea]
Korea [북한:North Korea]
Kuwait [쿠웨이트]
Kyrgyzstan [키르기스스탄]
Kypros [키프로스]
Laos [라오스]
Latvia [라트비아]
Lebanon [레바논]
Lesotho [레소토]
Liberia [라이베리아]
Libya [리비아]
Liechtenstein [리히텐슈타인]
Lithuania [리투아니아]
Luxembourg [룩셈부르크]
Macao [마카오]
Macedonia [마케도니아]
Madagascar [마다가스카르]
Malawi [말라위]
Malaysia [말레이시아]
Maldives [몰디브]
Mali [말리]
Malta [몰타]
Marshall Islands [마셜 제도]
Martinique [마르티니크]
Mauritania [모리타니]
Mauritius [모리셔스]
Mayotte [마요트]
Mexico [멕시코]
Micronesia, Federated States
[미크로네시아 연방]
Midway Islands [미드웨이 제도]
Moldova [몰도바]
Monaco [모나코]
Mongolia [몽골]
Montserrat [몬트세랫]
Morocco [모로코]
Mozambique [모잠비크]
Myanmar [미얀마]
Namibia [나미비아]
Nauru [나우루]
Nepal [네팔]
Netherlands [네덜란드]
Netherlands Antilles
[네덜란드령 앤틸리스]
New Caledonia [뉴칼레도니아]

New Zealand [뉴질랜드]
Nicaragua [니카라과]
Niger [니제르]
Nigeria [나이지리아]
Niue Island [니우에 아일랜드]
Norfolk Island [노퍽 아일랜드]
Northern Cyprus [북 사이프러스]
Northern Marianas Islands
[북 마리아나 제도]
Norway [노르웨이]
Oman [오만]
Pakistan [파키스탄]
Palau [팔라우]
Panama [파나마]
Papua New Guinea [파푸아뉴기니]
Paraguay [파라과이]
Peru [페루]
Philippines [필리핀]
Pitcairn Island [핏케언 제도]
Poland [폴란드]
Portugal [포르투갈]
Puerto Rico [푸에르토리코]
Qatar [카타르]
Reunion [레위니옹]
Rumania [루마니아]
Russia [러시아]
Rwanda [르완다]
San Marino [산마리노]
Sao Tome & Principe [상투메 프린시페]
Saudi Arabia [사우디아라비아]
Senegal [세네갈]
Seychelles [세이셸]
Sierra Leone [시에라리온]
Singapore [싱가포르]
Slovakia [슬로바키아]
Slovenia [슬로베니아]
Solomon Islands [솔로몬 제도]
Somalia [소말리아]
South Africa [남아프리카 공화국]
Sri Lanka [스리랑카]
St. Helena [세인트 헬레나]
St. Kitts & Nevis [세인트 키츠 네비스]
St. Christopher & Nevis
[세인트 크리스토퍼 네비스]
St. Lucia [세인트 루시아]

St. Pierre & Miquelon
[세인트 피에르 미클롱]
St. Vincent [세인트 빈센트]
Sudan [수단]
Surinam [수리남]
Svalbard & Jan Mayen Islands
[스발바르 얀 마옌 제도]
Swaziland [스와질란드]
Sweden [스웨덴]
Switzerland [스위스]
Tajikistan [타지키스탄]
Tanzania [탄자니아]
Thailand [태국]
Togo [토고]
Tokelau Islands [토켈라우 제도]
Tonga [통가]
Trinidad & Tobago [트리니다드 토바고]
Tunisia [튀니지]
Turkey [터키]
Turkmenistan [투르크메니스탄]
Turks & Caicos Islands
[터크스 케이커스 제도]
Tuvalu [투발루]
Uganda [우간다]
Ukraine [우크라이나]
United Arab Emirates [아랍에미리트]
United Kingdom [영국]
United States of America [미국]
United States Virgin Islands
[미국령 버진 제도]
Uruguay [우루과이]
Uzbekistan [우즈베키스탄]
Vanuatu [바누아투]
Vatican [바티칸]
Venezuela [베네수엘라]
Vietnam [베트남]
Wallis & Futuna Islands
[왈리스 푸투나 제도]
Western Samoa [서사모아]
Yemen [예멘]
Yugoslavia [유고슬라비아]
Zaire [자이르]
Zambia [잠비아]
Zimbabwe [짐바브웨]

옮긴이 김세라

이화여대 영어교육과를 나온 후 제주열방대학에서 간사로 섬겼다. 지금은 문화선교 단체 AHC(Art of His Covenant)에 소속되어 세미나 통역 및 번역 활동을 하고 있다. 역서로는 《너희 중에 병든 자가 있느냐》, 《삶을 변화시키는 하나님의 불》, 《구원을 완성하는 좋은 생각》(이상 예수전도단) 등이 있다.

스릴 있고 성취감 넘치는 중보기도

지은이 조이 도우슨
옮긴이 김세라

1998년 12월 17일 1판 1쇄 펴냄
2009년 3월 24일 1판 38쇄 펴냄
2009년 10월 19일 개정판 1쇄 펴냄
2023년 10월 11일 개정판 15쇄 펴냄

펴낸곳 도서출판 예수전도단
출판 등록 1989년 2월 24일(제2-761호)
주소 서울특별시 강서구 양천로 424
가양역 데시앙플렉스 지식산업센터 530호
전화 02-6933-9981 · **팩스** 02-6933-9989
이메일 ywampubl@gracemedia.co.kr
홈페이지 www.ywampubl.com

ISBN 978-89-5536-326-5

책값은 뒤표지에 있습니다.
잘못된 책은 바꾸어 드립니다.